REPOSTERÍA CASERA

María Jesús Gil de Antuñano

COOLINARY

REPOSTERÍA CASERA

María Jesús Gil de Antuñano
y Piluca Gil de Antuñano

PRÓLOGO DE

Juli Soler e
Ismael Díaz Yubero

EPÍLOGO DE

Jordi Roca

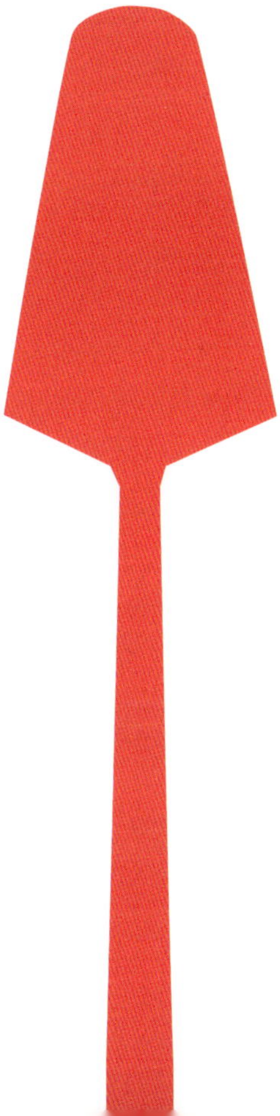

COOLINARY

Coolinary Books
Editado por LID Editorial Empresarial, S.L.
Sopelana 22, 28023 Madrid, España
Tel. +34 913729003 - Fax +34 913728514
info@coolinarybooks.com
Coolinarybooks.com

EAN-ISBN13: 9788483569412
Directora editorial: Jeanne Bracken
Editora de la colección: Nuria Coronado
Edición: Maite Rodríguez Jáñez
Corrección: Mar Acosta
Fotografías: Ángel Robledo, cedidas por la revista *Semana*
Fotografía de portada: Germán Martínez
Maquilladora: Eva Sánchez
Diseño: Javier Perea Unceta
Maquetación: ideas@nicandwill.com
Impresión: Cofás, S.A.
Depósito legal: M-12.719-2015

Impreso en España / *Printed in Spain*

Primera edición: mayo de 2015

A mi madre, que me enseñó desde la cuna a comer
bien y a disfrutar de platos sencillos.

A mi marido Agustín y a mis hijos, que han sido
conejillos de Indias de mis ensayos culinarios,
animándome siempre a seguir investigando.

A Ismael Díaz Yubero, que ha tenido la paciencia de leerse
todos los textos de este libro y del anterior.

A Javi, Bea y Milady, mis colaboradores
en la cocina, que se han esforzado en conseguir
resultados excelentes.

A Ángel, que ha repetido las fotos hasta
conseguir que dijeran ¡comedme!

ÍNDICE

PRÓLOGO

La repostería es una parte de la cocina que tiene algunas características especiales. Una de ellas son las medidas y los tiempos de cocción, que deben ser exactos, y otra es «el punto» que, aunque es verdad que es necesario en todos los platos, en los postres es todavía más importante. La práctica es fundamental y el perfeccionamiento se adquiere, pero hay algo especial que no está al alcance de cualquiera y esa particularidad la tienen solamente algunos privilegiados. Y, además, la transmiten a quien lee sus recetas, porque hacerlas tiene mucho de arte pero escribirlas es todavía más difícil. La experiencia de muchos años enseña que cualquier receta hay que interpretarla y no siempre es posible, pero cuando la escribe María Jesús Gil de Antuñano es muy fácil. Sale muy bien y para comprobarlo, como tienes el libro a mano, te invitamos a que hagas la prueba con cualquiera de ellas, con la que prefieras, con la que más te guste y observarás que la cocina es más fácil cuando el autor de la receta tiene ese don especial, que se deja sentir cuando hace un plato, pero también cuando nos dice cómo tenemos que hacerlo.

Gil de Antuñano es la reina de la cocina española actual. Tiene una elegancia natural que irradia por todas partes, un buen gusto especial que se aprecia en cuanto se la conoce, que transmite en sus muchos libros y en sus innumerables colaboraciones en diferentes periódicos y revistas. Tiene otra virtud, que me atrevo a calificar como alegría contagiosa, porque cuando se habla con ella o se leen sus escritos es mucho más fácil estar alegre. Todas estas cualidades le han proporcionado justa fama y prestigio, que le han hecho merecedora de distinciones tan importantes como la Gran Cruz del Mérito Agrario, Pesquero y Alimentario y del premio Nacional de Gastronomía, además de otras muchas, que no vamos a referir, porque un prólogo, según los clásicos, tiene que ser corto y dejar el protagonismo al texto del libro. Cumplir este precepto es mucho más fácil cuando se está seguro, como sucede en este caso, de que la autora no va a defraudar porque, además de ser muy amena la descripción de las recetas, van acompañadas de consejos utilísimos y de muchos pequeños trucos que son muy apreciados para resolver los variados problemas que se presentan en la cocina, como sucede cuando nos vemos obligados a sustituir un ingrediente por otro, cuando queremos emplatarlo bien, aprovechar todo, sin ningún desperdicio o darle ese punto final, que mejora la presentación o cualquier otra particularidad, que redunde en hacer más agradable la vida a aquellas personas para las que cocinamos.

Repostería casera es un encantador viaje por los postres tradicionales españoles, en la versión más innovadora, más actual y con muchísimo estilo, en la que se encuentran profundas raíces conventuales y las técnicas más modernas. El resultado es una interesante combinación de evocación, recuerdos y deseos de experimentar nuevas sensaciones, que nos van a impulsar a elaborar los platos.

Saber profundo, mucha experiencia, deseo de enseñar y unas gotas de la sensualidad, que debe estar presente en cualquier receta, son los principales ingredientes que utiliza María Jesús en este libro, para introducirnos en las profundidades de una repostería extraordinariamente trabajada, muy bien ligada, con el olor de los peroles, en los que condensa, como dice Carlos Cano, «la gracia de su mano», con el resultado final de texturas, aromas y sabores que son gloria bendita.

Al rematar un postre se dice que se le pone la guinda final y esa frase se utiliza como epílogo en muchas ocasiones. Pues ahí va la guinda: nunca pensamos que hacer un prólogo fuese algo tan fácil como lo ha sido para este libro y para esta gran señora de la cocina española.

JULI SOLER
Presidente de honor de elBulliFoundation

ISMAEL DÍAZ YUBERO
Miembro de la Academia Española de Gastronomía

UN POCO DE HISTORIA

Originalmente, la repostería era el lugar donde se guardaban las provisiones y también donde se elaboraban los dulces, fiambres y algunos licores. Hoy se conoce como repostería la técnica de elaborar dulces y postres.

Desde que el hombre aprendió a mezclar la harina con agua, para hacer una masa, se puede decir que implantó las bases de la futura repostería. Si los romanos fueron los inventores de las primeras natillas, una mezcla de huevos batidos, leche y miel, cocidos a fuego lento en un recipiente de barro, los griegos preparaban tartas a base de queso, miel, nueces y pasas. Durante la Edad Media existía el cargo de repostero real que recaía en la persona encargada de todo lo relacionado con muebles, enseres y alimentos de la Casa Real. Para este puesto se designaba siempre a una persona de la nobleza, cuya misión era supervisar y dirigir a los criados; con el paso del tiempo se convirtió en un cargo honorífico, carente de contenido y pasaron a ser los maestros reposteros los encargados de la elaboración de los postres en los banquetes.

AGRADECIMIENTOS

A la revista *Semana,* que nos ha cedido desinteresadamente las fotos.

A Germán Martínez, autor de la foto de la portada, y a Eva Sánchez, maquilladora.

A Marisa García Bueno, que ha hecho un trabajo fatigoso controlando las recetas y las fotos, y a Ismael Díaz Yubero, que ha supervisado los textos.

A Daniel Guerrero, propietario del Horno de San Onofre, que nos ha elaborado panes especiales.

BIZCOCHOS

Se conoce con el nombre de bizcocho a una masa horneada de textura ligera y esponjosa. Los ingredientes básicos del bizcocho son: harina, huevos y azúcar y, según la fórmula elegida, pueden incorporar mantequilla y levadura.

El secreto de la elaboración de un buen bizcocho reside únicamente en seguir las instrucciones de la receta al pie de la letra. Es muy importante el tamaño del molde, la forma de prepararlo –engrasándolo y enharinándolo o forrándolo– (en la actualidad existen moldes de silicona que no es necesario engrasar) y, por supuesto, la temperatura del horno.

CLASES DE BIZCOCHOS

Hay dos grandes familias de bizcochos: los espumosos y los que llevan mantequilla u otra grasa. Los primeros no necesitan adición de levadura ya que las claras montadas a punto de nieve e incorporadas en el último momento, o los huevos batidos enteros en la batidora eléctrica, tienen efecto leudante, es decir, hacen subir la masa.

BIZCOCHOS ESPUMOSOS

Estos bizcochos también pueden enriquecerse con un poco de mantequilla derretida (unos 20 gr pero no demasiado caliente porque podría cocer el bizcocho) y añadirla al final con espátula y movimiento envolvente. Se elaboran de dos formas: a mano o en batidora eléctrica.

LA TÉCNICA

- A mano: batir las yemas con el azúcar hasta ponerlas muy esponjosas, agregar la harina y después las claras montadas a punto de nieve y, por último, mezclar con una espátula grande y ancha, con movimiento envolvente.

- En la batidora eléctrica: batir los huevos enteros con el azúcar durante 15 minutos o hasta que se pongan muy espumosos y agregar, fuera de la batidora, con movimiento envolvente, la harina tamizada.

Bizcocho espumoso básico: batir, según uno de los procedimientos anteriores, la proporción de una cucharada de azúcar y otra de harina por huevo, añadiendo, al empezar a batir, la ralladura de la corteza de ½ limón.

Bizcocho espumoso mixto: el mismo procedimiento anterior, con la siguiente proporción: mitad harina de trigo, mitad fécula de patata o maíz (maicena) y el doble de la suma de ambas de azúcar.

Bizcocho enrollado o **brazo de gitano:** hacer la pasta de bizcocho por cualquiera de los procedimientos anteriores, pero en lugar de cocerlo en molde, extender con espátula una capa fina de masa sobre papel engrasado o silpat y cocerlo en el horno durante 8-10 minutos a 170 ºC. Volcarlo en caliente sobre un paño húmedo, espolvoreado de azúcar blanquilla, despegar el papel y enrollarlo para que tome la forma. El relleno puede ser de crema, nata, frutas o mermelada. Admite distintas coberturas, desde el azúcar glas, que se quema con una plancha de hierro candente (que hoy día son eléctricas), a la crema de chocolate, la nata o el merengue. Tiene la ventaja de que puede prepararse con antelación y guardarlo relleno, incluso congelado, de forma que el bizcocho se impregna de la crema y queda más jugoso.

Bizcocho con base de merengue: es el caso de los bizcochos de soletilla. separar las yemas de las claras y mezclar por un lado las yemas blanqueadas y espumosas con parte del azúcar, y por otro el merengue hecho con las claras y el resto del azúcar. Incorporar las dos mezclas, siempre con movimiento envolvente, y, por último, añadir la harina.

Soletillas: llenar con la preparación la manga pastelera con boquilla lisa, formar bastones sobre silpat en la bandeja del horno y cocerlos durante 10 minutos a 180 ºC. Si se espolvorean antes de azúcar glas quedará una costra crujiente.

BIZCOCHOS DE MANTEQUILLA

Los bizcochos con grasa pueden estar hechos con mantequilla, margarina, manteca de cerdo o aceite. En definitiva, los sobaos pasiegos y las magdalenas son tan bizcocho como el *plum-cake.* Los llamaremos bizcochos de mantequilla.

También se pueden hacer por dos formas:

1. Batir primero los huevos enteros con el azúcar, de forma muy prolongada para que la preparación se airee y que, por efecto del calor del horno, suba y adquiera una textura esponjosa (a mano se deben batir colocando el bol sobre un foco de calor suave –baño María–, en batidora eléctrica, batir durante 15 minutos) y añadir la harina y la mantequilla fundida y templada para que no cueza la masa.
2. Batir de manera enérgica la mantequilla en pomada, añadir el azúcar y continuar durante 7-8 minutos hasta conseguir un tono crema, amarillo pálido, que haya aumentado considerablemente su volumen y escurra por la cuchara. Incorporar las yemas una a una, batir y, por último, incorporar la harina en forma de lluvia. Después, y con cuidado de que no se baje, añadir las claras montadas a punto de nieve.

Como ya se ha dicho, los bizcochos de mantequilla necesitan levadura en polvo mezclada con la harina, en su defecto, en los bizcochos y magdalenas de pueblo, lo que se añadía era una levadura de fabricación casera: bicarbonato y polvos de gaseosa, siempre con objeto de impulsar la subida de la masa en el horno.

Bizcocho genovés: batir los huevos con el azúcar y ralladura de corteza de limón durante unos 20 minutos, añadir la harina, con movimiento envolvente para que no se bajen los huevos y, finalmente, la mantequilla fundida. La proporción para 4 huevos es de 125 gr de azúcar, 100 gr de harina y 15 gr de mantequilla.

Cuatro cuartos: el mismo procedimiento que el anterior en la proporción de 125 gr de azúcar, 125 gr de harina, 125 gr de mantequilla por 2-3 huevos o 3 yemas y 2 claras (125 gr de huevo). Se le pueden añadir cuartos de manzana, pasas o nueces y perfumarlo con ron, ralladura de limón o vainilla.

Bizcocho de frutas: el mismo procedimiento con frutas confitadas, pasas sultanas o de Corinto y ron, en la proporción de 125 gr de azúcar por 125 gr de harina, mitad de fécula, mitad de trigo, 60 gr de pasas, 60 gr de frutas confitadas, 3 huevos y 4 cucharadas de ron.

Bizcocho de chocolate: batir primero la mantequilla ablandada con el azúcar y añadir los huevos enteros uno a uno, batir mucho, incorporar el chocolate rallado y, por último, la harina mezclada con la levadura en polvo. La proporción es de 150 gr de azúcar, 150 gr de harina con 1 cucharadita de levadura, 75 gr de mantequilla, 50 gr de chocolate, 2 huevos (100 gr de huevo) y 4 cucharadas de leche, perfumado con media vaina de vainilla.

Bizcocho de avellanas: batir los huevos y el azúcar hasta que estén muy espumosos, añadir la harina con la levadura, mezclada con las avellanas tostadas y molidas, y la mantequilla derretida. La proporción es de 125 gr de azúcar, 100 gr de harina, 75 gr de mantequilla y 60 gr de avellanas tostadas y molidas para 4 huevos.

Bizcocho de aceite: mezclar en la batidora de vaso los huevos, el azúcar, la leche, el aceite, la ralladura de limón y la harina con la levadura. La proporción es de 1 tacita de aceite, 2 tacitas de leche, 3 tacitas de azúcar, 4 huevos, 5 tacitas de harina con 3 cucharaditas de levadura en polvo y ralladura de limón.

Bizcocho de yogur: batir 1 yogur con 1 vaso de aceite, 3 vasos de azúcar, 4 vasos de harina, 1 sobre de levadura, 3 huevos, ralladura de limón y ron o Cointreau, todo junto en la batidora.

Plum-cake: es un bizcocho inglés para servir con el té. Batir la mantequilla con el azúcar y añadir los huevos uno a uno, la harina con la levadura y, por último, las pasas remojadas y las frutas picadas, moviendo con cuidado para que no se vayan al fondo. La proporción es de 250 gr de harina, 250 gr de mantequilla, 250 gr de azúcar (mejor azúcar moreno), 250 gr de frutas confitadas, 250 gr de pasas, 2 cucharaditas de levadura en polvo y 6 cucharadas de ron, para 4 huevos.

Bizcocho de limón inglés o ***weekend:*** tiene la peculiaridad de que la grasa la aporta la nata y va empapado en un almíbar de limón (100 ml de agua, 100 gr de azúcar y 50 ml de zumo de limón), está acabado con un glaseado también de limón (100 gr de azúcar glas y 20 ml de zumo de limón mezclado con varillas y fundido al fuego). Batir los huevos (3 unidades) con el azúcar (235 gr) hasta que blanqueen, añadir la nata (100 gr), después la harina (180 gr) tamizada con la levadura (3 gr), incorporar la mantequilla derretida (60 gr) y la ralladura de limón. Hornear durante 40 minutos a 160 ºC, dejar templar antes de empapar con el almíbar y rociar con el glaseado de limón.

MAGDALENAS Y *CUPCAKES*

Las **magdalenas** son pequeños bizcochos para el desayuno que se cuecen en el horno en unos moldes de papel, llamados cápsulas, o en moldes metálicos con forma de concha. La masa es semejante a la del bizcocho de mantequilla, con la misma proporción de azúcar, mantequilla y harina, 6 huevos enteros cada 250 gr de los otros ingredientes y algún aromatizante como el ron o la ralladura de limón. Las magdalenas clásicas españolas, llevan aceite de oliva en lugar de mantequilla y son mucho más saludables y menos indigestas.

LA TÉCNICA

- Batir los huevos enteros en la batidora eléctrica con el azúcar y la ralladura.
- Añadir a mano el ron y la harina cernida, con movimiento envolvente y sin hacer burbujas.
- Fundir la mantequilla, dejarla templar y unirla o, en su lugar, utilizar aceite.
- Llenar moldes engrasados o cápsulas, solo hasta las ¾ partes de su altura.
- Cocerlas en el horno a 175 ºC, durante 15-20 minutos, hasta que suban en forma de montaña.
- No abrir el horno durante la cocción.

Los ***cupcakes*** son básicamente magdalenas que tienen su origen en Estados Unidos en el siglo XIX donde se servían como bizcochitos para acompañar el té. Su nombre se debe a su tamaño, como una taza de té *(cup)*. Existe la versión dulce que lleva azúcar y distintas decoraciones de glaseados muy vistosos para los que se utiliza azúcar glas, mantequilla, queso crema y colorantes. Otra versión es la salada, en la que se sustituye el azúcar por una pizca de sal y se introducen ingredientes salados cortados, tan dispares como jamón, queso, salchichas, salmón, atún y todo tipo de especias.

Los ***cake pops*** son otra variedad en los que el bizcocho se desmiga y se vuelve a unir formando bolas, para lo que se utiliza queso crema que lo hace la masa compacta. Se bañan con distintos baños de chocolate, glaseados, y se introduce un palillo de aperitivo grande, como si fuera una piruleta. Se puede utilizar bizcocho de días anteriores que hubiera quedado seco.

LA TÉCNICA DE LOS *CUPCAKES*

- Hacer magdalenas según la técnica anterior.
- Sobre las magdalenas ya frías, variar la decoración:

Glaseado de mantequilla y queso

- Unir en pomada, con varilla, la mantequilla, el queso crema y el azúcar glas.
- Colorear al gusto con colorantes vegetales de confitería.
- Llenar la manga pastelera con boquilla rizada o con dibujo, según receta, y cubrir la magdalena.
- Adornar con distintos *toppings* (decorados de venta en establecimientos de pastelería como bolitas de colores, etc.).

Glaseado de limón

- Batir con varillas azúcar glas y unas gotas de zumo de limón, naranja, zumo de fresa, etc., y reforzar el tono con colorante o dejarlo blanco.
- Bañar la magdalena para cubrirla y adornar con *toppings.*

Glaseado de merengue

- Batir cada clara de huevo con 2 cucharadas de azúcar.
- Añadir gotas de colorante vegetal al gusto.
- Llenar la manga y colocar la boquilla deseada.
- Hacer un dibujo sobre cada magdalena hasta cubrirlas.

TRUCOS Y CONSEJOS

- La batidora apta para hacer bizcochos es la de varillas (una o dos varillas), no la batidora de hélice en el fondo del vaso, a no ser la Thermomix a la que se añade un accesorio llamado mariposa.
- Los huevos tienen que estar muy batidos, hasta adquirir la consistencia necesaria para soportar, sin decaer, el peso de los demás ingredientes.
- Si los bizcochos se hacen a mano, las claras se añaden en último lugar, montadas a punto de nieve.
- Nunca se puede añadir la harina en la batidora, excepto en los bizcochos de yogur o aceite, si lo indica la receta.
- Para que los huevos monten bien a mano con el azúcar, se debe hacer cerca de un fuego suave y batir luego fuera del fuego hasta que se enfríen.
- La harina que se debe emplear en los bizcochos es harina de repostería o harina floja, a no ser que la receta pida otra clase.
- La levadura se debe mezclar completamente con la harina y nunca en contacto directo con la sal, pues anula su efecto.
- La harina se debe añadir tamizada y en forma de lluvia.
- Para que las pasas y frutas escarchadas no se vayan al fondo del *plum-cake,* además de remojar las pasas, se deben rebozar en un poco de la harina que pide la receta.
- Los moldes se deben engrasar con mantequilla hasta los bordes y después enharinarlos bien para que la masa no se agarre a las paredes y deje de subir por uno de los lados.
- Para desmoldarlos con facilidad, es mejor emplear moldes desmontables.
- Si el molde no es desmontable, como en el caso de los *plum-cake,* conviene forrar el fondo y las paredes con papel engrasado y enharinado.
- En la actualidad existen los moldes de silicona que no necesitan engrasado previo.
- No se deben llenar nunca más de las ¾ partes de su capacidad, puesto que suben en el horno.
- Para cocer bien los bizcochos, la temperatura del horno no debe ser muy fuerte, unos 175 ºC es suficiente.
- Si el horno está muy fuerte, el bizcocho sube por el centro muy pronto y se tuesta la superficie impidiendo que la masa continúe expandiéndose. Bajar la temperatura del horno antes de dar lugar a que se tueste la superficie e impida que suba más.
- Si el horno está flojo, el bizcocho sube por los lados y se queda el centro hundido, subir la temperatura del horno.
- Los bizcochos de mantequilla necesitan mucho más tiempo de horno que los bizcochos esponjosos.
- Siempre se deben desmoldar templados y sobre una rejilla para que no se humedezca la base.

BIZCOCHO DE CAFÉ Y NUECES

Para ocho personas: 100 gr de mantequilla, 115 gr de harina, 100 gr de azúcar, 2 huevos, 1 cucharada de café soluble, 75 gr de nueces, 1 cucharada de *brandy,* 1 cucharada de levadura, caramelo y nata montada para acompañar.

1. Batir la mantequilla con los huevos y el azúcar, añadir el café y el *brandy,* sin dejar de batir hasta conseguir una pasta homogénea.
2. Mezclar la harina con la levadura y picar las nueces con las manos.
3. Añadir a la masa anterior la harina y las nueces incorporándolos con cuidado.
4. Verterlo en un molde de rosca, engrasado y enharinado, e introducirlo en el horno a 180 ºC durante 30 minutos.
5. Servirlo con caramelo líquido y nata montada.

BIZCOCHO DE CHOCOLATE Y AVELLANA

Para seis u ocho personas: 100 gr de mantequilla, 175 gr de azúcar, 4 huevos, una pizca de sal y una pizca de levadura Royal, 175 gr de avellana molida, 100 gr de maicena, 1 cucharada de levadura, 200 gr de chocolate *fondant* y 12 cucharadas de nata líquida (130 gr).

1. Separar las yemas de las claras y batir las claras con la mantequilla ablandada y el azúcar, hasta conseguir una crema de color claro.
2. Montar las claras a punto de nieve muy duras con la pizca de sal y de levadura.
3. Mezclar la avellana molida con la maicena y la cucharada de levadura y añadir esta mezcla al batido de yemas, azúcar y mantequilla.
4. Unir con las claras a punto de nieve con movimiento envolvente, cuidando de que no se baje.
5. Fundir el chocolate con la nata y añadir a la masa.
6. Forrar un molde de 22 cm de diámetro con papel engrasado, pintarlo con mantequilla, espolvorear de harina y llenarlo hasta las ¾ partes con la mezcla.
7. Cocerlo en el horno a 180 ºC durante 50 minutos.

BIZCOCHO DE ESPECIAS

Para cuatro personas: 4 huevos, 4 cucharadas de azúcar, 4 cucharadas colmadas de harina, 2 cucharadas de especias mezcladas, ralladura de naranja, ralladura de limón, granos de anís machacado, nuez moscada, curry en polvo, pimientas mezcladas molidas, cardamomo, canela y sal.

Glasa: 1 clara y azúcar glas hasta conseguir una crema espesa.

1. Batir los huevos enteros con el azúcar en la batidora de varillas hasta que estén muy espumosos, añadir las especias y una pizca de sal.
2. Fuera de la batidora, incorporar la harina con cuidado de que no se bajen los huevos.
3. Forrar con papel un molde de *plum-cake* y llenarlo hasta las ¾ partes.
4. Cocerlo en el horno a 175 ºC durante 25 minutos y cubrirlo con la glasa.
5. Glasa: batir la clara con el azúcar hasta conseguir una crema blanca.

BIZCOCHO DE LA SAGRA

Para ocho personas: 9 huevos, 6 claras, ¼ kg de avellanas molidas, ¼ kg de harina y 1 frasco de 400 gr de mermelada de albaricoque.

Almíbar: 2 vasos de agua, 2 vasos de azúcar y 1 vaso de vino de licor naranja.

Cobertura: 1 clara y 1 vaso de azúcar glas.

1. Montar los huevos en la batidora de varillas hasta que estén espumosos.
2. Mezclar a mano la harina tamizada y las avellanas molidas e incorporar las seis claras a punto de nieve.
3. Repartir en tres moldes desmontables de 22 cm de diámetro, engrasados y enharinados.
4. Cocerlos en el horno a 180 ºC durante 20 minutos, comprobar el punto, desmoldarlos y, en frío, cortarlos por la mitad.
5. Almíbar: cocer el agua con el azúcar a fuego flojo 5 minutos y añadir el licor.
6. Colocar en una fuente una capa de bizcocho, emborracharla y cubrir de mermelada.
7. Tapar con otra capa de bizcocho, emborracharlo, cubrir de mermelada y continuar igual hasta terminar con una de las tapas de bizcocho.
8. Cobertura: batir ligeramente la clara y añadir azúcar glas poco a poco hasta conseguir una crema blanca.
9. Cubrir la última capa de bizcocho.

BIZCOCHO DE YOGUR Y ACEITE

Para ocho personas: 4 huevos, 1 envase de yogur de limón de aceite, 2 medidas de yogur de azúcar, 1 medida de yogur de aceite de oliva, 3 medidas de yogur de harina, 1 sobre de levadura Royal, un poco de mantequilla o aceite para untar el molde, 2 cucharadas soperas de harina para espolvorear el molde y un pellizco de sal.

Glasa real: 150 gr de azúcar glas, 3 o 4 gotas de zumo de limón y 1 clara de huevo.

1. Batir los huevos en la batidora eléctrica (se puede hacer en la Thermomix o en la batidora de varillas y también a mano).
2. Añadir el yogur, el aceite, el azúcar y la ralladura del limón, mezclar bien todo junto.
3. Fuera de la batidora, incorporar con movimientos envolventes la harina mezclada con la sal y la levadura tamizada con un colador.
4. Engrasar un molde redondo de 22-24 cm de diámetro (o uno alargado de *plum-cake)* con mantequilla o aceite y espolvorear con harina, sacudir bien el molde para quitar lo que sobre.
5. Llenar con la preparación en sus tres cuartas partes y cocer en el horno a 180 ºC durante 50-60 minutos.
6. Pinchar en el centro con una aguja de hacer punto cuando esté dorado y si sale limpia es que ya está cocido.
7. Sacarlo del horno y dejar templar sobre una rejilla puesta en hueco.
8. Pintar el bizcocho con la glasa y dejarlo enfriar.
9. Glasa: echar en un tazón la clara de huevo, el azúcar y el zumo de limón, revolver con una cuchara hasta que tenga el aspecto de una crema muy espesa y muy blanca.
10. Algunas veces, según sea de grande la clara, puede necesitar más azúcar glas.

BIZCOCHO MARMOL

Para ocho personas: 4 huevos, su peso en azúcar, en mantequilla y en harina, 1 cucharadita de levadura en polvo, ralladura de limón, una pizca de sal y 1 cucharada de cacao en polvo.

1. Batir en la batidora de varillas, los huevos con el azúcar, hasta que estén muy espumosos, incorporar la ralladura de limón, la sal y la mantequilla ablandada.
2. Fuera de la batidora añadir, con movimiento envolvente, la harina tamizada mezclada con la levadura.
3. Dividir la crema de bizcocho en dos partes y añadir el cacao a una de ellas.
4. Engrasar un molde de *plum-cake* de 22 cm de largo, poner una capa de masa clara, extenderla, cubrirla con la masa de chocolate y terminar con la clara.
5. Antes de meterlo en el horno, mover con un tenedor las cremas sin llegar a las paredes, para que se mezclen las capas.
6. Cocerlo a 180 ºC durante 45 minutos.
7. Pinchar en el centro para comprobar que está cocido, sacarlo y servirlo espolvoreado de azúcar glas.

BIZCOCHO DE MAÍZ

Para seis personas: 4 huevos, 150 gr de azúcar, 150 gr de mantequilla, 150 gr de harina de maíz (no es lo mismo que maicena) y ralladura de limón.

1. Batir la mantequilla hasta que esté espumosa, añadir las yemas, el azúcar y la ralladura de limón.
2. Montar las claras a punto de nieve, mezclarlas y añadir por último la harina en forma de lluvia.
3. Llenar un molde de 22 cm de diámetro engrasado y enharinado y cocerlo en el horno a 180 ºC durante 45 minutos.
4. Servir espolvoreado de azúcar glas.

BIZCOCHO DE MANZANA

Para seis u ocho personas: 4 huevos, 4 cucharadas colmadas de harina, 4 cucharadas de azúcar (las de azúcar nunca salen tan llenas como las de harina porque el azúcar resbala), ralladura de limón, 3 manzanas reineta y azúcar glas.

1. Batir las yemas con el azúcar y la ralladura hasta que resulte una crema esponjosa, de color amarillo claro y con relieve.
2. Montar las claras a punto de nieve firme y añadirlas con movimiento suave a las yemas.
3. Tamizar la harina y añadirla en forma de lluvia a la mezcla de claras y yemas con movimiento envolvente para que no se bajen.
4. Llenar hasta las ¾ partes un molde de 22 cm de diámetro, engrasado y enharinado.
5. Pelar y cortar las manzanas en gajos.
6. Colocarlos acaballados en círculo sobre la masa de bizcocho y cocerlo a 180 ºC durante 20-25 minutos.
7. Desmoldarlo, espolvorear de azúcar glas, y servir con nata líquida.

BIZCOCHOS BORRACHOS DE GUADALAJARA

Para ocho personas: bizcocho: 6 huevos, 150 gr de azúcar, 200 gr de harina y canela en polvo para espolvorear.

Almíbar: 2 vasos de agua, 2 vasos de azúcar y 1 copa de vino de Málaga o jerez dulce.

1. Bizcocho: batir las yemas con el azúcar hasta que estén muy espumosas, añadir la harina tamizada y después mezclar con cuidado las claras montadas a punto de nieve.
2. Engrasar una molde rectangular bajo, enharinarlo, verter la preparación y cocerlo en el horno a 175 ºC durante 25 minutos aproximadamente.
3. Cortar el bizcocho en trozos regulares.
4. Almíbar: deshacer el azúcar en el agua y cocerlo 5 minutos, añadir el vino dulce, y, sin sacar el bizcocho cortado del molde, bañarlo con el almíbar y espolvorearlo de canela.
5. Se puede envolver cada trozo en papel como los que venden.

CAKE CEBRA

Para ocho personas: 4 o 5 huevos, 150 gr de azúcar, 1 sobre de azúcar vainillado, 400 gr de harina de repostería, un pellizco de sal, 2 cucharaditas de levadura en polvo (12 gr), 250 ml de agua con gas, 250 ml de aceite de girasol (y un chorrito para engrasar el molde) y 2 cucharadas de cacao puro en polvo.

1. Engrasar un molde de 24 cm de diámetro y reservarlo.
2. Poner en el vaso de la Thermomix los huevos y el azúcar y batir durante 1 minuto a velocidad 4.
3. Añadir el azúcar vainillado, la harina, la sal, la levadura, el agua con gas y el aceite.
4. Mezclar durante 1 minuto a velocidad 4.
5. Verter la mitad de la masa en manga pastelera.
6. Añadir el cacao al resto de la masa, batir durante 15 segundos a velocidad 4 y llenar otra manga.
7. Rellenar el molde en círculos concéntricos.
8. Alternar los círculos de las dos masas (se hacen primero los que tienen mayor diámetro).
9. Cocer el bizcocho en el horno a 150 ºC unos 50-60 minutos aproximadamente.
10. Dejarlo templar, volcarlo sobre una rejilla y adornarlo con grosellas.

CAKE DE CHOCOLATE JULIETA

Para seis u ocho personas: 1 tableta de chocolate *fondant*, 6 huevos, 6 cucharadas de azúcar, 3 cucharadas de fécula de patata, 2 cucharadas de levadura en polvo Royal, 1 cucharada de leche y 2 cucharadas de mantequilla.

Glasa de chocolate blanco: 200 gr de chocolate blanco y 100 gr de nata.

Naranja confitada: la piel de 1 naranja, almíbar (4 cucharadas de azúcar, 4 cucharadas de agua) y sal.

1. Fundir el chocolate al baño María (o en el microondas durante 2 o 3 minutos) con la mantequilla y la leche.
2. Batir las yemas con cinco cucharadas de azúcar hasta que esté muy espumoso, añadir la fécula de patata mezclada con la levadura e incorporar el chocolate, mezclar bien.
3. Montar las claras a punto de nieve con el resto del azúcar y unirlas a la masa con movimiento envolvente, para que no se bajen.
4. Llenar hasta las ¾ partes un molde de *plum-cake* de 28 cm de largo, engrasado con mantequilla y cocerlo en el horno a 180 ºC durante 20-30 minutos.
5. Glasa: fundir el chocolate con la nata.
6. Naranja confitada: lavar la naranja, separar la piel amarilla y cortarla en juliana.
7. Escaldarla en agua hirviendo con sal, escurrirla y cocerla en el almíbar.
8. Desmoldar el bizcocho sobre rejilla, enfriarlo y cubrirlo con la glasa.
9. Adornar con la juliana de naranja.

CUPCAKES

Para ocho personas: 180 gr de mantequilla, 200 gr de azúcar, 5 huevos, ralladura de ½ limón, 1 cucharadita de levadura en polvo y 200 gr de harina.

Glaseado: el zumo de ½ limón y azúcar glas hasta que espese.

Árboles de Navidad: 3 claras de huevo y 6 cucharadas de azúcar.

Adornos navideños de azúcar (de venta en tiendas especializadas).

1. Batir los huevos con el azúcar, la ralladura de limón, la harina mezclada con la levadura durante 15 minutos en la batidora eléctrica.
2. Fundir y tostar la mantequilla, templarla y añadirla a la mezcla.
3. Reposar la masa 15 minutos en la nevera y llenar moldes de magdalena hasta las ¾ partes.
4. Cocerlos en el horno a 180 ºC durante 10 minutos.
5. Glaseado: poner el zumo del limón en un cazo pequeño e ir añadiendo azúcar a fuego flojo, hasta que se funda el azúcar y quede una crema espesa y brillante.
6. Dejar que se entibie.
7. Cuando las magdalenas estén frías, cubrir la superficie con el glaseado.
8. Dejar que se seque antes de adornarlo.
9. Adorno: montar las claras a punto de nieve en la batidora de varillas.
10. A medio montar, añadir el azúcar poco a poco y batir durante 15 minutos, hasta que quede consistente y muy brillante, añadir mientras se bate el colorante verde (o el color elegido).
11. Llenar la manga pastelera con boquilla de ondas, hacer un moñito en el centro y luego las ramas de un abeto.
12. Adornar al gusto.

CUATRO-CUARTOS DE MANZANA

Para ocho personas: 4 huevos (el mismo peso de los huevos de azúcar, el mismo peso de harina, el mismo de mantequilla) o 250 gr de azúcar, 250 gr de harina, 250 gr de mantequilla, 1 cucharadita de levadura en polvo, 1 limón, 1 pizca de sal y 3 o 4 manzanas reineta, según el tamaño.

1. Batir la mantequilla en pomada, añadir el azúcar y la ralladura de limón y seguir batiendo hasta que la masa esté muy espumosa.
2. Incorporar las yemas una a una y, fuera de la batidora, la harina tamizada con sal y levadura.
3. Añadir por último las claras montadas a punto de nieve, incorporándolas con movimiento envolvente para que no se bajen.
4. Pelar las manzanas, quitarles el corazón y cortarlas en rodajas finas.
5. Engrasar un molde redondo de 22 cm de diámetro, enharinarlo y colocar una capa de crema de bizcocho, sobre ella otra capa de manzanas, crema de manzanas, hasta terminar con pasta de bizcocho.
6. Llenarlo solo hasta sus ¾ partes y cocerlo en el horno a 180-200 ºC durante 45-50 minutos.
7. Servir espolvoreado de azúcar glas.
8. Si se quiere tomar de postre, hacerlo en un molde de porcelana refractaria y servirlo caliente acompañado de nata líquida y caramelo líquido caliente.

PLUM-CAKE

Para ocho personas: 150 gr de mantequilla, 150 gr de azúcar, 150 gr de harina, 4 huevos, 50 gr de pasas de Corinto, 25 gr de piel de naranja confitada, 50 gr de fruta confitada, 50 gr de piñones, 25 gr de almendras tostadas y picadas no muy finas, 25 gr de almendras fileteadas crudas, 1 cucharada de levadura, 1 copa de ron y ralladura de limón.

1. Poner a remojo en el ron, la piel de naranja confitada cortada en juliana, la fruta confitada y las pasas.
2. Batir la mantequilla con el azúcar hasta conseguir una crema e incorporar los huevos uno a uno.
3. Añadir la harina y la levadura, tamizadas.
4. Escurrir las frutas del ron, pasarlas por harina y mezclarlas con la masa, añadir los piñones, las almendras picadas, la ralladura de limón y el ron colado.
5. Engrasar y enharinar un molde de *plum-cake* y llenar con la preparación, cubrir con las almendras fileteadas crudas y cocerlo en el horno a 175 ºC durante 1 hora.
6. Si se tuesta la superficie, taparlo con papel sulfurizado.

MAGDALENAS DE ACEITE

Para doce personas: ¼ l de aceite frito y frío, 250 gr de azúcar, 250 gr de harina, 6 huevos y ralladura de limón o ron para aromatizar.

1. Batir los huevos enteros con el azúcar en la batidora eléctrica, hasta que estén muy espumosos.
2. Añadir el aceite poco a poco y la ralladura de limón o el ron.
3. Fuera de la batidora, añadir a mano la harina, con movimiento envolvente, para que no se bajen los huevos.
4. Verter la preparación en los moldes de papel (cápsulas medianas) sin llenarlos del todo.
5. Cocerlos en el horno a 175-200 ºC, durante unos 15 minutos.

MAGDALENAS DE MANTEQUILLA

Para ocho personas: 180 gr de mantequilla, 200 gr de azúcar, vainilla en polvo, 5 huevos, ralladura de ½ limón, 1 cucharadita de levadura en polvo y 200 gr de harina.

1. Fundir la mantequilla y dejarla enfriar.
2. Batir los huevos con el azúcar, la vainilla y la ralladura de limón, en la batidora eléctrica durante 15 minutos.
3. Añadir a mano la harina tamizada con la levadura, con cuidado de que no se bajen los huevos e incorporar, por último, la mantequilla casi fría.
4. Reposar la masa 15 minutos en la nevera y llenar moldes de magdalena hasta las ¾ partes.
5. Cocerlos en el horno a 180 ºC durante 10 minutos.

PLUM-CAKE DE CHORIZO CON PIMIENTOS FRITOS

Para ocho personas: 150 gr de azúcar, 4 huevos, 150 gr de harina, 12 cucharadas de aceite, 150 gr de chorizo tierno (tipo chorizo gallego), 3 pimientos verdes de piel fina, 1 cucharada de levadura y una pizca de sal.

1. Quitar la piel al chorizo, cortarlo en trocitos pequeños y freírlos en el aceite y colarlo.
2. Picar los pimientos, freírlos en el aceite del chorizo y escurrirlos.
3. Batir los huevos con el azúcar hasta que estén muy esponjosos.
4. Añadir poco a poco el aceite de freír el chorizo y pimientos, colado, e incorporar la harina tamizada con la levadura y la sal, por último los trocitos de chorizo y de pimiento pasados por harina para que no se vayan al fondo.
5. Engrasar y enharinar un molde de *plum-cake* y llenarlo hasta las ¾ partes con la mezcla.
6. Cocerlo en el horno a 175 ºC durante cerca de 1 hora.
7. Si se tuesta la superficie, taparlo con papel y cocer hasta que se dore la grieta.

PLUM-CAKE DE OLIVAS NEGRAS

Para ocho personas: 2 huevos, 250 gr de azúcar, 1 yogur natural, la misma medida del yogur de aceite de oliva virgen fuerte, 250 gr de harina, 1 sobre de levadura en polvo Royal, una pizca de sal y 250 gr de aceitunas negras deshuesadas (sale muy bien con las de la variedad Arbequina).

1. Batir los huevos con el azúcar hasta que estén muy espumosos, casi 15 minutos en la batidora eléctrica de varillas.
2. Añadir el yogur y después el aceite, en cuanto se mezclen incorporar a mano o en la velocidad mínima la harina mezclada con la levadura y la sal.
3. Incorporar a mano, con la espátula, las aceitunas picadas con movimiento envolvente para que no se bajen los huevos.
4. Engrasar o forrar con papel un molde de *plum-cake* grande, llenarlo hasta las ¾ partes con la preparación e introducirlo en el horno a 180 ºC.
5. Cocerlo en el horno durante 50 minutos.
6. Si en los primeros 30 minutos se ve que no sube por el centro, aumentar un poco la temperatura del horno.
7. Si, por el contrario, sube por el centro más que por los lados, bajarla.
8. Pinchar con una brocheta en el centro para comprobar que está cocido.

Tanto este *plum-cake* como el de chorizo y pimientos son muy apropiados para servir con el té, pero también se pueden presentar como aperitivo, cortados en rodajas algo más gruesas y en cuatro trozos para que se puedan tomar de un bocado.

CHARLOTAS

Son conocidas también como «carlotas», es un postre que se servía tibio y que en su versión original consistía en revestir un molde con rebanadas de pan de molde untadas con mantequilla, para rellenar el interior con mermelada de frutas y hornearlo después. Hoy en día, esta fórmula se sigue empleando en la repostería inglesa y se conoce como charlota a la inglesa, pero la versión más universal se asocia a la charlota rusa inventada por Carème, que se conocía en la época por el nombre de charlota parisién. Según la fórmula del gran maestro, el molde se recubre bizcochos de soletilla y se rellena con una crema de barvaresas.
La charlota más moderna es la que en lugar de bizcochos de soletilla, se rodea de lenguas de merengue y capas internas también de merengue.

LA TÉCNICA DE LA CHARLOTA A LA INGLESA

- Hacer un almíbar y cocer en él la fruta elegida, limpia y troceada hasta obtener una mermelada.
- Untar el molde con dos cucharadas de mantequilla.
- Fundir el resto de la mantequilla.
- Mojar en la mantequilla líquida el pan de molde cortado en rebanadas finas.
- Forrar con el pan el fondo y las paredes del molde.
- Calentar el horno a 160 ºC.
- Echar la mitad de la mermelada en el molde preparado.
- Poner encima una capa de pan.
- Verter el resto de la mermelada.
- Terminar con una capa de pan mojado en mantequilla.
- Cocerlo en el horno unos 40 minutos a 180 ºC.
- Dejar reposar unos instantes antes de volcar en la fuente de servir.

LA TÉCNICA DE LA CHARLOTA PARISIÉN

- Preparar una crema de barvaresas (véase capítulo Gelatinas).
- Forrar un molde con papel de plata o con cinta grande de acetato.
- Cubrir el fondo y las paredes con bizcochos de soletilla o con una plancha de bizcocho tipo brazo de gitano cortado en lonchas.
- Verter la crema de barvaresas en el molde preparado, no demasiado líquida, es decir, que tenga algo de cuerpo.
- Dejar cuajar en la nevera.
- Tirar del papel o la cinta para desprenderlo de las paredes.
- Volcarlo sobre la fuente de servir.
- Decorarlo de acuerdo con el relleno elegido.
- Conservar en la nevera hasta el momento de servir.

LA TÉCNICA DE LA CHARLOTA DE MERENGUE

- Hacer un merengue francés (claras montadas más azúcar, mezclado con 1 yema y 1 cucharada rasa de harina, cada 4 claras de huevo).
- Forrar las placas pasteleras con papel sulfurizado o poner un silpat.
- Espolvorearlos de harina para poder dibujar y ver las marcas.
- Marcar en la harina un círculo y dos líneas paralelas.

- Llenar con el merengue la manga pastelera con boquilla lisa.
- Rellenar el círculo de merengue en espiral procurando no perder la forma circular.
- Hacer tiritas como soletillas entre las líneas paralelas.
- Espolvorear todo de azúcar glas.
- Hornear a 100 ºC, durante 3 horas.
- Enfriar en el horno.
- Despegarlos.
- Rodear las paredes de un aro con la cinta de acetato.
- Poner el aro sobre el círculo de merengue como base de la charlota.
- Si es necesario, recortarlo con el mismo aro para que encaje.
- Rellenar de la crema elegida fría para que tenga cierta consistencia.
- Dejar que se enfríe o casi se congele para que esté duro.
- Adornar con frutas o cualquier otro tipo de relleno.

LA TÉCNICA DE LA CHARLOTA DE BIZCOCHO

- Hacer una plancha de bizcocho (3 huevos, 3 cucharadas de azúcar, 3 cucharadas colmadas de harina, extendido sobre silpat y hornear durante 10 minutos a 180 ºC).
- Forrar el aro con cinta de acetato.
- Colocarlo sobre un silpat.
- Cortar una tira de bizcocho de la altura del molde.
- Rodear las paredes con la tira de bizcocho.
- Poner alrededor la tira de bizcocho, bien apretado a las paredes del molde (va a ser el lateral de la charlota).
- Cortar dos círculos de bizcocho del diámetro de la base del molde.
- Introducir uno dentro del molde como base de la charlota (si es necesario recortarlo para que encaje).
- Rellenar de la crema elegida fría para que tenga cierta consistencia.
- Decorar la superficie.

CHARLOTA A LA INGLESA

Para ocho personas: 1 pan de *brioche* cortado casi entero y 1 vaso de vino de uva Malvasía o vino dulce.

Relleno: 6 cucharadas de azúcar, 100 gr de chocolate *fondant* amargo, 50 gr de calabaza confitada, 50 gr de cerezas confitadas, 50 gr de piel de naranja confitada y 500 gr de requesón cremoso italiano *(ricotta).*

Salsa de frambuesa: 200 gr de frambuesas, 4 cucharadas de azúcar y un chorreón de zumo de limón.

1. Relleno: deshacer el azúcar en una cucharada de agua, a fuego lento.
2. Cortar a cuadraditos el chocolate, la calabaza, la piel de naranja, las cerezas y mezclarlo todo.
3. Batir el requesón con el azúcar disuelto y añadir el chocolate en trocitos y las frutas confitadas picadas.
4. Quitar los bordes del pan y cortarlo en tiras.
5. Remojar el pan con el vino dulce y forrar un molde con las tiras de pan de *brioche.*
6. Rellenarlo con la mezcla de requesón, cubrirlo con más pan y guardar en la nevera.
7. Servir con la salsa de frambuesa.
8. Salsa de frambuesa: triturar las frambuesas con el zumo de limón y el azúcar. Colarlo o no, al gusto, y servir con la charlota.

También se puede hacer licuando algo de mermelada de frambuesas con agua, zumo de limón, *brandy* o ron, lo que se quiera.

CHARLOTA DE CASTAÑAS

Para ocho personas: merengue: 3 claras, 6 cucharadas de azúcar y azúcar glas.

Helado de castañas: 3 huevos, 3 cucharadas de azúcar, 1 bote de puré de castañas y ¼ kg de nata montada.

Salsa de chocolate: 100 gr de chocolate y 1 vaso de nata líquida.

1. Merengue: montar las claras en la batidora de varillas con el azúcar, hasta que estén muy brillantes, durante 10-15 minutos.
2. Forrar con papel una placa de horno, engrasarla, enharinarla y marcar un círculo de 20 cm de diámetro y dos líneas paralelas separadas 5-6 cm.
3. Llenar la manga con boquilla lisa mediana, rellenar el círculo y formar palitos entre las marcas paralelas.
4. Espolvorear con azúcar glas, cocerlo en el horno a 60 ºC durante 3 horas y dejarlo enfriar en el horno.
5. Helado: montar los huevos enteros con el azúcar en la batidora eléctrica, durante 18 minutos, añadir a mano el puré de castañas y, por último, la nata montada.
6. Llenar un molde desmontable engrasado de 20 cm de diámetro y guardarlo en el congelador unas 8 horas.
7. Colocar el círculo de merengue sobre una fuente, desmoldar encima el helado y rodearlo de palitos de merengue, alternando con nata montada.
8. Adornar con castañas cocidas en almíbar y acompañar de salsa de chocolate caliente.
9. Salsa de chocolate: fundir el chocolate *fondant* con la nata líquida y mover hasta conseguir una salsa.

CHARLOTA DE PIÑA

Para cuatro personas: 7 rodajas de piña, 1 paquete de bizcochos de soletilla, 1 bote pequeño de leche condensada, 50 gr de mantequilla, 3 huevos, 1 limón y sal.

1. Triturar seis rodajas de piña con la leche condensada, las yemas, la mantequilla blanda y un chorreón de zumo de limón.
2. Añadir cuatro bizcochos de soletilla desmenuzados, triturar e incorporar las claras montadas a punto de nieve con una pizca de sal.
3. Forrar el fondo y las paredes de un molde con el resto de los bizcochos, verter la preparación y cocerlo en el microondas tapado 10 minutos a la máxima potencia.

CHARLOTA DE FRESÓN O *FRESSIER*

Para ocho personas: bizcocho genovés: 4 huevos, 1 yema de huevo, 120 gr de azúcar, 120 gr de harina y 15 gr mantequilla.

Crema diplomática: 500 gr de nata montada, 200 gr de crema pastelera (1 vaso) y 3 hojas (2 gr) de gelatina.

Jarabe: 1 vaso de agua, 1 vaso de agua de azúcar y 2 cucharadas de licor de fresa.

Para decorar: fresones y azúcar glas.

1. Bizcocho genovés: batir los huevos enteros y la yema con el azúcar, en la batidora de varillas, hasta que adquieran una consistencia espumosa y tripliquen su tamaño.
2. Fundir la mantequilla, añadirla a los huevos a hilillo con movimiento envolvente e incorporar la harina tamizada.
3. Extender la masa en una bandeja de horno con silpat y cocer el bizcocho en el horno a 170 ºC durante 10 minutos.
4. Cortar con un aro de 20 cm de diámetro dos círculos de bizcocho y reservarlos.
5. Jarabe: disolver el azúcar en el agua y cocer 5 minutos a borbotón, para formar un almíbar, retirar del fuego, añadir el licor de fresa y reservar.
6. Mezclar la crema y la nata con movimiento envolvente para que no se baje.
7. Poner alrededor del aro, por dentro, una cinta de acetato.
8. Cortar las fresas en lonchas y colocarlas alrededor del aro.
9. Fondear el aro con un círculo de bizcocho (recortar si hace falta), rellenar con la mitad de la crema y añadir unas fresas en trozos.
10. Tapar con otro círculo de bizcocho, cubrir con el resto de crema y alisar pasando la espátula metálica de canto, agarrada por los extremos con las dos manos.
11. Decorar con medios fresones y azúcar glas.

CHOCOLATE

El árbol del cacao se cultiva en las zonas de los trópicos porque necesita clima húmedo, una temperatura de 25 ºC aproximadamente, y un suelo rico en materia orgánica vegetal. Suele crecer entre otros árboles, como los plátanos, porque no pueden tener luz directa del sol. No tiene mucha altura, unos 2 metros, y tarda en crecer entre 6 y 7 años. De sus flores sale el fruto del cacao que dependiendo de la variedad tiene diferente color:

- El criollo: es el más exquisito, con un aroma muy fino pero también el más frágil. Es de color rojizo y se da en la zona de América Central y algunas zonas de Asia.
- El forastero: es el más común y su color es amarillo anaranjado. Suele cultivarse en la zona de África. Constituye el 70-80% del cacao mundial.
- El trinitario: es un híbrido de los dos anteriores y tenía su origen en la Isla de Trinidad. Ahora se cultiva por todo el mundo y su color es amarillo.

Lo que conocemos como cacao es el haba que se encuentra en el interior del fruto a la que se somete un proceso de fermentación, secado, selección y torrefacción. El *grué* es el extracto seco del cacao, donde está la manteca de cacao.

TEMPLADO DE CHOCOLATE

Es el proceso de enfriamiento y mezcla del chocolate derretido para asegurarse de que quede brillante, sin tonos blanquecinos y duro, con una rotura perfecta y óptima contracción. Conserva también con ello una buena textura y sabor. Según el tipo de chocolate la curva de temperaturas es diferente:

- Chocolate negro: Fundir a 50-55 ºC
  Bajar a 27-28 ºC
  Subir a 31-32 ºC para trabajar
- Chocolate con leche: Fundir a 45-50 ºC
  Bajar a 27-28 ºC
  Subir a 29-30 ºC para trabajar
- Chocolate blanco: Fundir a 40-45 ºC
  Bajar a 26-27 ºC
  Subir a 28-29 ºC para trabajar

LA TÉCNICA PARA TEMPLAR CHOCOLATE

- Fundirlo a la temperatura indicada.
- Verterlo sobre una superficie lisa tipo granito.
- Dejar y trabajarlo con la espátula hasta que se enfríe a la temperatura indicada.
- Mezclarlo con el chocolate que se había extendido sobre el granito para subir la temperatura y poder empezar a trabajar con el chocolate.

BOMBONES CASEROS

Los bombones son muy fáciles de confeccionar en casa, siempre que se disponga de un chocolate negro de excelente calidad. Algunos bombones necesitan de pequeños moldes para darles forma, otros se hacen dejando caer montoncitos sobre una placa, y a las trufas se les da forma redondeada como a las yemas.

BOMBONES CRUJIENTES

Formas asimétricas y crujientes de chocolate negro.

LA TÉCNICA

- Fundir chocolate.
- Añadir unas cucharadas de arroz inflado.
- Envolverlo bien con el chocolate.
- Dejar caer montoncitos sobre una bandeja.
- Guardarla en el congelador unos minutos.
- Colocar en cápsulas.

BOMBONES DE CAFÉ

Bombones de chocolate negro con un granito de café dentro.

LA TÉCNICA

- Fundir chocolate.
- Engrasar moldes de bombones con aceite de almendras dulces.
- Llenarlos con el chocolate.
- Poner en el interior de cada uno un grano de café natural.

BOMBONES DE MAGDALENA

Bolitas semejantes a trufa con textura más consistente.

LA TÉCNICA

- Desmigar 2 magdalenas (no importa que estén duras).
- Añadir 1 cucharada de *kirsch,* 50 gr de almendras molidas y 50 gr de azúcar glas.
- Fundir 100 gr de chocolate *fondant.*
- Mezclarlo con la pasta.
- Formar bolitas con la masa.
- Enfriar en el congelador.
- Rebozarlas en cacao amargo o chocolate granulado.

ROMBOS DE CHOCOLATE

Formas simétricas de chocolate perfumado al gusto.

LA TÉCNICA

- Cocer 1 vaso de leche con 1 vaso de azúcar y 100 gr de chocolate rallado.
- Cuando espese añadir una cucharada de mantequilla y 3 cucharadas de miel.
- Cocer sin parar de mover porque se agarra al fondo.
- Perfumar con limón, canela, *brandy,* etc.
- Cuando esté muy espeso volcar sobre el mármol untado con aceite de almendras dulces.
- Antes de que se enfríe, cortar en forma de rombos.

TRUFAS CLÁSICAS

Bolitas tamaño nuez de chocolate muy blando, tipo *mousse,* con distintas coberturas.

LA TÉCNICA

- Batir 100 gr de mantequilla con 3 cucharadas de azúcar glas hasta que esté espumoso.
- Añadir 2 yemas de huevo batidas con 2-3 cucharaditas de agua.
- Fundir 125 gr de chocolate.
- Añadirlo a la crema.
- Llenar la manga pastelera con boquilla lisa.
- Formar montoncitos del tamaño de avellanas sobre una bandeja.
- Meterlas en el congelador.
- Redondearlas.
- Rodar las bolitas sobre cacao amargo o chocolate granulado.

TRUFAS DE CAFÉ

Idénticas a las anteriores pero perfumadas con café.

LA TÉCNICA

- Igual procedimiento que las anteriores, pero añadir en lugar de agua *brandy,* en el que se habrá disuelto una cucharada de café soluble.

TRUFAS DE NATA

Parecidas a las anteriores pero muy cremosas.

LA TÉCNICA

- Fundir 200 gr de chocolate.
- Dejarlo entibiar moviéndolo de cuando en cuando.
- Unirlo con 250 gr de nata montada y 75 gr de azúcar glas.
- Dejar endurecer en la nevera.
- Formar bolitas.
- Hacerlas rodar sobre cacao amargo o granillo de chocolate.

TRUFAS DE AVELLANAS

Muy semejantes pero con sabor a avellanas.

LA TÉCNICA

- Fundir 125 gr de chocolate *fondant*.
- Mezclar 125 gr de avellanas tostadas y molidas con 125 gr de azúcar glas.
- Unirlas con el chocolate.
- Añadir una clara montada a punto de nieve.
- Endurecer en la nevera.
- Formar bolitas.
- Pasarlas por azúcar glas.

BOMBONES PROFESIONALES

Son bombones de confitería, más delicados de preparar pero de resultados asombrosos. Para ellos se emplea el chocolate templado.

LA TÉCNICA

- Limpiar los moldes de policarbonato con un algodón para que no haya restos de suciedad o humedad, ya que el chocolate quedaría blanquecino.
- Templar el chocolate según los cuadros anteriores.
- Ponerlo en manga pastelera sin boquilla.
- Cortar el extremo y rellenar los moldes hasta arriba.
- Dar un golpe sobre la encimera con el molde horizontal para que asiente bien el chocolate.
- Dar la vuelta a los moldes para que caiga el chocolate y quede únicamente una capa fina recubriendo las paredes de los moldes.
- Dejar endurecer esta capa.
- Rellenarlos con la crema de frutas, trufa, etc., que se haya elegido.
- Sellar con más chocolate templado.

DECORACIÓN CON CHOCOLATE

Es una forma de rematar con personalidad las tartas, ya sean recubiertas de un glaseado blanco o de chocolate. También es un complemento para postres de cuchara, en los que el adorno se suele colocar por encima o pinchado a modo de peineta. Las pastas, los *cupcakes* y los bombones también admiten decoraciones y dibujos con chocolate, así como los letreros de felicitaciones o mensajes que se desee.

El chocolate que se utiliza en las decoraciones tiene que estar atemperado, ya que le proporciona más brillo, no quedarán zonas blanquecinas y es más sólido.

Estas decoraciones parecen difíciles y sofisticadas para preparar en casa, pero siguiendo las reglas de un chocolate bien atemperado es muy sencillo. La técnica para atemperar el chocolate se explica más arriba, aquí damos otro procedimiento que quizás sea más sencillo. Se puede emplear chocolate blanco o negro, e incluso adornos con los dos, pero cuanto más cacao contenga mejor será el resultado, porque el chocolate blanco tiene manteca de cacao y leche en polvo y es más blando.

PROCEDIMIENTO SENCILLO PARA ATEMPERAR EL CHOCOLATE

- Picar el chocolate y fundir 200 gr al baño María o en el microondas 50% de potencia (55 ºC).
- Volcar la mitad de la mezcla sobre 100 gr de chocolate picado y mover hasta que se derrita.
- Incorporar la otra mitad de chocolate y seguir moviendo para que se temple.
- El chocolate debe adquirir entre 29 y 30 ºC.

HOJAS DE CHOCOLATE

Sirven para colocar sobre una tarta o adornar un brazo de gitano. La forma más sencilla de realizar una hoja de chocolate es pintar con un pincel el reverso de una hoja natural.

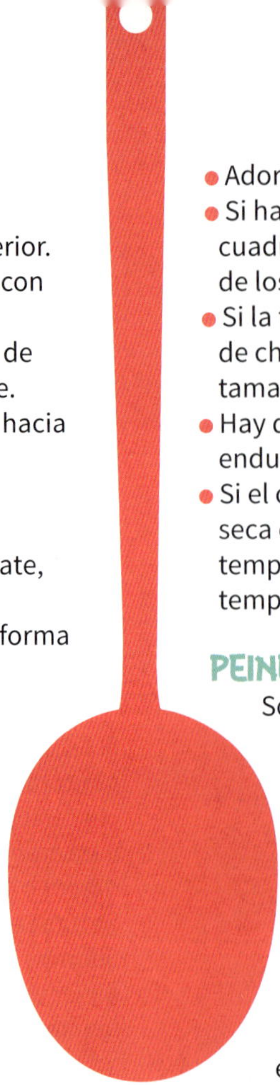

LA TÉCNICA

- Elegir hojas del tamaño que se desee y que tengan una buena nervadura por la cara inferior.
- Limpiar las hojas con agua y secar muy bien con un paño seco.
- Templar el chocolate y pintar la cara inferior de las hojas, con un pincel mojado en chocolate.
- Ir colocándolas en un plato con el chocolate hacia arriba.
- Guardar el plato en la nevera durante unos minutos.
- Despegar la hoja natural y dejar la de chocolate, que quedará muy brillante.
- Actualmente existen moldes de silicona con forma de hojas y otras figuras para hacer adornos.

ENCAJE DE CHOCOLATE

Cenefas de chocolate para bordear o cubrir tartas. Se pueden emplear 300 gr de chocolate negro 70% cacao.

LA TÉCNICA

- Preparar un papel sulfurizado sobre una superficie lisa.
- Templar el chocolate siguiendo la técnica arriba descrita.
- Colocar el chocolate templado en manga pastelera con boquilla muy fina.
- Dibujar un diseño de arabescos sobre la superficie de trabajo.
- Cuidar que las líneas sean uniformes y del mismo espesor.
- Procurar que quede un calado de círculos y remolinos de chocolate unidos siempre entre sí.
- Otra posibilidad es hacer un dibujo geométrico con líneas superpuestas horizontal y verticalmente para hacer un patrón reticular.
- Asegurarse de que el encaje esté conectado en todos los puntos, para que no se desunan al quitar el papel.
- Dejar que el encaje se seque sobre el papel y poner en la nevera al menos media hora.
- Cuando esté duro retirar con cuidado el papel.
- Adornar el postre.
- Si hay que rodear los costados de una tarta cuadrada o rectangular, cortar el encaje al tamaño de los lados.
- Si la tarta es circular, poner el papel con el dibujo de chocolate rodeando el exterior de un molde del tamaño deseado para que tome la forma.
- Hay que hacerlo antes de que el chocolate se endurezca del todo.
- Si el chocolate no se seca por completo, o si se seca con manchas blancas, es que no está bien templado. En estos casos derretir de nuevo y templarlo otra vez.

PEINETAS Y FILIGRANAS

Son dibujos que se hacen con cucurucho de papel en la forma deseada, por ejemplo pentagramas con notas de canciones, peinetas para clavar en postres, motivos geométricos o no, para poner sobre tartas, etc.

LA TÉCNICA

- Formar un cucurucho con un triángulo de papel vegetal.
- Rellenarlo con el chocolate bien atemperado.
- Doblar la parte superior para que no desborde el chocolate.
- Cortar la puntita con la tijera (también se puede utilizar una manga pastelera de plástico con una boquilla muy finita o darle un corte en la punta, o emplear un biberón).
- Pintar con mantequilla las puntas de una hoja de papel vegetal para que se adhiera a la encimera y evitar que se mueva.
- Con la manga pastelera de chocolate hacer dibujos o letras sobre el papel.
- Si se desea, dibujarlos antes con lápiz para después pintar sobre el dibujo.
- Dejar enfriar y despegar suavemente.
- Guardar las filigranas en una caja hermética colocada en un lugar oscuro.
- Se conservan en estas condiciones durante semanas.

- Si son leyendas o letras, colocarlas sobre la tarta cuando está recién bañada con la cobertura para que se peguen bien.
- Si se tiene mucha seguridad, también se puede escribir sobre la tarta directamente.

VIRUTAS DE CHOCOLATE

Son virutas como las de la madera, más pequeñas y hechas con chocolate. Son perfectas para cubrir la superficie de una tarta y decorar postres de cualquier tipo.

LA TÉCNICA

- Mantener el chocolate a emplear a temperatura ambiente de unos 20-22 ºC.
- Emplear una tableta entera.
- Raspar uno de los costados de la tableta con un pelador de verduras.
- Ensayar para ver que la temperatura del chocolate es la adecuada y salen virutas largas y enroscadas, porque si está frío o demasiado caliente no salen las virutas.
- También se puede raspar con el filo del cuchillo la parte inferior de la tableta, agarrándolo con las dos manos para que salgan virutas anchas.

FORMAS GEOMÉTRICAS

Se dibujan figuras geométricas sobre planchas finas de chocolate, antes de que se seque del todo el chocolate. También se pueden hacer formas con cortapastas.

LA TÉCNICA

- Una vez atemperado el chocolate, verterlo sobre una lámina de papel guitarra (es un plástico duro pero maleable) y extenderlo con una espátula (metálica ancha o rodillo).
- Poner sobre el chocolate otra hoja de plástico encima y alisar de forma homogénea hasta que quede muy fino.
- Dejar endurecer, pero no del todo, marcar sobre el plástico superior las distintas formas geométricas ayudados de una regla y la parte sin filo de un cuchillo.
- Realizar círculos o las formas que deseemos con un cortapastas.
- Dejar secar en un lugar seco.
- Al quitar el plástico superior quedarán marcados los dibujos.
- Sacarlos del plástico inferior con cuidado de no romper las formas.

CILINDROS

Son tubos de distintos grosores que se pueden quedar vacíos o rellenar el hueco central de *mousses, parfaits,* etc., para formar pasteles. Vacíos se pueden colocar dos o tres puestos de forma artística sobre una tarta o como adorno de un postre.

LA TÉCNICA

- Cortar una hoja de papel de acetato de forma rectangular y cerrar formando un cilindro del grosor deseado.
- Pegarlo con celo para que no se desenvuelva.
- Verter chocolate atemperado en el interior del cilindro y rodarlo para que quede cubierto por todos los lados.
- Escurrir el chocolate sobrante y dejar secar en lugar seco.
- Retirar el celo y el acetato con mucho cuidado de no romper el cilindro.

CHOCOLATE COLOREADO

Es una forma de sobredorar o platear figuras de chocolate para darles más vistosidad. Se pueden emplear todos los colores, incluso sobre chocolate oscuro.

LA TÉCNICA

- Sobre una hoja de papel guitarra (hoja de plástico duro pero maleable), pintar con un pincel grueso brochazos de colorante liposoluble o pasta de polvo de oro, cobre o plata.
- Dejar secar.
- Verter encima el chocolate atemperado y alisar con la espátula.
- Dejar secar y separar el plástico.
- Lo mismo se puede hacer pintando en el interior de los moldes de plástico (huevos y figuras) y también en los de policarbonato para hacer bombones.

- El color se hace notar más cuando utilizamos chocolate blanco.
- Al chocolate blanco se le puede teñir con colorantes del tono deseado, cuando esté fundido.

FIGURAS DE CHOCOLATE

Esta técnica es poco o nada empleada en casa, pero muy divertida y merece la pena probar con una figura sencilla, como una guitarra, por ejemplo. Para facilitar el atemperado se utiliza un producto llamado Mycryo, que es manteca de cacao 100% pulverizado. La proporción que se debe utilizar en el chocolate fundido es el 1% del peso del chocolate en Mycryo. Se añade al chocolate fundido, al que se ha bajado a una temperatura de 35 ºC para el chocolate negro, y de 34 ºC para el chocolate con leche o blanco. Con este producto, el chocolate permanecerá fluido durante más tiempo y se facilita el desmoldado, ya que el chocolate se retrae durante el enfriamiento.

LA TÉCNICA

- Pintar la figura a realizar en una plancha de poliuretano.
- Recortarla para dejar la forma deseada.
- Rodear los bordes de papel de acetato desde la base pero que sobresalga.
- Sujetarla con celo para que no se mueva y quede como un molde.
- Atemperar el chocolate.
- Añadir el Mycryo y mover para que se integre.
- Rellenar el molde con el chocolate de unos 2-3 cm de altura, según se desee de gruesa la figura.
- Dejar secar de un día para otro en superficie plana y fresca.
- Cortar con tijeras el papel de acetato del borde y tirar de él para sacarlo.
- Quitar el poliuretano.
- Terminar la decoración con otras figuras de chocolate al gusto: flores coloreadas, cilindros, etc.

BOMBONES DE AVELLANA

Para cuatro personas: 200 gr de chocolate blanco, 3 cucharadas de avellana picada y tostada. Para rebozar: avellana picada la que se necesite (4-5 cucharadas).

1. Fundir el chocolate al baño María o en el microondas durante 1,5 minutos.
2. Añadir la avellana picada y tostada, mover.
3. Enfriar la pasta en la nevera para que tome cuerpo.
4. Formar bolitas con dos cucharas o hacer tubos pequeños con la manga.
5. Meterlos en el congelador durante 30 minutos y rebozarlos en avellana tostada picada.

BOMBONES CRUJIENTES

Para ocho personas: 100 gr de chocolate *fondant*, 2 cucharadas de mantequilla y 4 cucharadas de arroz inflado *(krispis)*.

1. Fundir el chocolate con la mantequilla al baño María o 1,5 minutos en el microondas.
2. Mezclar los krispis con el chocolate fundido.
3. Dejar caer montoncitos de la mezcla de krispis y chocolate, lo más regulares posible, en una bandeja engrasada.
4. Dejarlos enfriar para que se endurezcan y colocarlos en cápsulas.

BOMBONES DE NARANJA

Para ocho personas: 1 tarrina de helado de yogur, 1 tableta de 250 gr de chocolate *fondant,* cacao en polvo y brochetas de aperitivo.

Para rebozar: almendra fileteada tostada.

1. Hacer bolas pequeñas del helado con la cucharilla de hacer bolas de patata.
2. Guardarlas en el congelador para que se endurezcan mucho.
3. Fundir el chocolate al baño María en un cazo de fondo grueso, o en cristal si se hace en el microondas, durante 2-3 minutos al 100% y moverlo.
4. Pinchar las bolas de helado en las brochetas y, muy congeladas, mojarlas en el chocolate templado.
5. Rebozarlas en cacao y servir.

TRUFAS BLANCAS

Para ¼ kg de trufas: 200 gr de chocolate blanco y 3 cucharadas de coco rallado.

Para rebozar: coco rallado.

1. Fundir el chocolate y añadir el coco.
2. Enfriar la pasta en la nevera.
3. Formar bolitas con ayuda de dos cucharas o llenar la manga pastelera sin boquilla y hacer moñitos sobre un silpat.
4. Meterlas en la nevera para que se endurezcan.
5. Rebozarlas en coco y colocarlas en cápsulas.

TRUFAS

Para 48 trufas: 4 yemas, 6 cucharadas de azúcar glas, 200 gr de mantequilla hecha pomada, 300 gr de chocolate *fondant,* 2 cucharadas de Nescafé y 4 cucharadas de *brandy.*

Para rebozar: 100 gr aproximadamente de cacao negro o de granillo de chocolate de buena calidad.

1. Batir las yemas con el azúcar hasta que estén muy espumosas.
2. Añadir la mantequilla ablandada en pomada y trabajar bien la masa con la cuchara de palo o en la batidora eléctrica.
3. Fundir el chocolate en el microondas 2 minutos al 75% de potencia, o al baño María, y añadirlo.
4. Deshacer el Nescafé en el *brandy* e incorporarlo a la crema (se puede aromatizar con vainilla, ron, licor de naranja, etc.).
5. Meter en la nevera durante 30 minutos, para que se endurezca.
6. Cuando esté consistente, formar con dos cucharillas unas bolitas, que se pueden trabajar con la palma de una mano contra el mármol.
7. Rebozarlas en granillo de chocolate (o en cacao amargo) y meterlas en cápsulas de papel.
8. También se puede llenar la manga pastelera con la crema de trufa, hacer pequeños moñitos sobre un papel, guardar en el congelador unos minutos y rebozar después.

TRUFAS CALIENTES

Para seis personas: 3 yemas de huevo, 125 gr de azúcar glas, 125 gr de chocolate *fondant*, 225 gr de mantequilla, harina y huevo para rebozar, aceite para freír, canela y azúcar glas para espolvorear.

1. Batir las yemas con el azúcar hasta que la mezcla se vuelva blanca y espumosa.
2. Fundir el chocolate con la mantequilla en el microondas durante 1,5 minutos al 100%, o al baño María.
3. Mover y, cuando se enfríe, mezclar las yemas con el chocolate revolviendo hasta que se integre.
4. Guardar en la nevera para que tome consistencia y formar bolitas con la cucharilla de patatas, o llenar la manga pastelera sin boquilla, hacer moñitos sobre una plancha y congelarlas.
5. Cuando estén muy duras, redondearlas y pasarlas por harina y huevo dos veces.
6. Freírlas en aceite caliente.
7. Servirlas calientes espolvoreadas de azúcar glas y canela.

CHEESECAKE DE CHOCOLATE BLANCO

Para seis personas: base: 18 galletas oreo y 6 cucharadas de mantequilla.

Relleno: 600 gr de queso tipo Philadelphia, 200 gr de chocolate blanco, 3 huevos, ½ taza de azúcar, frambuesas y ½ cucharadita de extracto de vainilla.

1. Triturar las galletas y mezclarlas con la mantequilla derretida.
2. Colocar las galletas en la base desmontable de un molde de unos 25 cm de diámetro y meter en el horno a 180 °C durante 10 minutos.
3. Calentar el queso para que se licúe, añadir el azúcar y la vainilla, y, fuera del fuego, incorporar los huevos uno a uno y mezclarlos con el queso.
4. Incorporar el chocolate derretido y seguir mezclando.
5. Verter sobre la base de galletas y hacer en el horno al baño María a 180 °C, durante 40 o 50 minutos.
6. Dejar enfriar en la nevera un mínimo de 2 horas antes de servir.
7. Desmoldar y acompañar con frambuesas.

DADOS DE CHOCOLATE

Para ocho personas: ½ l de nata líquida, 1 cucharada rasa de harina, 1 cucharada rasa de maicena, 150 gr de chocolate cobertura y 1 palo de canela o de vainilla.

Para rebozar: harina, huevo y pan rallado para rebozar y aceite para freír.

1. Poner a hervir en un cazo la nata con el palo de canela o vainilla, si se quiere aromatizar, y añadir el chocolate en trozos, fundirlo al fuego sin parar de mover.
2. Disolver en un vaso la cucharada de harina, la de maicena en un poco de leche y añadir al chocolate con nata, mover sobre el fuego durante 5-10 minutos o hasta que espese.
3. Extender la masa de 3 cm de altura en fuente rectangular y enfriar de un día para otro.
4. Cortar en cuadrados, rebozarlos en harina, huevo y pan rallado y freírlos en aceite caliente.

FONDUE DE CHOCOLATE

Para cuatro personas: 200 gr de chocolate *fondant*, 1 vaso de nata líquida, 1 vaso de leche, 4 cucharadas de azúcar, ralladura de limón o de naranja y 1 cucharada de maicena disuelta en un poco de leche fría.
Frutas: ½ kg de fresón.

1. Fundir el chocolate en el microondas, o al baño María, incorporar la nata líquida y el azúcar, perfumar con la ralladura y hervir durante 1 minuto.
2. Añadir la leche y cuando hierva de nuevo incorporar la maicena.
3. Dar unos hervores más sin parar de mover, llenar el recipiente de la *fondue* y encenderla.
4. Lavar los fresones, si son muy grandes, ponerlos en una fuente, pinchar algunos en las brochetas y dejar los otros para que cada uno los moje en el chocolate.

PASTEL DE CHOCOLATE AL MICROONDAS

Para seis personas: 3 huevos, 200 gr de chocolate, 100 gr de mantequilla, 100 gr de azúcar y 75 gr de harina.

1. Poner el chocolate en trozos con la mantequilla en un bol e introducirlo en el microondas a la máxima potencia, durante 1 minuto y 40 segundos.
2. Batir los huevos con el azúcar en la batidora eléctrica, añadir la harina en forma de polvo y después mezclar el chocolate con la mantequilla.
3. Volcar en un molde de cristal recubierto de papel sulfurizado y cocer en el microondas a la máxima potencia durante 5 minutos.
4. Desmoldarlo y espolvorearlo de azúcar glas.

Todos los bizcochos que se hacen en el microondas son para tomar en el momento porque si no se endurecen.

SEMIESFERAS DE CHOCOLATE A LA NARANJA

Para cuatro personas: 250 gr de mantequilla, 250 gr de chocolate *fondant,* 4 huevos y 4 cucharadas de azúcar.

Para decorar: frambuesas, mermelada y juliana de naranja.

1. Cortar el chocolate en trozos, ponerlos en un cazo y acercar al fuego al baño María, moviendo hasta que se funda o fundir el chocolate troceado en el microondas, durante 2,5 minutos.
2. Batir la mantequilla en pomada con el azúcar hasta que no tenga grumos y mezclar con el chocolate sin parar de mover.
3. Batir los huevos enteros, yema y clara, con la batidora hasta que estén espumosos.
4. Añadir a mano la crema, llenar moldes semiesféricos o un molde engrasado y guardar en la nevera durante 2 horas.
5. Sumergir en agua hirviendo, desmoldar y servir con frambuesas, mermelada y juliana de naranja.

SOPA DE CHOCOLATE BLANCO CON FRAMBUESAS GLASEADAS

Para cuatro personas: 150 gr de chocolate blanco, 1 vaso de leche, 1 palo de canela, 3 clavos de olor, ralladura de nuez moscada, ralladura de piel de limón, 1 tarrina de frambuesas frescas, 4 cucharadas de azúcar, un chorreón de zumo de limón y 1 vaso de vino de agua.

1. Disolver en un cazo el azúcar en el agua, acercarlo al fuego y hacerlo hervir, añadir el zumo de limón y cocer durante 7 minutos.
2. Cuando el almíbar tenga punto de hebra dura, introducir las frambuesas solo un momento para que no se deshagan.
3. Hervir la leche con la canela, los clavos y las ralladuras.
4. Fundir el chocolate en la leche, enfriar y servir con las frambuesas.

CONFITERÍA

Según el diccionario de la Real Academia de la Lengua, la definición de confitería es: «establecimiento donde los confiteros hacen y venden los dulces, y que a veces es también salón de té». Es decir, serían alimentos cuyo ingrediente principal es el azúcar y fruta conservada con azúcar.

Podemos incluir dentro de la confitería las nubes, gominolas y caramelos, nougatines y confituras o mermeladas.

GOMINOLAS

En Francia se llama «pasta de fruta» es un puré de frutas al que se le añade la misma cantidad de azúcar, y una cucharadita de pectina amarilla (espesante).

LA TÉCNICA

- Calentar el puré a una temperatura máxima de 50 ºC.
- Añadir el espesante (la pectina) y mover para que se disuelva bien.
- Hacer hervir hasta 107 ºC.
- Añadir fuera del fuego una cucharadita de zumo de limón (el ácido cítrico es espesante).
- Verter la masa en una bandeja cubierta de silpat.
- Deja enfriar fuera de la nevera un mínimo de 24 horas.
- Cortarlo dando la forma deseada: dados, bolas, etc.
- Rebozar los trozos en azúcar lustre.

NUBES

Son esas golosinas que tanto gustan a los niños, de consistencia blanda y algo gomosa. Se preparan blancos, como nubes o de varios tonos, siempre suaves.

LA TÉCNICA

- Preparar un puré de frutas.
- Pesarlo y añadir su mismo peso en azúcar invertido (el azúcar invertido es la combinación de glucosa y fructosa, se compra preparado), o añadir en lugar de azúcar invertido la misma cantidad de miel que le va a dar consistencia y tres veces su peso en azúcar.
- Hacer hervir a 107 ºC.
- Fuera del fuego añadir la gelatina hidratada en agua (50 gr de gelatina en hojas para 200 gr de puré de frutas).
- Poner en la batidora de varillas otra vez la misma cantidad de azúcar invertido o miel.
- Batir toda la mezcla hasta que enfríe y monte, así se conseguirá el aspecto blanco de la nube.
- Cubrir una bandeja rectangular con silpat y espolvorearla con una mezcla de 50% azúcar glas y maicena.
- Llenar con la pasta de nubes.
- Espolvorear también por encima con el 50% de azúcar glas y maicena.
- Dejar endurecer y cortar.

NOUGATINES

Es una mezcla de frutos secos con caramelo que en su elaboración lleva además del azúcar, glucosa, por lo que la mezcla va a ser más maleable.

LA TÉCNICA

- Hacer un caramelo rubio (la proporción del caramelo es 1 kg de azúcar, 400 gr de glucosa y 100 ml de agua).

- Cuando el caramelo tiene color miel añadir los frutos secos, laminados, troceados o en polvo (conviene secarlos antes un poco en el horno a 120 ºC durante unos minutos).
- Mezclar los frutos secos picados con el caramelo de azúcar y glucosa.
- Extenderlo sobre un silpat.
- Poner otro silpat encima y pasar el rodillo para que se aplane hasta obtener un grosor de 5 mm.
- Dejar templar y cortar trozos con un cuchillo antes de que se endurezca.
- Dar la forma deseada.
- Si ya está endurecido, meter la bandeja en el horno unos segundos a 130 ºC para que se ablande y poderlo cortar.

GOMINOLAS DE FRESA CON QUESO

Para ocho personas: 800 gr de fresón, 500 gr de azúcar, 4 cucharaditas de *agar-agar* (o 12 gr de pectina amarilla de venta en establecimientos de productos de pastelería), un chorrito de zumo de limón y 300 gr de queso de tetilla gallego.

Para rebozar: azúcar.

Para adornar: menta fresca.

1. Lavar los fresones, escurrirlos, suprimir los pedúnculos y triturarlos con el zumo de limón y el azúcar, menos una cucharada que se mezcla con la pectina o el *agar-agar.*
2. Templar el puré de fresones (no más de 40 ºC), fuera del fuego añadir la pectina o el *agar-agar,* mezclados con el azúcar, mover, hervir y extender en un molde de 3 cm de alto, forrado.
3. Dejar enfriar 24 horas para que se solidifique, cortarlo en dados y rebozarlos en azúcar.
4. Quitar la corteza al queso y cortarlo en dados iguales.
5. Pinchar en brochetas un dado de dulce fresa y queso.

DULCES DE FRUTAS

Para ocho personas: 1 paquete de gelatina de cada uno de los distintos sabores de frutas o, si se quiere, hacerlas con frutas naturales [8 hojas finas de gelatina (14 gr) por cada ½ l de zumos de naranja, limón, fresa, frambuesa, ciruelas moradas, infusión de hojas de menta fresca-Pippermint y azúcar al gusto para endulzarlos].

Para rebozar: azúcar.

1. Preparar las gelatinas con algo menos de agua de la que indica el fabricante o, en caso de hacerlas naturales, remojar la gelatina y exprimir el zumo de las frutas.
2. Calentar unas cucharadas de cada uno de los zumos y disolver al fuego la cantidad de gelatina indicada para cada zumo, remojada y escurrida, añadirla y azucarar al gusto.
3. Llenar moldes de bombones, si se quieren de formas, o bandejas poco profundas para cortarlo en dados.
4. Desmoldar con agua hirviendo, cuidando de que no se deshagan y rebozarlos en azúcar.

CONSERVAS

Se denomina con este nombre a cualquier alimento que ha sido sometido a distintos procedimientos para protegerlos del deterioro producido por el desarrollo de mohos, microbios y bacterias. Aunque el método más seguro es la esterilización de los envases, existen conservantes naturales como el azúcar, la sal o el vinagre, que resultan sencillos y muy eficaces.

HISTORIA

Desde los tiempos prehistóricos el hombre desarrolló distintos sistemas para conservar los alimentos. Primero utilizó la ceniza, el humo, la miel o la sal, para recubrir las bayas, frutos, raíces y bulbos que recogía en temporada. Más tarde, cuando aprendió a moler los cereales, los guardaba en forma de bastas tortitas de harina y agua, y, seguramente por esta necesidad de guardarlas, un día la masa fermentó y descubrió que si la cocía sobre piedras caldeadas le salían «panes» más esponjosos y ligeros. Cuando las gachas de cebada fermentaron, por casualidad también, se encontró con la primera cerveza y poco a poco fue fermentando peras, manzanas, endrinas y uvas que le proporcionaron bebidas que no se descomponían como las frutas y que podía guardar por más tiempo.

El frío fue el gran conservador de alimentos del hombre del Neolítico que aprovechó la frescura del interior de sus cavernas, y gracias al clima glaciar del Ártico hemos aprendido de los esquimales los principios y las ventajas de la congelación.

La desecación, la salazón y el ahumado fueron técnicas empleadas desde antiguo. Los griegos del siglo VIII a. C. guardaban trigo en tinajas tapadas y enterradas y, cuando la pesca había sido abundante, sabían salar el atún, secarlo y hasta conservarlo adobado en aceite.

También se han desecado desde antiguo las uvas (pasas), las ciruelas (ciruelas pasas), los higos (higos pasos), los albaricoques (orejones) y los melocotones.

Es habitual ver todavía en los pueblos de España las ristras de pimientos o guindillas colgadas a secar, así como las panochas de maíz.

La leche cuajada en forma de queso fue también uno de los primeros productos conservados de la Humanidad. Cuenta la leyenda que el primer queso se debe a la casualidad: un pastor, que transportaba leche en el interior de un estómago de oveja a través del desierto, quedó muy sorprendido cuando en lugar de líquido encontró una masa compacta o queso fresco. Descripciones de la vida del Latio en los alrededores de Roma hablan sobre cómo cuajaban la leche de las cabras y de las ovejas con jugo de higuera, para alargarles la vida.

LAS PRIMERAS CONSERVAS

El invento de las conservas corresponde a los griegos, en unos casos, y a los romanos, en otros, pero siempre eran de cerdo o productos salados. Los egipcios fueron los que consiguieron el primer *foie-gras* de oca.

En la Edad Media se perfecciona la técnica de la salazón y los pescados empiezan a llegar a las mesas más alejadas del mar. De estas técnicas se habla en *La cocina de hoy en España.* En este libro dedicado a la repostería nos ocuparemos solamente de las conservas dulces.

En el capítulo **Dulces navideños,** se habla del turrón y del mazapán, formas de conservación de almendras y otros productos para alimentarse con poco volumen en épocas de asedio a las ciudades o en las guerras.

Con las experiencias de la conservación de productos salados, los descubrimientos científicos y la producción masiva de azúcar, se revoluciona la conserva dulce en el siglo XIX, y da lugar a una floreciente industria de conservas enlatadas.

HISTORIA DE LA CONSERVA ACTUAL

En 1809, el ministro del Interior francés ofrece a Nicolás Appert la fabulosa suma de 12.000 francos –más de 100.000 euros–, si se aviene a revelar el secreto que él venía utilizando para la conservación de los alimentos. Appert, terrateniente de Massy, de 57 años, que ha trabajado en la cocina de la hostería de su padre desde su más tierna infancia y llega a formar parte del servicio «de boca» del duque de Deux Ponts Christian IV, acepta la oferta y publica un libro de 116 páginas, titulado *El libro de todos los hogares o el arte de conservar por espacio de varios años todas las sustancias animales y vegetales.* ¿Cuál era este truco?: «el calentamiento en recipiente herméticamente cerrado y la privación absoluta de todo contacto con el aire exterior de los alimentos contenidos en el receptáculo».

Es el principio mismo de la esterilización por el calor. El genio de Appert descubrió primero teóricamente lo que luego se comprobó de manera experimental. Esterilizaba sin saber que esterilizaba. Medio siglo después, Luis Pasteur, en 1862, aportó la explicación científica de la eficacia del procedimiento. Pasteur demuestra la presencia y la proliferación de microorganismos, llamados más adelante microbios, en todos los productos expuestos al aire. Explica el papel que desempeñan estos microbios en la descomposición y putrefacción de la materia y demuestra finalmente que es posible destruirlos mediante el calor, es decir, que la esterilización es el método de máxima seguridad para la conservación de alimentos.

LAS BASES DE LA CONSERVACIÓN

Según el método Appert que sigue vigente en nuestros días, para que sea realmente eficaz, la conservación y envasado de los alimentos debe seguir unas reglas fijas:

1. Llenar botellas o tarros con lo que se desea conservar.
2. Taparlos con el mayor cuidado, ya que principalmente del taponado depende la buena conservación de los productos.
3. Someter esas sustancias, así aisladas, a la acción del agua hirviendo de un baño María, durante más o menos tiempo, según su naturaleza.

MÉTODOS DE CONSERVACIÓN

Desecación: el objetivo es rebajar el grado de humedad de los alimentos para eliminar los riesgos de fermentación y putrefacción. Se utiliza este método con las frutas (higos, uvas, albaricoques, ciruelas, etc.), frutos secos (almendras, nueces, avellanas), setas (colmenillas, níscalos, boletus o ceps, etc.), legumbres (judías, garbanzos, lentejas y guisantes) y hierbas aromáticas (romero, menta, salvia, etc.).

Revestimiento: se trata de aislar el producto del aire por medio de grasa. Este sistema se emplea más en carnes frescas y cocidas, pescados, quesos. Para frutas, cítricos y huevos el procedimiento es envolverlos en papel de seda o de aluminio, si son algo grasos como la mantequilla, los quesos, las margarinas o los embutidos. Los tubérculos se aíslan recubiertos de serrín y algunas frutas, sobre todo los cítricos, bañados en parafina. Las peras se conservan más tiempo si se sella el extremo del rabo con parafina o lacre.

Al quedar el alimento aislado del aire por cualquiera de estos procedimientos, se evita la deshidratación, lo que impide que se seque y arrugue, manteniendo su aspecto atractivo.

Alcohol: otro sistema de aislar los alimentos es sumergirlos en alcohol –por la misma razón que el vinagre o la sal para los alimentos salados–, puesto que impide el desarrollo de las bacterias y microorganismos. Se utiliza casi en exclusividad para frutas y normalmente es aguardiente blanco cuya graduación no debe sobrepasar nunca los 45 ºC, ya que a concentraciones superiores la fruta se arruga, se reduce y pierde sabor para comunicárselo al líquido en el que está sumergida.

Azúcar: es un buen protector y conservante para las frutas. Hay que cocerlas con el azúcar y ofrecen como resultado las mermeladas y confituras.

Frío: es uno de los procedimientos más antiguos de conservación de los alimentos, empleado en épocas glaciares y por los habitantes de países muy fríos. Se deben conservar siempre limpios y escaldados para evitar contaminaciones, a temperaturas inferiores a 18 ºC. Para evitar la desecación conviene envolverlos de manera hermética para aislarlos del aire.

Vacío: es una técnica que cada día se emplea más en la cocina doméstica. En hostelería es práctica habitual para tener pesadas las raciones de alimentos de alto precio, como el *foie-gras* o las trufas, y no tenerlos que pesar en el mismo momento de emplearlos. Se envasan al vacío en crudo.

Si se hace el vacío de alimentos ya cocinados, hay que introducirlos en la bolsa de plástico especial de cada máquina, colocarla en el lugar adecuado del aparato y, cuando la bomba extraiga el aire y produzca el vacío, dar al botón de cauterizar la abertura para que el cierre sea hermético. No se pueden conservar al vacío los alimentos que contienen aire, como el pan o los bollos, porque se aplastan y no recuperan luego su volumen. La cantidad de jugo del alimento debe ser la mínima porque los líquidos se conservan al vacío en recipientes especiales, que proporciona el fabricante de cada aparato. Algunos productos frágiles, como las galletas, requieren la incorporación de una pequeña cantidad de gas alimentario que actúa como campana protectora y evita que se reduzcan a puré por efecto de la presión, pero esto se hace más en hostelería. La duración del vacío varía según la máquina envasadora.

Los productos sellados se pueden cocinar o calentar en su propio envase, siempre que el material del que esté hecho el recipiente sea adecuado para aguantar temperaturas. No está recomendado someter plásticos duros o blandos a temperaturas altas, si no son de calidad específica para estos usos.

LAS CONSERVAS INDUSTRIALES

Los productos enlatados, y lo mismo se puede decir de los congelados, están recolectados en su mejor momento. Con frecuencia se hace el enlatado casi «a pie de árbol» en fábricas modernas y limpias que reciben frecuentes visitas de la Administración y pasan continuamente controles sanitarios. Es obligatorio que en el envase se especifique el contenido con todos sus ingredientes y el peso exacto neto y bruto, así como la ausencia o presencia de conservantes y colorantes. La fecha de caducidad es algo a tener muy en cuenta a la hora de comprar y a la hora de abrir una lata, sin olvidarse de que normalmente se da un margen amplio. Otro factor a favor de las conservas de hoy en día son los envases, recubiertos interiormente de baños especiales que aíslan la hoja de lata y preservan el alimento, aunque se deje en la lata abierta, cosa que por principio no se debe hacer.

LAS CONSERVAS CASERAS

Cuando la industria de la conserva no estaba tan adelantada era frecuente, sobre todo en el medio rural, hacerlas en casa. Permiten aprovechar el momento óptimo, por calidad y abundancia, lo que redunda en el precio de frutas, verduras y hortalizas para consumirlas durante todo el año.

- Material necesario: tarros de cristal, espumadera, escurre-verduras y cacerolas esmaltadas o de acero inoxidable para cocer los ingredientes y una olla normal, o a presión, para esterilizar los envases.
- Proceso: esterilización de tarros, blanqueo de las frutas o verduras, llenado de tarros, cerrado de envases, esterilización, etiquetado.
  - Esterilización de tarros: hervirlos durante 15 minutos en una olla amplia y ponerlos a escurrir, boca abajo, sobre un paño limpio. Si estos llevan arandelas de goma, serán siempre nuevas y pasadas por agua hirviendo.
  - Blanqueo de frutas: consiste en, una vez limpias, escaldarlas en agua hirviendo para eliminar los gérmenes que se pudieran desarrollar con posterioridad, refrescarlas y escurrirlas.
  - Llenado de tarros: hay que elegir utensilios que no puedan ser atacados por el ácido, muy limpios y a ser posible esterilizados también. Llenar los tarros de modo que no quede espacio vacío, pero sin que se aplaste el contenido. El llenado se efectuará solo hasta 3 cm del borde para que el líquido de conservación –una solución salina ligera, vinagre o aceite– cubra totalmente las piezas, pero sin llegar a la arandela de goma para evitar la corrosión. Se secan de manera cuidadosa los bordes de los envases y se cierran.
  - Cerrado de envases: si se trata de tarros de cierre hermético, esperar que el líquido esté frío y cerrarlos. Si no se dispone de tapaderas especiales, cubrir con papel pergamino, atar el borde del tarro con bramante y humedecer el papel con alcohol para que al secar encoja y quede más hermético.
  - Esterilización: cubrir el fondo de una olla de bordes altos con un paño de cocina doblado en cuatro, colocar dentro los botes tapados, interponiendo entre ellos un paño de cocina para evitar que choquen entre sí. Cubrir con agua saturada de sal hasta la altura del contenido de los botes, sin que llegue a la tapa, tapar la olla y hervir 1 hora si se utilizan tarros de ½ kg y 1,5 horas para los de 1 kg. Si se utiliza olla a presión, los tiempos se reducen a 10 y 15 minutos respectivamente.
    Se recomienda la utilización del agua saturada de sal porque alcanza los 104 ºC a punto de ebullición, lo que garantiza un esterilizado suficiente.
  - Etiquetado: una vez esterilizados los tarros de las conservas, es preciso etiquetarlos marcando el contenido, peso, ingredientes empleados para la conservación (solución salina, vinagre, alcohol, etc.) y la fecha de envasado.

MERMELADAS, CONFITURAS Y COMPOTAS

Aunque las tres modalidades tengan los mismos componentes, frutas cocidas con azúcar, hay diferencias entre las tres:

Mermelada: se elabora con piezas de fruta entera, troceadas o trituradas y tiene un contenido de fruta del 30% mínimo. En el mercado las podemos encontrar con un 50 o 60% de fruta, en cuyo caso es «mermelada extra». Hay alguna marca que supera el 60% de fruta. Su consistencia es untuosa.

Confitura: se elabora con la pulpa o puré de fruta. Debe llevar un mínimo del 35% de fruta y si lleva un 45% de fruta se puede calificar como «extra». En las confituras la cantidad de azúcar es superior a la de las mermeladas. A veces a las confituras industriales se les adiciona gelatina, sobre todo en el caso de frutas cuyo contenido en pectina sea bajo. Su consistencia es más gelatinosa.

Compota: consiste en cocer una o varias frutas con agua y azúcar. Pueden estar troceadas o enteras. Tradicionalmente se ha hecho de manzana, pero se elabora igualmente de distintas frutas (melocotón, albaricoque, pera, membrillo, ruibarbo, frutas rojas, etc.). No debe contener más del 15% de azúcares, expresada en sacarosa.

Las compotas de fruta trituradas se emplean de manera frecuente en las dietas infantiles, aunque en este caso suelen llevar menos azúcar. A las compotas industriales para niños las enriquecen con vitaminas diversas, en especial la C.

Tanto las mermeladas como las confituras son las conservas que, de forma casera, se preparan con más frecuencia. Todas resultan deliciosas y su elaboración no presenta problemas aunque no se tenga experiencia.

Las compotas, a no ser que lleven conservantes, son de uso inmediato, porque la conservación se debe a que el azúcar actúa como agente conservante. En las mermeladas, confituras y jaleas está presente, como mínimo, en un 65%.

Para cualquiera de estas preparaciones, las frutas se elegirán sanas y con el mismo grado de madurez; el punto de acidez que contiene la fruta colabora a su conservación, si se eligen variedades muy dulces es preciso añadir ácido en forma de zumo de limón o vinagre.

La coagulación de la mezcla, como ya se ha dicho, se debe a la pectina que contienen las frutas, sobre todo en la piel y en las pepitas. Algunas, como membrillos y manzanas, la tienen en abundancia, mientras que los frutos rojos son pobres en esta sustancia, por lo que hay que añadírsela. El sistema para añadir la pectina es sencillo: se envuelven en una gasa las pieles y las pepitas, o corazones de la fruta, y se dejan cocer con la mermelada o confitura. Una vez terminada la cocción, se retira el envoltorio. Otro sistema es sustituir el total o el 50% de azúcar normal por fructosa, edulcorante natural especial para confituras que aporta, además del azúcar normal, pectina de fruta y extracto de uva para equilibrar la acidez.

La cocción se ocupa de eliminar bacterias y microbios y de que la mezcla adquiera la concentración de azúcar necesaria. En ningún caso hay que prolongar la cocción más allá del tiempo indicado en la receta, para que el azúcar no se cristalice y se estropee la preparación. Para comprobar si está en su punto, se pone una gota de la preparación en un plato y si cuaja sin extenderse, es el momento de proceder al envasado. Es difícil calcular el tiempo exacto de cocción ya que dependerá, en cada caso, del mayor o menor contenido en agua de la fruta.

La jalea es el resultado de la cocción del zumo de la fruta obtenido por cocción y limpio de toda impureza, con el azúcar. La jalea solo puede prepararse con frutas ricas en pectina.

LA TÉCNICA

- Para una mermelada la proporción sería 1 kg de fruta y su mismo peso de azúcar (se puede elaborar con 500 gr de azúcar y 500 gr de glucosa para que tenga más consistencia).
- Llevar la fruta a ebullición con el azúcar moviendo con varillas para evitar que se pegue al cazo.
- Mezclar 4 gr de pectina amarilla con una cucharadita de azúcar y agua templada (35 gr), e incorporarlo a la fruta.
- Se puede sustituir la pectina amarilla por zumo de limón ya que el ácido cítrico actúa también como espesante.
- Hacer hervir y retirar del fuego.
- Llenar los tarros.
- Esterilizarlos.

Hay frutas, como la manzana o el membrillo, que tienen mucha pectina en la piel y pepitas; pero hay otras, como las fresas o frambuesas, que necesitan incorporar algo de pectina en polvo para ayudar a espesar.

EL PROCESO DEL ENVASADO

Es semejante al empleado en las conservas de verduras y hortalizas: esterilización de tarros, preparación de la mermelada, confitura o jalea, llenado de tarros, cerrado de envases, esterilización y etiquetado.

Solo marcaremos las diferencias de envasado de las mermeladas con las verduras:

- Llenado de los botes: el preparado de frutas se va echando caliente y poco a poco en los botes, para evitar que estalle el cristal, hasta que llegue justo al borde del frasco y limpiar luego de manera cuidadosa los bordes.
- El cierre: puede realizarse en caliente, poniendo sobre la mermelada, jalea o confitura un círculo de papel sulfurizado empapado en aguardiente o clara de huevo que se coagula e impermeabiliza por efecto del calor y, a continuación, se cierran los botes. También se puede recurrir al papel de celofán que, una vez humedecidos los bordes, se adhiere a estos aislando la fruta del exterior.
  Si se prefiere, se pueden cerrar los botes una vez fría la fruta, intercalando siempre papel sulfurizado o parafina fundida entre el preparado y la tapa. Esta puede ser simplemente un papel impermeabilizado sujeto con una goma.

TRUCOS Y CONSEJOS

- Para hacer mermelada de manzana no es preciso pelarlas. Una vez cocidas con piel, se pasan por el pasapurés.
- Es imprescindible identificar los botes con etiquetas autoadhesivas en las que figure el contenido, la fecha de envasado y la fecha tope de consumo, que será de un año como máximo si el esterilizado se realiza sin autoclave.
- Tan importante como un buen esterilizado es el cierre hermético de los recipientes, por seguridad, conviene cambiar las arandelas de goma en cada utilización y escaldarlas previamente.
- Si la mermelada resulta demasiado líquida es debido a la falta de pectina de la fruta. Para arreglarla se puede volver a cocer para conseguir una nueva reducción, pero lo más seguro es proceder a recocerlas añadiendo pieles y pepitas de manzana envueltas en una gasa y luego retirarlas.
- Las conservas son enemigas de la luz, por lo que se deben almacenar en un lugar fresco y oscuro. Si no se tiene un lugar que reúna estas características, envolver los botes en papel oscuro.
- Si se preparan confituras de frutas muy acuosas, hay que cocerlas con el azúcar y, cuando están tiernas, sacar la parte sólida, introducirla en los botes y consumir el almíbar al fuego. Verterlo luego sobre las frutas.
- Las pastas de frutas, como la carne de membrillo o el dulce de manzana, no es otra cosa que un puré de frutas cocidas y trituradas que luego se cuecen con azúcar hasta la evaporación total del agua. Hay que revolver con cuchara de palo durante la cocción hasta que se evapore el líquido. No se embota, sino que se moldea para servirlo en cuadritos, lonchas, etc.
- El tiempo de esterilización de las conservas se cuenta a partir del momento en que rompe a hervir el agua.
- Un bote de conserva industrial que ha sido abierto se debe consumir cuanto antes y, si el bote es metálico y no tiene un recubrimiento interior que aísle la hoja de lata, hay que pasar la mermelada a un recipiente de cristal o porcelana.
- El calor que destruye los microbios, también elimina parte de las vitaminas. Una comida de conserva hay que completarla con frutas, verduras o ensaladas frescas.

ALBARICOQUES GRATINADOS CON FRESONES

Para cuatro personas: ½ kg de albaricoques, ¼ kg de fresones, 4 cucharadas de azúcar, 1 pizca de mantequilla y 4 cucharadas de *brandy.*

1. Lavar los albaricoques, escurrirlos, secarlos y darles un corte para extraer el hueso.
2. Rellenar los huecos, con un fresón limpio y sin pedúnculo.
3. Encajarlos apretados en una fuente engrasada con mantequilla.
4. Espolvorear los albaricoques con el azúcar, regar con el *brandy* y poner encima bolitas de mantequilla.
5. Introducir la fuente en el horno a 200 ºC, durante 25-30 minutos, según estén de maduros los albaricoques.
6. Filetear el resto de los fresones, repartirlos sobre los albaricoques y gratinarlos en el horno a 250 ºC durante unos minutos.
7. Servirlos templados en la misma fuente, para que no se pierda el jugo que soltaron.

COMPOTA DE ALBARICOQUES Y CIRUELAS

Para cuatro personas: ½ kg de ciruelas frescas, ½ kg de albaricoques (unos 8 de tamaño medio), 2 vasos de vino tinto, 1 vaso de azúcar, 1 vaina de vainilla, nata líquida para acompañar si se sirve en caliente y menta fresca.

1. Lavar las ciruelas y los albaricoques, cortarlos por la mitad y quitarles el hueso.
2. Deshacer el azúcar en el vino, añadir las frutas y la vainilla y cocerlas hasta que estén blandas.
3. Sacar las frutas y reducir el vino a fuego fuerte, verterlo sobre las frutas y servirlas con nata.

COMPOTA DE CALABAZA CON CREMA DE YOGUR GRIEGO

Para cuatro personas: 400 gr de calabaza, 400 gr de azúcar, 4 estrellas de anís, ½ l de agua y 2 yogures griegos.

Láminas de calabaza: 4 lonchas de calabaza cortadas muy finas y 1 vaso del almíbar de la compota.

1. Pelar la calabaza, cortar cuatro lonchas muy finas, reservarlas y cortar el resto en trozos regulares y pequeños.
2. Disolver el azúcar en el agua y cocer los dados de calabaza con el anís estrellado.
3. Cuando esté tierna la calabaza y el almíbar denso, colar los dados.
4. Láminas de calabaza: cocer las lonchas finas en el almíbar de la compota unos minutos y secarlas en el horno a 100 ºC durante 1 hora.
5. Poner la compota en copas con el yogur griego en el centro, regar todo con el almíbar sobrante y adornar con las láminas de calabaza confitadas.
6. La compota dura varios días.

COMPOTA DE CALABAZA CON HIGOS SECOS

Para tres o cuatro tarros de 375 gr: 400 gr de peras, 400 gr de manzanas, 800 gr de calabaza, 800 gr de azúcar, ½ vaina de vainilla, 50 gr de nueces peladas, 150 gr de higos secos y 1 limón.

1. Pelar las peras y las manzanas, quitar los corazones y cortarlas en trozos.
2. Pelar la calabaza, quitar las pepitas y filamentos y trocearla.
3. Macerar la fruta en una cazuela con el azúcar y la vainilla cortada a lo largo, cubrir la cazuela con un paño durante 24 horas y remojar los higos en agua el mismo tiempo.
4. Acercar la cazuela al fuego, añadir los higos escurridos del agua, mover la fruta y dejarla cocer lentamente hasta que espese (unos 45 minutos aproximadamente).
5. Añadir a la compota las nueces un poco troceadas y cocerlas durante 1 minuto más, moviendo constantemente.
6. Cocer los tarros para esterilizarlos.
7. Colocar en el fondo de cada tarro una rodaja de limón, llenar con la confitura de frutas y colocar otra rodaja de limón en la superficie, procurando que quede cubierta con el almíbar.
8. Enfriar para que se forme una película, tapar los tarros y esterilizarlos si se van a guardar o conservarlos en sitio fresco y seco.

COMPOTA DE CIRUELAS

Para seis u ocho personas: ¼ kg de ciruelas pasas deshuesadas, 2 naranjas, 2 vasos de vino tinto, 230 gr de azúcar, 1 vaina de vainilla, hojas de menta para adornar y nata líquida para acompañar.

1. Cortar en juliana fina la piel coloreada de las naranjas, blanquearla 3 minutos en agua hirviendo y escurrirla.
2. Disolver el resto del azúcar en ½ vaso de agua, cocerlo para hacer un almíbar.
3. Introducir la juliana y cocerla durante 10 minutos en el almíbar, reservarlo.
4. Pelar las naranjas a lo vivo.
5. Separar los gajos sobre un plato para recoger el jugo y añadir los gajos a la compotera y el zumo al almíbar de cocer la piel de naranja.
6. Mezclar y verterlo sobre las ciruelas.
7. Al servir, decorar con juliana confitada, menta y acompañar de nata líquida.

COMPOTA DE FRUTAS ROJAS CON HELADO DE YOGUR

Para cuatro personas: 250 gr de grosellas, 250 gr de fresones, 250 gr de frambuesas, 250 gr de moras, 1 sobre de azúcar vainillado, ½ l de zumo de frutas rojas (cerezas), ½ limón, 1 cucharada de maicena, 1 vaso de azúcar y helado de yogur.

1. Lavar las frutas y disolver la maicena en unas cucharadas de agua.
2. Mezclar el zumo de fruta con el azúcar vainillado, el zumo de limón y el azúcar.
3. Hacer hervir, añadir la maicena disuelta y cocer a fuego lento hasta que espese, separar del fuego y agregar las frutas.
4. Comprobar el punto de dulzor, rectificarlo en su caso, y dejar enfriar.
5. Servir la compota en copas, con una bola de helado de yogur en cada una.

COMPOTA DE MANZANAS GOLDEN

Para ocho personas: 2 kg de manzanas Golden, ½ kg de azúcar, zumo de limón, un palo de canela y 1 vaso de agua.

1. Pelar las manzanas, cortarlas en cuartos y sacar los corazones.
2. Ponerlas en una cazuela, con el azúcar y el zumo de limón, el palo de canela y el agua.
3. Dejar cocer a fuego lento hasta que las manzanas estén tiernas y servirlas templadas con salsa de frambuesas.

COMPOTA DE MEMBRILLO

Para cuatro personas: 2 membrillos grandes, 2 vasos del agua de cocerlos, 2 vasos de azúcar, 3 clavos de especia, 2 palos de canela y una pizca de sal.

1. Lavar los membrillos para suprimir la pelusilla de la piel, colocarlos en la olla a presión rápida cubrirlos de agua, y, cuando adquiera presión, cocerlos durante 1 minuto.
2. Destapar la olla cuando pierda presión y sacar los membrillos.
3. En cuanto se puedan tocar con la mano los membrillos, pelarlos.
4. Medir del agua de cocerlos los dos vasos de agua, añadir el azúcar, la canela, los clavos y la sal y cocer destapado 5 minutos.
5. Cortar los membrillos en gajos y suprimir los corazones.
6. Introducir los membrillos en el almíbar, tapar la olla, acercarla al fuego y, cuando adquiera vapor, bajar el fuego y cocer la compota durante 10 minutos.
7. Abrir la olla cuando pierda presión, comprobar el punto y servir con nata líquida.

COMPOTA DE NAVIDAD

Para cuatro personas: 2 manzanas reineta, 2 peras de agua pequeñas, 100 gr de ciruelas pasas, 100 gr de orejones, 50 gr de pasas, ½ l de vino tinto, 100 gr de azúcar, 1 rama de canela y nata líquida para acompañar.

1. Disolver el azúcar en el vino y cocerlo durante 5 minutos con la canela.
2. Añadir los orejones y cocer 15 minutos más.
3. Incorporar las ciruelas pasas y cocer otros 15 minutos.
4. Agregar las peras peladas y cortadas en cuatro o seis trozos dependiendo de su tamaño y las pasas, dejar cocer otros 5 minutos más.
5. Pelar las manzanas, cortarlas en seis trozos cada una, añadirlas a la compota y cocer lentamente tapada unos minutos más.
6. Servir, si se quiere, con nata líquida.

Este es un postre clásico de Navidad pero muy dulce, por lo que si se quiere se puede dejar el almíbar más ligero y acompañarlo con nata que quita dulzor.

CONFITURA DE MELÓN Y MELOCOTÓN

Para dos botes de 375 gr: ½ kg de melocotones de pulpa amarilla, 150 gr de melón sin corteza ni pepitas, ½ kg de azúcar para confituras (fructosa) y 1 ramito de menta fresca.

1. Poner agua a hervir, introducir los melocotones, escaldarlos durante 5 minutos, escurrirlos y pelarlos.
2. Cortar su pulpa y la del melón en dados.
3. Colocarlos en una ensaladera, añadir la menta y cubrirlos con el azúcar hasta que se licue.
4. Pasarlo a un cazo.
5. Quitar la menta, mover bien la compota y cocerla al fuego, sin tapar, durante 5 minutos desde el momento en el que comience la ebullición.

DULCE DE PIMIENTOS

Para cuatro personas: 1 kg de pimientos rojos, 1 vaso de agua, 1 vaso de azúcar y 2 tarrinas de queso de Burgos fresco o de yogur griego.

1. Lavar los pimientos y asarlos en el horno a 180 ºC, durante 40 minutos, dándoles la vuelta de cuando en cuando.
2. Sacarlos, taparlos con un paño para que suden, pelarlos y eliminar las pepitas.
3. Disolver el azúcar en el agua, acercarlo al fuego y cocer el almíbar a borbotón durante 7 minutos.
4. Añadir la pulpa de los pimientos cortada en tiras y cocerla 15 minutos.
5. Cortar el bloque de queso en rodajas y servirlas con los pimientos.
6. Adornar con menta fresca o servir el dulce de pimientos con unas cuantas cucharadas de yogur griego.

FALSA MERMELADA DE NARANJA

Para tres botes de mermelada: 1 naranja gorda, 1 limón, 1 manzana Golden, 1 kg de azúcar y 1 l de agua.

1. Lavar las tres frutas y cortarlas en trozos gruesos sin quitar las pepitas ni los corazones.
2. Pasarlas por la trituradora con un poco del agua.
3. Cuando estén picadas finas, pero no deshechas, ponerlas en una cacerola, añadir el resto del agua y el azúcar, mover y acercar al fuego.
4. Cuando rompa el hervor, dejar cocer durante 1 hora aproximadamente a fuego flojo.
5. Comprobar el punto, dejando caer una gota sobre un plato, si no se extiende la mermelada ya se ha hecho.
6. Llenar y etiquetar los tarros después de taparlos.
7. Si se quiere conservar, esterilizar los tarros durante 30 minutos en la olla a presión.

FRESONES POCHADOS

Para cuatro personas: ½ kg de fresones, 1 naranja (el zumo y la ralladura) y 4 cucharadas de azúcar.

Salsa: 4 yemas de huevo, 4 cucharadas de azúcar, sal, 1 vaso de vino de vino dulce y menta fresca.

1. Lavar los fresones, quitar los pedúnculos y cortarlos por la mitad o en cuartos si son grandes.
2. Repartirlos en cuatro cazuelitas o en una fuente grande y rociarlos con el zumo de naranja, la ralladura y el azúcar.
3. Introducir las cazuelitas en el horno a 180 ºC durante 5 minutos (o 3 minutos al 100% en el microondas) y reservarlos templados.
4. Salsa: batir en un cazo de fondo grueso, las yemas, el azúcar y la sal, acercar al fuego sin parar de batir y regar con el vino.
5. Mover al fuego hasta que espese y conseguir una crema.
6. Acercar y separar del fuego para que no se corte (si no se tiene cazo de fondo grueso hay que hacerlo al baño María).
7. Servir acompañando los fresones.

FRESONES Y PERAS AGRIDULCES

Para cuatro personas: ½ kg de fresones, ½ kg de peras de San Juan o de agua maduras, 4 cucharadas de azúcar moreno, 4 cucharadas de vinagre Forum, 1 vaso de agua, 3 clavos, ½ palo de canela y corteza de ½ limón.

1. Poner los fresones limpios en una ensaladera, enteros o cortados en trozos, según sea su tamaño.
2. Rociarlos con el vinagre, espolvorearlos con el azúcar y dejarlos en maceración unas 2 horas.
3. Pelar y cortar las peras en octavos y suprimir el corazón.
4. Poner el agua en una cazuela, añadir el clavo, la canela, la corteza de limón y las peras, cocerlas 15 minutos a fuego vivo hasta que se ablanden.
5. Añadir el jugo que han soltado los fresones y cocer 5-7 minutos a fuego suave, verterlo sobre los fresones para que se hagan un poco y dejarlos enfriar.
6. Servir las peras y fresones fríos con su almíbar ligero.

PERAS AL CHOCOLATE

Para cuatro personas: 4 peras, 4 cucharadas de azúcar, 1 palo de canela, 2 vasos de agua, 1 copa de licor de pera y gotas de zumo de limón.

Salsa de chocolate: 1 tableta de chocolate sin leche Nestlé, 1 vaso de vino de leche y 1 cucharada de mantequilla.

1. Pelar las peras enteras lo más torneadas posible, conservando el rabito.
2. En una cacerola deshacer el azúcar con los dos vasos de agua, añadir el palo de canela, acercar al fuego y cocer este almíbar durante 5 minutos.
3. Añadir el licor de pera y el zumo de limón e introducir las peras procurando que queden cubiertas por el líquido.
4. Cocerlas 10-20 minutos, comprobar que están tiernas y si no lo estuvieran, depende de la clase y de lo maduras que estén, cocerlas más tiempo.
5. Enfriarlas en el líquido, sacarlas, consumir el líquido de cocerlas y formar un almíbar.
6. Salsa de chocolate: fundir el chocolate con la mantequilla en un cazo al baño María, o en el microondas 1,5 minutos. Añadir la leche, dar un hervor y mover para que se emulsione bien y quede una crema homogénea, reservar templada.
7. Colocar las peras en una compotera con su almíbar o ya servidas en copas con el almíbar en el fondo y naparlas con la salsa de chocolate. Adornar con hojas de menta fresca.

Se pueden tomar calientes recién hechas o frías con la salsa de chocolate caliente.

PERAS AL VINO TINTO

Para cuatro personas: 4 peras blanquilla, ½ l de vino tinto, 1 palo de canela, 300 gr de azúcar y la piel de 1 limón.

1. Deshacer el azúcar en el vino en un cazo hondo y cocerlo 5 minutos a borbotón, junto con la piel de limón y el palo de canela.
2. Lavar las peras, pelarlas, cortarlas en cuartos y añadirlas al almíbar de vino y cocerlas unos 10 minutos o hasta que estén tiernas y el almíbar se haya reducido y esté consistente.
3. Servir las peras con su almíbar.

PERAS RELLENAS DE QUESO

Para cuatro personas: 4 peras de Roma maduras pero firmes, 1 botella de vino de uva tinta de Toro, 1 vaso de azúcar y 2 palos de canela.

Relleno: 1 tarrina pequeña de queso cremoso tipo Philadelphia, 1 vaso de vino de nata líquida, 4 cucharadas de azúcar y un chorrito de *brandy.*

1. Pelar las peras y vaciar los centros con un descorazonador o un cuchillo pequeño afilado, por el extremo opuesto a los rabos, para dejarlos enteros.
2. Deshacer el azúcar en el vino, añadir la canela y hacerlo cocer en una cacerola lo suficientemente grande para que quepan todas las peras.
3. Introducir las peras y mantener el fuego suave para que cuezan en el almíbar de vino, destapadas, durante 15 minutos, sin que se deshagan.
4. Rociar con el vino la zona que no esté sumergida, para que vayan adquiriendo color y, cuando estén hechas, dejarlas en el almíbar unas horas.
5. Escurrirlas, consumir el almíbar al fuego, rellenarlas y servirlas con el almíbar.
6. Relleno: batir el queso con el azúcar añadir el *brandy* e incorporar la nata montada.
7. Llenar la manga pastelera, enfriar para que tome cuerpo y rellenar el agujero de las peras con la crema de queso.

POSTRE DE CIRUELAS

Para cuatro personas: 12 ciruelas pasas, 1 copa de oloroso dulce, 4 ciruelas frescas, 1 vaso de agua de nata líquida y 1 naranja.

1. Poner en un bol las ciruelas pasas deshuesadas y cortadas en cuartos con el oloroso e introducirlas en el microondas 3 minutos al 100%.
2. Lavar, deshuesar las ciruelas frescas y cortarlas en cuartos.
3. Pelar la naranja a lo vivo, cortarla en rodajas y luego en trozos, recogiendo el zumo.
4. Añadir las ciruelas frescas y la naranja a las ciruelas pasas, poner todo en boles pequeños y servir acompañado de la nata líquida.

COPAS MONTADAS, BATIDOS Y FRUTAS

En este capítulo se incluyen los postres clásicos de toda la vida, montados de forma más actual. También se ofrecen recetas de batidos y la manera de presentar frutas frescas ya peladas. Estas preparaciones, en lugar de servirse en fuentes grandes, se presentan en copas o vasos alternando o superponiendo diversas preparaciones e, incluso, frutas. Es una forma moderna de servirlos y tiene la ventaja de que casi siempre pueden estar preparados con antelación. No hacen falta grandes conocimientos, ni seguir una receta al pie de la letra. Basta un poco de imaginación para armonizar las preparaciones de siempre, mezcladas entre sí. Se emplean las distintas técnicas que se dan en este libro para preparados auxiliares, cremas, bizcochos, merengues, masas, pastas, etc. Se puede decir que en este capítulo se pueden mezclar todos los conocimientos de repostería de la forma que nuestra imaginación nos indique.

LA TÉCNICA

PARA UN VASO O COPA CON FRUTAS

- Pensar en una base de bizcocho, masa de fondear, crujiente, galleta o merengue para poner en el fondo.
- Elegir bizcocho, crujiente o galleta para los preparados o frutas que puedan humedecer la base.
- Dejar los merengues, hojaldres y masas de fondear que no se deban humedecer para frutas que no suelten jugo.
- Colocar sobre la base la fruta elegida.
- Pensar en la salsa o *coulis* que más armonicen con la fruta: chocolate, natillas, caramelo, *coulis* de otra fruta, salsa de menta, etc.
- Regar la fruta.
- Rematar con un toque de distinto color: un moñito de merengue o de nata.
- Sobre el blanco espolvorear un polvillo de canela o cacao, virutas de chocolate, granitos de color o peta zetas.
- Si se quiere sofisticar más, pinchar una peineta de caramelo o chocolate.
- Más sencillo y fresco sería poner como remate una ramito pequeño de menta fresca.

PARA UN VASO O COPA CON CREMAS, FLANES O TOCINILLOS

Para hacer una composición en la que el elemento principal sea una natilla, un flan, un arroz con leche, helado, *mousses,* gelatina, etc.

- Poner la crema en el fondo.
- Separarla de la zona superior con una confitura o mermelada, leche condensada, azúcar caramelizado, láminas de chocolate, etc.
- Colocar encima merengue, una nube o nata montada.
- Si la crema base es muy dulce, elegir la nata no azucarada u otras preparaciones menos dulces.

- Dejar los merengues para bases poco dulces o sorbetes de cítricos.
- Para las cremas muy dulces, emplear frutas en la superficie cortadas en abanico o enteras si son rojas y pequeñas.
- Rematar como en el apartado anterior, con una salsa o *coulis* que armonice con el ingrediente base: chocolate, natillas, caramelo, salsa de menta, etc.
- Decorar con un toque de distinto color: sobre el blanco espolvorear un polvillo de canela o cacao, virutas de chocolate, granitos de color o peta zetas.
- Si se quiere sofisticar más, pinchar una peineta de caramelo o chocolate.

TRUCOS Y CONSEJOS

- Más sencillo y fresco sería poner como remate una ramito pequeño de menta fresca.
- Tener todo preparado antes de empezar.
- Si se trata de helados, procurar que vayan en la superficie y ponerlos en el último momento.
- A los helados les van muy bien los barquillos comprados o hechos con pasta filo.
- Si son bolas de helado, hacerlas con antelación y guardarlas formadas en el congelador.
- No congelar las copas aunque no lleven frutas, porque las cremas al cristalizar cambian su textura.
- Elegir bien la armonía de sabores y de texturas.
- Colocar sobre la crema algo que resulte crujiente.
- Equilibrar los sabores más dulces con los más ácidos.
- Procurar colocar las capas de distintos colores para que se vean a través del cristal.
- Si se va a incorporar nata montada a las copas hacer hueco en la nevera antes de empezar.
- Poner la peineta en el último momento para que no se ablande con la humedad de la crema.
- Lo mismo se puede decir de la menta fresca.

COPA AL OLOROSO

Para cuatro personas: 4 yemas, 4 cucharadas de azúcar, 12 cucharadas (1,5 dl) de vino oloroso dulce (se puede sustituir por Oporto, Málaga o Pedro Ximénez), 4 claras de huevo y 2 cucharadas de azúcar.

Optativo: 4 cucharadas de nata montada. Bizcochos de soletilla.

1. Batir las yemas con el azúcar en un cazo de fondo grueso, añadir el vino y acercar al fuego moviendo sin parar con las varillas hasta que espese.
2. Acercar y separar del fuego para que no se corte.
3. En cuanto esté hecha la crema, cambiarla de recipiente porque el cazo seguiría comunicando calor y se podría cortar, dejar enfriar.
4. Montar las claras a punto de nieve con las dos cucharadas de azúcar hasta que estén muy duras.
5. Mezclar con la crema de yemas con cuidado de que no se bajen.
6. Llenar copas, no muy grandes, rematar con nata montada.
7. Regar con caramelo líquido o espolvorear de canela.
8. Guardar en la nevera hasta el momento de servir con bizcochos de soletilla.

COPA ANA

Para cuatro personas: 8 bizcochos de soletilla, 2 copas de licor de almendras amargas (Amaretto), unas cucharadas de almendras fileteadas, 3 yemas de huevo, 6 cucharadas de azúcar, ½ l de leche, 1 cáscara de limón, 1 cucharadita de maicena, 2 cucharadas de Nescafé, 50 gr de mantequilla y 1 onza de chocolate negro.

1. Remojar en el licor de almendras los bizcochos de soletilla y colocar dos en el fondo de cada copa.
2. Batir las yemas con el azúcar y la maicena en un cazo de fondo grueso, o al baño María, verter la leche hirviendo con la cáscara, sin parar de mover al fuego, con cuidado de que no hierva para que no se corte.
3. Añadir el Nescafé, cambiar la crema a un bol y enfriarla moviendo de cuando en cuando sobre otro bol con agua y hielo.
4. Batir la mantequilla con el batidor de alambres en forma de pomada espumosa y añadir poco a poco la crema.
5. Dejar el chocolate en sitio no muy frío para que tome temperatura ambiente.
6. Hacer virutas de chocolate raspando la onza con un cuchillo o con el pelapatatas y picar el resto e introducirlo en la crema.
7. Poner unas cuantas almendras sobre los bizcochos, cubrir con la crema de café y poner encima unas almendras fileteadas y tostadas y unas virutas de chocolate.

COPA DE CHOCOLATE Y FRAMBUESAS

Para ocho personas: *mousse:* 6 cucharadas de nata líquida para fundir el chocolate, 1,5 vasos de vino de puré de frambuesa, 250 gr de chocolate con leche y ¼ l de nata líquida.

Crumble de almendras: 100 gr de mantequilla, 100 gr de azúcar glas, 3 cucharadas de almendra molida y 100 gr de harina.

Frambuesas frescas y menta.

1. Derretir el chocolate al baño María, o en el microondas, añadir la nata templada y mezclar hasta que se integre y quede liso.
2. Añadir el puré de frambuesa poco a poco y dejar templar.
3. Montar la nata muy fría en un bol muy frío también.
4. *Crumble* de almendras: cortar la mantequilla fría en dados y mezclar todos los ingredientes con la mano, haciendo como migas.
5. Extenderlo en un silpat y dejarlo enfriar 15 minutos en la nevera.
6. Dejarlo en el horno durante 30 minutos a 180 ºC.
7. Mezclar la nata montada y el chocolate templado, con cuidado de que no se baje la nata.
8. Poner en copas una capa de *crumble,* unas frambuesas, encima la *mousse,* más *crumble* y terminar con *mousse* de frambuesa.
9. Decorar con frambuesas y menta.

COPA DE FRUTAS

Para cuatro personas: 200 gr de pulpa de sandía (½ sandía pequeña), 400 gr de melocotón (2 melocotones), 200 gr de frambuesas, 200 gr de kiwis (2 kiwis), ¼ kg de fresones, el zumo de 4 naranjas, 4 cucharadas de azúcar y una hojita de menta.

1. Lavar los fresones y cortarlos por la mitad o en cuartos, según su tamaño.
2. Formar bolas con la pulpa de la sandía.
3. Pelar los melocotones y los kiwis y cortarlos en gajos finos.
4. Colocar en el fondo de las copas unas bolas de sandía y encima melocotón, frambuesas, kiwis y terminar con fresones.
5. Exprimir el zumo de las naranjas, colarlo y endulzarlo con azúcar.
6. Regar las copas con el zumo, rematar cada una con una hojita de menta y guardarlas en la nevera durante 1 hora, por lo menos, antes de servirlas.

COPA DE HELADO DE YOGUR CON ARANDÁNOS Y GROSELLAS

Para seis u ocho personas: helado de yogur: 2 tarrinas de queso San Millán o Philadelphia, 2 yogures, 1 vaso de nata líquida y 6 cucharadas de azúcar.

Barquillos: 4 hojas de pasta filo, anís en grano o ajonjolí y mantequilla.

Guarnición: arándanos y grosellas, frescos o congelados, y 4 cucharadas de azúcar.

1. Helado de yogur: mezclar en la batidora el queso, la nata, los yogures y el azúcar.
2. Guardar la crema resultante en la nevera para que se enfríe.
3. Llenar la cubeta de la heladora, ponerla en marcha y, cuando se solidifique, conservarlo en el congelador para que el helado tome más cuerpo.
4. Barquillos: pintar con mantequilla las hojas de pasta filo y espolvorearlas de ajonjolí o granos de anís, pasar por encima el rodillo para que se incrusten los granos y enrollarlos sobre un lápiz en forma de barquillo.
5. Cocerlos en el horno durante 5 minutos, dejar que se enfríen.
6. Poner en el fondo de las copas las grosellas y arándanos y espolvorear de azúcar.
7. Cruzar dos barquillos sobre cada copa y poner encima una bola de helado y unas hojas de menta.

COPA DE MACEDONIA CON SALSA SABAYÓN

Para cuatro personas: 2 peras, 2 plátanos, 200 gr de fresones y 3 melocotones.

Salsa sabayón: 6 yemas, 2 cucharadas de azúcar y 6 medias cáscaras de huevo de jerez dulce.

1. Pelar las peras, quitar el corazón y cortarlas en dados.
2. Pelar los plátanos y cortarlos en rodajas; lavar los fresones, sin tallo, y cortarlos en cuartos; pelar el melocotón y cortarlo en cuadraditos.
3. Poner todas las frutas en una ensaladera de cristal.
4. Salsa sabayón: batir las yemas con el azúcar en un cazo de fondo grueso, acercar al fuego e incorporar poco a poco el jerez, moviendo siempre con el batidor (si no se tiene cazo de fondo grueso, hacerlo al baño María).
5. Dejar esperar sin que llegue a hervir y cambiar del cazo a otro recipiente para cortar la cocción y evitar que se corten las yemas y dejar enfriar.
6. Poner la macedonia de frutas en copas y regar con la salsa.

COPA DE PERA CON CREMA DE QUESO

Para cuatro personas: 4 peras, el zumo de ½ limón, 4 cucharadas de azúcar y 1 copa de licor de pera.

Mousse de queso: 2 yogures griegos, 2 claras de huevo y 4 cucharadas de azúcar.

Virutas de chocolate para espolvorear.

1. *Mousse* de queso: montar las claras a punto de nieve, añadir el azúcar poco a poco y batir hasta que estén muy brillantes.
2. Mezclar el merengue con los yogures con movimiento envolvente para que no se agache el merengue y guardar en la nevera.
3. Crema de pera: triturar las peras peladas con el azúcar, el zumo de limón y el licor.
4. Poner la crema en copas, cubrir con la *mousse* de queso y espolvorear de virutas de chocolate.

COPAS DE FALSO DULCE DE LECHE

Para cuatro personas: 4 cucharadas de azúcar para el caramelo, 1 cucharada de maicena, ½ l de leche, 4 yemas, 4 cucharadas de azúcar y 1 cucharada de mantequilla.

Merengue: 2 claras y 2 cucharadas de azúcar.

Caramelo: 2 cucharadas de azúcar y unas gotas de agua.

1. Poner las cuatro cucharadas de azúcar en un cazo grande, salpicarlo de agua y acercarlo al fuego.
2. Dejar que se caramelice, moviendo de cuando en cuando con cuchara de palo.
3. Verter sobre el caramelo la leche hirviendo y mantener al fuego, moviendo con cuchara hasta que el caramelo se deshaga.
4. Batir las yemas con la mitad del azúcar y la maicena en un cazo de fondo grueso, cuando estén espumosas añadir la leche con caramelo hirviendo y mover sobre el fuego hasta que espese.
5. Fuera del fuego, añadir la mantequilla y mover de cuando en cuando hasta que se enfríe.
6. Llenar copas no muy grandes hasta las 3/4 partes.
7. Merengue: montar las claras a punto de nieve con el azúcar y cuando estén muy duras colocar unas cucharadas sobre la crema.
8. Caramelo: fundir el azúcar salpicado de agua, separar del fuego y regar la crema con hilillos de caramelo sobre el merengue.

FRESONES CON CAVA

Para cuatro personas: 1 kg de fresones, 4 naranjas, 4 cucharadas de azúcar, 1 copa de licor de naranja, ¼ l de cava y 10 hojas de menta picada.

1. Lavar los fresones, suprimir los tallos verdes y cortarlos en rodajas o dejarlos enteros, según tamaño.
2. Cortar la piel amarilla de una de las naranjas en juliana fina.
3. Escaldarla en agua hirviendo con sal, escurrirla y cocerla en ½ vaso de agua con 4 cucharadas de azúcar hasta que se caramelice.
4. Sacar la juliana de naranja del almíbar y dejarla en un plato para que se sequen las tiritas.
5. Exprimir el zumo de las naranjas, mezclarlo con el licor de naranja y disolver el azúcar moviéndolo unos minutos.
6. Colocar los fresones en una ensaladera y verter encima el zumo de naranja con azúcar y licor naranja.
7. Cortar las hojas de menta en trocitos pequeños con unas tijeras, añadirlas a los fresones y guardar la ensaladera durante unas horas en la nevera.
8. Decorar, antes de servir, con más menta fresca y la juliana de naranja.

MONTBLANC DE CASTAÑAS

Para cuatro personas: 500 gr de castañas naturales peladas o 1 lata de puré de castañas sin azúcar, ½ l de leche, 150 gr de azúcar vainillado, 1 vaso de agua, 2 cucharadas de mantequilla, vainilla en polvo y 150 gr de chocolate negro.

Para rematar: 2 claras de huevo y 4 cucharadas de azúcar.

1. Triturar las castañas si son naturales y cocerlas con la leche, una pizca de vainilla y de sal, o disolver el puré en un poco de leche e ir añadiendo leche poco a poco hasta que se consuma y no sobre líquido.
2. Disolver el azúcar en el vaso de agua con una pizca de vainilla y cocer durante 10 minutos a fuego suave hasta que el almíbar espese.
3. Unir el almíbar con el puré de castañas en caliente y añadir la mantequilla.
4. Mezclar bien para conseguir una pasta espesa y añadir el chocolate fundido en el microondas 2 minutos, mover bien y ponerlo en las copas.
5. Para rematar: batir las claras a punto de nieve, añadir el azúcar y coronar el Montblanc.

PANNA COTTA DE COCO CON COULIS DE FRESA

Para cuatro personas: *panna cotta:* 250 gr de leche de coco, 250 gr de nata 35% de materia grasa, 4-5 cucharadas de azúcar y 3 hojas finitas de gelatina (6 gr).

Coulis de fresa: 125 gr de puré de fresa (o 125 gr de fresones), 1 cucharada colmada de azúcar y unas gotas de zumo de limón.

Para decorar: coco rallado.

1. *Panna cotta:* remojar la gelatina en agua fría. Calentar juntos la leche de coco, la nata y el azúcar.
2. Añadir la gelatina escurrida y mezclar con las varillas para que no queden grumos (si es necesario se cuela).
3. Verter en los vasos e introducir en la nevera.
4. *Coulis* de fresa: templar al fuego el puré de fresa, apartarlo y fuera del fuego añadir el azúcar y mover con varillas para que se deshaga.
5. Acercar otra vez al fuego hasta que hierva, siempre sin parar de mover con las varillas para que no se pegue.
6. Fuera del fuego añadir las gotas de limón y dejar que se atempere a temperatura ambiente.
7. Sacar los vasos de la nevera y verter sobre la *panna cotta* el *coulis* de fresa.
8. Dejar enfriar en la nevera y decorar con fresa y polvo de coco.

POSTRE RÍO DE JANEIRO

Para ocho personas: helado de café: 4 huevos, 9 cucharadas de azúcar glas, 2 cucharadas de Nescafé y ½ kg de nata montada.

Guarnición: 8 tortas de Alcázar, 1 taza de café fuerte y 4 cucharadas de azúcar.

Salsa de chocolate: 150 gr de chocolate negro, 3 cucharadas de mantequilla y 4 cucharadas de leche.

1. Helado de café: mezclar el azúcar glas con las cucharadas de Nescafé.
2. Batir los huevos enteros con la batidora eléctrica, o a mano, hasta que estén muy espumosos.
3. Añadir el azúcar y el café e incorporar la nata con movimiento envolvente para evitar que pierda volumen.
4. Engrasar un molde con mantequilla y verter la preparación.
5. Guardar en el congelador 8 horas o hasta que cuaje.
6. Mojar las tortas en el café azucarado, colocarlas en los platos, poner encima una o dos bolas de helado y regar con salsa de chocolate.
7. Salsa de chocolate: fundir el chocolate negro con la mantequilla, añadir la leche, mover y regar las bolas de helado.

QUINOA CON LECHE Y FRUTAS ROJAS

Para ocho personas: 1 l de leche, 1 vaina de vainilla, 1 corteza de limón, 200 gr de quinoa perlada, 8 cucharadas de azúcar, una pizca de sal, ¼ l de nata líquida (opcional), frutas rojas congeladas mezcladas, 4 cucharadas de azúcar y un chorreón de zumo de limón.

1. Poner a hervir la leche con la vainilla y la corteza de limón.
2. Añadir la quinoa antes de que hierva y cocer durante 25-30 minutos.
3. Añadir el azúcar y la sal al final, porque si se echa al empezar se encalla la quinoa y queda dura.
4. Mover para que no se agarre y cuando la quinoa esté transparente, y haya absorbido la leche, sacar la vainilla y la corteza, sazonar y comprobar el punto.
5. Repartir en las copas y enfriar.
6. Triturar la mitad de las frutas con el azúcar y limón.
7. Poner en las copas las frutas y regar con las trituradas.

TIRAMISÚ

Para cuatro personas: 4 magdalenas grandes, 1 vaso de agua de café muy fuerte (se puede hacer con Nescafé y azúcar), 1 copa de Amaretto (licor de almendras amargas), 250 gr de *mascarpone,* 3 cucharadas de azúcar y cacao en polvo.

1. Preparar el café muy fuerte con café natural, o con Nescafé, y endulzarlo.
2. Añadir el licor Amaretto y mezclarlo.
3. Cortar las magdalenas en tres capas y empaparlas en el café azucarado con el Amaretto.
4. Batir el *mascarpone* con el azúcar.
5. Colocar en las copas capas de magdalena alternando con el *mascarpone.*
6. Terminar con *mascarpone* y espolvorear de cacao.

ALBARICOQUES CON COSTRA

Para cuatro personas: 250 gr de galletas tipo digestiva, 1 kg de albaricoques, 2 cucharadas de azúcar moreno, 3 claras de huevo, 2 cucharadas de almendras fileteadas y tostadas y mantequilla para untar.

1. Triturar las galletas pasando el rodillo sobre ellas en la mesa, o en la Thermomix.
2. Lavar los albaricoques, quitar el hueso y picar la mitad.
3. Mezclarlo con las galletas y el azúcar.
4. Montar las claras a punto de nieve e incorporarlas a la mezcla de albaricoques, con cuidado de que no se bajen.
5. Engrasar una fuente de horno.
6. Colocar el resto de los medios albaricoques con la parte cóncava hacia arriba, espolvorearlos con las almendras y cubrir con la crema.
7. Gratinar 20 minutos en el horno a 180 ºC y servir.

ALBARICOQUES RELLENOS

Para cuatro personas: ½ kg de albaricoques, 75 gr de almendras peladas, 4 cucharadas de azúcar, 1 cucharada de mantequilla y 4 cucharadas de *brandy*.

Para acompañar: nata líquida y caramelo líquido.

1. Lavar los albaricoques, escurrirlos, secarlos y dar un corte a cada uno para extraer el hueso.
2. Rellenar el hueco que dejó el hueso, con 2 almendras, y encajarlos apretados en una fuente engrasada con mantequilla.
3. Espolvorearlos con el azúcar, regar con el *brandy* y poner encima unas bolitas de mantequilla.
4. Introducir la fuente en el horno a 200 ºC durante 25-30 minutos, según estén de maduros los albaricoques.
5. Filetear las almendras sobrantes, espolvorear los albaricoques y gratinarlos.
6. Servirlos templados, acompañados de nata líquida y regados de caramelo.

En invierno se puede hacer con orejones rehidratados.

BATIDO DE COCO

Para 1 l de batido: 150 gr de coco natural, 460 gr de leche de coco (no azucarada), 1 vaso de vino de agua, 1 vaso de vino de azúcar, 2 yogures griegos, unos granos de pimienta rosa y 150 gr de hielo picado.

1. Cocer durante 5 minutos el agua con el azúcar.
2. Triturar en la batidora el coco con el almíbar.
3. Añadir el yogur, la leche de coco, la pimienta rosa y batir de nuevo.
4. Pasar por un colador de agujero fino.
5. Añadir el hielo picado y servir.

BATIDO DE PIÑA Y MELÓN CON GRANADA

Para cuatro personas: ½ piña de unos 800 gr, ½ kg de melón, 2 yogures desnatados, 4 cucharadas de azúcar, ralladura de la piel de ½ lima, 2 tazas de hielo picado y ½ granada.

1. Pelar la piña, suprimir el centro y picarla en trocitos.
2. Separar la pulpa de melón de la corteza, las pepitas y los filamentos.
3. Lavar la lima, rallar la mitad de la piel y sacar el zumo.
4. Triturar el hielo poniendo los cubitos dentro de un paño y machacándolo con una maza.
5. Batir los yogures con el azúcar.
6. Triturar la piña, el melón, el zumo, la ralladura de lima y el hielo picado y añadir los yogures batidos.
7. Servir el batido con la granada.

BROCHETAS DE MELÓN Y SANDÍA CON CREMA DE LIMÓN

Para cuatro personas: ½ sandía y ½ melón.

Crema de limón: el zumo de 2 limones y la ralladura de 1, 3 yemas, 6 cucharadas de azúcar, 100 gr de mantequilla y hojas de menta.

1. Cortar el melón y la sandía por la mitad, eliminar los filamentos y pepitas y hacer bolas con la cucharilla de moldear patatas. Recoger el jugo que sueltan las frutas y colarlo.
2. Montar las bolitas en brochetas, intercalando melón y sandía con hojas de menta entre ellas.
3. Crema de limón: poner el zumo de limón, el jugo del melón y la sandía y la ralladura de limón en un cazo de fondo grueso.
4. Añadir las yemas y el azúcar y deshacerlas con el batidor.
5. Acercar al fuego sin parar de mover, acercando y retirando el cazo del fuego.
6. Cuando empiece a espesar, añadir la mantequilla en trocitos y, poco a poco, moviendo a fuego suave, acercando y separando del fuego.
7. En cuanto espese, poner la crema en un bol para que no se corte por el calor que conserva el cazo.
8. Servirla en un bol o salsera acompañando las brochetas.

BROCHETAS DE MEMBRILLO Y QUESO CON FRUTA

Para ocho personas: 300 gr de queso de Burgos (o, si se prefiere, manchego fresco), 300 gr de dulce membrillo, fresones, melón pelado y troceado, plátano, manzana o las frutas que se desee, al gusto.

1. Cortar el membrillo y el queso en lonchas del mismo grosor, colocar dos lonchas de queso con una de membrillo dentro como un sándwich.
2. Cortar con cortapastas circular o simplemente en cuadrados del tamaño adecuado a los trozos de fruta.
3. Pinchar en la brocheta fruta, membrillo-queso y fruta.
4. Poner las brochetas en una fuente alargada adornada con hojas de menta o, si se quiere, pincharlas en un vaso con piedrecitas de colores.

CARPACCIO DE FRUTAS CON SALSA DE MARACUYÁ

Para cuatro personas: frutas: 2 kiwis, 12 fresones y 1 mango.

Salsa de maracuyá: 1 yogur griego, 2 cucharadas de azúcar, zumo de limón y 3 frutas de la pasión o maracuyás.

1. Salsa de maracuyá: cortar los maracuyás, o frutas de la pasión, por la mitad y sacar la pulpa y las semillas con una cucharilla.
2. Batir el yogur con el azúcar y añadir la pulpa del maracuyá y un chorreón de zumo de limón.
3. Comprobar el punto de dulzor y rectificarlo en su caso.
4. Si no agradan las semillas del maracuyá, poner la pulpa en un colador y presionar para que suelte el zumo, reservar las pepitas y añadir el zumo al yogur.
5. Frutas: cortar los kiwis y el mango en láminas finísimas y los fresones lavados en abanico.
6. Poner un fresón lavado y entero en cada plato o copa y apoyados en él rodajas de kiwi. Colocar las otras láminas de frutas alrededor y regarlas con la salsa de maracuyá.
7. Si se desea, repartir por encima las pepitas del maracuyá que son muy sabrosas.

CANELÓN DE PIÑA RELLENO DE SEMIFRÍO DE QUESO

Para cuatro personas: ½ sandía y ½ melón.

Crema de limón: el zumo de 2 limones y la ralladura de 1, 3 yemas, 6 cucharadas de azúcar, 100 gr de mantequilla y hojas de menta.

1. Cortar el melón y la sandía por la mitad, eliminar los filamentos y pepitas y hacer bolas con la cucharilla de moldear patatas. Recoger el jugo que sueltan las frutas y colarlo.
2. Montar las bolitas en brochetas, intercalando melón y sandía con hojas de menta entre ellas.
3. Crema de limón: poner el zumo de limón, el jugo del melón y la sandía y la ralladura de limón en un cazo de fondo grueso.
4. Añadir las yemas y el azúcar y deshacerlas con el batidor.
5. Acercar al fuego sin parar de mover, acercando y retirando el cazo del fuego.
6. Cuando empiece a espesar, añadir la mantequilla en trocitos y, poco a poco, moviendo a fuego suave, acercando y separando del fuego.
7. En cuanto espese, poner la crema en un bol para que no se corte por el calor que conserva el cazo.
8. Servirla en un bol o salsera acompañando las brochetas.

CÓCTEL DE FRESÓN

Para ocho personas: ¼ kg de fresón, 3 cucharadas de miel de azahar, 1 vaso de vino de agua, 1 vaso de agua de ginebra, unas gotas de zumo de lima, 2 vasos de cubitos de hielo y menta fresca.

1. Disolver la miel en el agua templada y enfriarla. Triturar el hielo en el vaso de la batidora.
2. Lavar los fresones, quitar los pedúnculos, y triturarlos con el hielo y el zumo de lima.
3. Añadir el sirope de miel y la ginebra.
4. Batir y servir en ocho copas de Martini con una rodaja de lima y menta.

FRESONES, PIÑA, MANGO Y KIWI

Para cuatro personas: ¼ kg de fresones, 3 rajas de piña, 1 mango, 3 kiwis, 6 cucharadas de azúcar y el zumo de 1 naranja.

1. Disolver el azúcar en el zumo de naranja.
2. Lavar los fresones y suprimir los pedúnculos, cortarlos por la mitad o en cuatro y regarlos con el zumo de naranja.
3. Cortar la piña con su penacho en rajas a lo largo y quitar el centro leñoso.
4. Pelar los kiwis y cortarlos en rodajas.
5. Pelar el mango y cortarlo en rodajas.
6. Colocar en la fuente las rajas de piña como radios y colocar entre ellas los fresones, el kiwi y el mango.

FRUTAS AL CAVA

Para cuatro personas: 1 naranja, 1 manzana ácida, 1 manzana roja, 1 melocotón, 1 pera, 100 gr de frambuesas, 1 kiwi, 1 copa de *kirsch,* 1 vaso de vino de agua, 1 vaso de vino de azúcar y 2 vasos de cava.

1. Disolver el azúcar en el agua y cocerla a fuego vivo durante 5 minutos, hasta conseguir un almíbar.
2. Fuera del fuego añadir el cava y el kirsch.
3. Lavar la naranja y, sin pelarla, cortarla en rodajas muy finas y estas por la mitad.
4. Pelar el melocotón y la pera, y hacer gajos finos.
5. Sacar el centro a las manzanas, lavarlas y sin pelarlas cortarlas en medias rodajas finas.
6. Pelar los kiwis, cortarlos en rodajas y lavar las frambuesas y triturar unas cuantas.
7. Añadir al almíbar con *kirsch* y cava, el zumo de las frambuesas colado o no, al gusto.
8. Poner todas las frutas menos el kiwi en una ensaladera, cubrirlas con el almíbar y macerar en la nevera 3-4 horas.
9. Añadir el kiwi al final.

FRUTAS CON PIÑA

Para cuatro personas: 1 piña, 200 gr de fresones, 1 mango, 2 kiwis, zumo de 2 naranjas, 3 cucharadas de mantequilla y 3 cucharadas de azúcar moreno.

1. Cortar la piña por la mitad, incluido el penacho, sacar la pulpa con el cuchillo curvo y quitar la zona dura del centro.
2. Cortar la pulpa en dados.
3. Pelar el mango y cortarlo en dados, lavar los fresones y cortarlo en cuartos, pelar los kiwis y cortarlos en rodajas.
4. Mezclar la fruta con el azúcar.
5. Fundir la mantequilla en una sartén, saltear la fruta y, antes de que tomen color, regar con el zumo y dejar al fuego unos minutos.
6. Servir la fruta en las piñas.

HIGOS AL HORNO

Para cuatro personas: 8-12 higos frescos grandes y maduros, 6 cucharadas de miel, la ralladura de 2 naranjas, 2 cucharadas de Cointreau o de Grand Marnier, 2 yogures griegos y mantequilla para engrasar la fuente.

1. Lavar los higos, cortarles el rabo y hacer un corte en forma de cruz en la zona del rabo.
2. Colocarlos en una fuente de horno engrasada con mantequilla de forma que queden de pie y que se abran como flores.
3. Poner en el interior de cada uno, una o media cucharada de miel, un poco de ralladura de naranja y una cucharadita de licor.
4. Tapar la fuente con papel de aluminio e introducirlos en el horno fuerte durante 15 minutos.
5. Batir los yogures con un tenedor para que resulte una crema y mezclarlo con el jugo que soltaron los higos al hacerse en el horno.
6. Si es necesario, añadir algo más de azúcar y servir con los higos, frío o caliente.

Se pueden emplear higos o brevas, lo importante es que estén maduros pero que tengan suficiente consistencia para que no se deshagan en el horno.

HIGOS CON MORAS Y FRAMBUESAS

Para cuatro personas: 12 higos hermosos, ¼ l de nata líquida, 2 cucharadas de azúcar glas, 1 copa de licor de fresa o frambuesa, ½ lata de jalea de grosella y 100 gr de frambuesas o moras frescas.

1. Batir la nata muy fría para montarla y añadir el azúcar glas.
2. Unir con el licor de frambuesa y una cucharada de jalea de grosella, ligeramente fundida al calor, y mezclar bien.
3. Templar el resto de la jalea para que resulte más fluida.
4. Lavar los higos y hacerles un corte en cruz para colocarlos abiertos.
5. Fondear la fuente con la nata con licor y jalea de grosellas.
6. Poner los higos encima con la zona de la cruz hacia arriba, como si fueran flores.
7. Repartir las frambuesas sobre ellos y bañar con la jalea de grosella.
8. Guardar en la nevera hasta el momento de servir.

MACEDONIA DE FRUTAS CON SALSA DE YOGUR

Para cuatro personas: 100 gr de cerezas, 100 gr de albaricoques, sandía, 1 manzana, 100 gr de fresones, 1 breva, 1 tarrina de frambuesas, 1 copa de ron y 2 cucharadas de azúcar.

Salsa de yogur: 3 yogures naturales, 3 cucharadas de azúcar y el zumo de 2 naranjas.

1. Lavar las cerezas y deshuesarlas.
2. Lavar y deshuesar los albaricoques y cortarlos en gajos, así como la breva.
3. Cortar la sandía en dados y la manzana en tiras.
4. Lavar los fresones y cortarlos en abanico.
5. Colocar todas las frutas en una fuente, espolvorearlas con el azúcar y regarlas con el ron.
6. Salsa de yogur: verter los yogures en un bol y mezclarlos con el azúcar hasta que se deshaga.
7. Añadir el zumo de naranja, batir y regar la fruta.

MACEDONIA DE FRUTAS EN MELÓN

Para cuatro personas: 1 melón Cantaloup de 1 kg, 2 kiwis, 1 mango, 2 manzanas y 1 tarrina de frambuesas.

Crujiente: 150 gr de harina, 75 gr de mantequilla y 120 gr de azúcar.

Zumo de naranja: 2-3 naranjas, ½ limón, 4 cucharadas de azúcar, ralladura de naranja y de limón.

1. Crujiente: mezclar en un bol grande, con la punta de los dedos, la harina, el azúcar y la mantequilla.
2. Hacer una bola y después un rulo y guardarlo en el congelador para que se endurezca.
3. Cortar el melón por la mitad y sacar la pulpa con la cucharilla de hacer bolitas.
4. Cortar en dados el mango, el kiwi y la manzana.
5. Rallar el crujiente frío y cocer las migas resultantes en el horno durante unos 5 minutos.
6. Zumo de naranja: exprimir las naranjas y el limón, añadir el azúcar y mover para que se disuelva.
7. Mezclar todas las frutas con la frambuesa y llenar el melón.
8. Espolvorear por encima el crujiente y servir con el zumo.

MANZANAS ASADAS CON NARANJA

Para cuatro personas: 4 manzanas, 6 cucharadas de miel, el zumo de 2 naranjas, la piel de 1 naranja y 3 clavos de olor.

1. Lavar y quitar el corazón a las manzanas, darles un corte circular alrededor del orificio de arriba y colocarlas en una fuente de horno engrasada.
2. Lavar, cortar en juliana la piel coloreada de la naranja y hervirla en agua con sal.
3. Colocar dentro de cada manzana una cucharadita de miel y otra de zumo de naranja.
4. En la fuente de las manzanas, poner el resto del zumo, de miel, los corazones de las manzanas, la juliana de naranja y los clavos.
5. Hacerlas en el horno a 180 ºC durante 20 minutos, hasta que se hagan y el jugo que han soltado sea un almíbar gelatinoso.
6. Quitar los corazones y servir templadas con su jugo, que se puede aclarar con zumo y la juliana.

MANZANAS CON CIRUELAS AL *BRANDY*

Para cuatro personas: 4 manzanas Golden grandes, 2 cucharadas de mantequilla, 2 cucharadas de azúcar, 2 palos de canela en rama y la piel de 2 naranjas.

Guarnición de ciruelas: 200 gr de ciruelas pasas sin hueso, 4 cucharadas de azúcar, 1 palo de canela en rama, el zumo y la piel de ½ naranja y 3 cucharadas de *brandy*.

1. Guarnición de ciruelas: calentar ocho cucharadas de agua en un cazo de fondo grueso con el azúcar, el palo de canela y la piel y el zumo de naranja.
2. Añadir las ciruelas pasas y el *brandy* y cocer hasta que se forme un caramelo dorado.
3. Retirar del fuego, tapar, dejar enfriar y reservar.
4. Pelar las manzanas, cortarlas por la mitad y después en cuartos, retirar el corazón y las pepitas.
5. Fundir el azúcar con la mantequilla, la canela y la piel de naranja.
6. Antes de que la mezcla empiece a tomar color, añadir los cuartos de manzana y dorarlos cuidando de que no se quemen ni se rompan, hasta que se caramelice.
7. Servir las manzanas con la guarnición de ciruelas y cubiertas con su jugo.

MELOCOTONES CON MOSCATEL

Para cuatro personas: 2 melocotones grandes, clavo molido, 1 vaso de agua de vino moscatel, 1 tarrina de queso *mascarpone,* 2 cucharadas de azúcar y canela molida.

1. Lavar los melocotones y pelarlos.
2. Cortarlos por la mitad, sacar el hueso y cortar los medios melocotones en rodajas finas.
3. Colocarlas en una fuente algo honda, espolvorearlos del clavo molido, verter encima el moscatel y dejar macerar durante 5 minutos.
4. Batir el *mascarpone* con el azúcar.
5. Servir los melocotones con su jugo y el mascarpone, espolvoreados de canela, y adornados con unas hojas de menta.

Hay que ser cautos con el clavo, es un sabor delicioso en muy pequeña cantidad.

MELÓN AL CAVA

Para cuatro personas: 1 melón de buena calidad, ½ l de cava, 2 copas de vodka, el zumo de 1 limón, 8 cucharadas de azúcar y unas hojas de menta para perfumar y adornar.

1. Disolver el azúcar en el cava y cocerlo durante unos 5 minutos.
2. Cortar el melón por la mitad, suprimir los filamentos y las pepitas, y sacar la pulpa en trozos de una de las mitades.
3. Pasar los trozos de pulpa de melón por la trituradora, con el zumo de limón, hasta conseguir un puré.
4. Mezclar en la misma trituradora con el almíbar de cava y añadir la copa de vodka.
5. Sacar bolas de la otra mitad de melón, con la cucharilla de vaciar patatas e introducirlas en la mezcla de melón con cava, cuando esté fría.
6. Dejar macerar en la nevera unas horas y servir con menta fresca.

MELONCITOS RELLENOS

Para cuatro personas: 4 melones muy pequeños, 1 naranja, 1 pomelo, 1 tarrina de fresas, frambuesas, uvas o peras, 4 cucharadas de azúcar y 8 hojas de menta fresca.

Salsa: 200 gr de fresas o frambuesas, 4 cucharadas de azúcar y el zumo de ½ limón.

1. Cortar con cuidado una de las extremidades de los melones y conservar aparte estos casquetes.
2. Retirar con una cucharilla las semillas y los filamentos que se hallan en el interior y, con la misma cucharilla, arrancar gruesas virutas de pulpa del melón.
3. Pelar a lo vivo la naranja y el pomelo, hacer cortes a lo largo de las membranas de separación interiores para sacar los gajos y recoger el jugo que sueltan.
4. Poner las frutas en una fuente, regarlas con el zumo, espolvorearlas de azúcar y macerarlas 1 hora.
5. Llenar los melones con las frutas, verter la salsa y taparlos con sus casquetes adornados con menta fresca.
6. Salsa: triturar las fresas o las frambuesas con el azúcar y el zumo de limón y, si se quiere, pasar por el colador chino para que no lleven granillos.

MILHOJAS A LA CREMA DE MANDARINAS

Para cuatro personas: 4 mandarinas.

Galletas: 100 gr de mantequilla, 100 gr de clara de huevo, 80 gr de harina y 100 gr de azúcar glas.

Crema pastelera: ½ l de leche, 100 gr de azúcar, 5 yemas de huevo, 1 cucharada sopera de maicena y 1 vaina de vainilla.

Decoración: la piel de 4 mandarinas, ½ vaso agua y 130 gr de azúcar.

1. Galletas: mezclar la mantequilla y el azúcar glas e incorporar poco a poco la clara alternando con la harina hasta terminar.
2. Extender la masa ayudándose de una cuchara, sobre silpat o papel vegetal, y formar círculos de 10 cm de diámetro.
3. Cocerlos en horno a 150 ºC durante 5 minutos.
4. Crema pastelera: calentar la leche con la vaina de vainilla en un cazo de fondo grueso.
5. Batir las yemas, el azúcar y la maicena, añadir a la leche hirviendo y, sin parar de mover, acercar al fuego hasta que espese.
6. Enfriar la crema y mezclarla con los gajos de mandarina pelados y cortados en dados.
7. Decoración: lavar las mandarinas, cortar la piel en juliana y blanquearla dos veces en agua hirviendo con sal para que no amargue.
8. Disolver el azúcar en el agua y cocerlo durante 5 minutos para hacer un almíbar.
9. Cocer la juliana en el almíbar, sacarla y dejarla secar.
10. Para servirlo, poner capas de galleta y crema pastelera, terminar con galleta y juliana de mandarina.

NARANJAS A LA MARTINICA

Para cuatro personas: 6 naranjas, 6 cucharadas de azúcar, ½ vaso de agua, 1 vasito de ron y menta fresca para adornar.

1. Cortar en juliana la piel coloreada de una naranja bien lavada, cubrirla de agua con sal, darle un hervor de unos 5 minutos y escurrirla.
2. Disolver el azúcar en el agua y cocerla a borbotón durante 5 minutos.
3. Introducir la juliana de naranja y confitarla durante 4-5 minutos más, moviendo de vez en cuando.
4. Sacar la juliana y extenderla sobre papel de cocina doble, para que se seque y caramelice.
5. Añadir el ron al almíbar.
6. Pelar las naranjas a lo vivo de la piel blanca, cortarlas en rodajas, colocarlas en una fuente honda y verter por encima el almíbar y la juliana.

PERAS AL PERFUME DE ESPECIAS CON GALLETAS DE CHOCOLATE Y ACEITUNAS ARBEQUINAS

Para cuatro personas: 4 peras de agua grandes, 1 naranja, 2 limones, un palo de canela, 4 hojas de cilantro, 1 clavo, 1 palo de vainilla, ¾ l de agua, 8 cucharadas de azúcar y 100 gr de aceitunas arbequinas.

Galletas de chocolate: 100 gr de chocolate *fondant,* 12 aceitunas verdes deshuesadas, 1 cucharada de pimienta rosa y sal Maldon.

1. Lavar y secar los limones y la naranja, quitar restos de conservantes y fertilizantes.
2. Quitar la zona coloreada de las cortezas y ponerlas a cocer en el agua en la que se habrá disuelto el azúcar.
3. Añadir la rama de canela, las hojas de cilantro, el clavo y el palo de vainilla y hervir a fuego vivo 5 minutos.
4. Pelar las peras, sin quitar los rabos, rasparlas suavemente con el cuchillo para tornearlas y cocerlas en el almíbar aromatizado a fuego suave hasta que estén tiernas, pero que no se deshagan, aproximadamente 10 minutos dependiendo de la clase de las peras.
5. Añadir las aceitunas y dejar que se enfríen en el almíbar.
6. Mantenerlas en él unas horas para que tomen los sabores.
7. Sacarlas y cocer algo más el almíbar para que se consuma el líquido y resulte más denso.
8. Colocarlas en copas con su almíbar y aceitunas y acompañarlas de las galletas de chocolate.
9. Galletas de chocolate: fundir el chocolate en el microondas 2 minutos o al baño María.
10. Dejar caer cucharadas sobre un silpat, extenderlas con ayuda de la cuchara e incrustar rodajas finas de aceituna.
11. Espolvorear granos de pimienta rosa y de sal Maldon con el chocolate todavía caliente.
12. Guardar en el congelador 1 minuto para que se solidifique deprisa.
13. Despegarlas del silpat y mantener en sitio muy fresco hasta el momento de servir con las peras.

PERAS CON QUESO Y FRAMBUESA

Para cuatro personas: 4 peras, 6 cucharadas de azúcar, 4 cucharadas de jalea o mermelada de frambuesas, 1 vaso de vino blanco y unas gotas de carmín.

Crema de queso: 4 quesitos *petit-suisse*, 2 cucharadas de leche, 50 gr de nueces y menta fresca.

1. Pelar las peras, redondeando las estrías y conservando el rabito.
2. Disolver en la olla el azúcar con el vaso de vino, otro de agua y las gotas de carmín para que las peras tengan un color más bonito al cocer.
3. Acercar la olla al fuego y cocer el almíbar durante 5 minutos.
4. Introducir las peras de forma que queden cubiertas.
5. Tapar la olla y, cuando tome presión, dejar cocer durante 6 minutos.
6. Cuando pierda presión la olla, abrirla, sacar las peras, enfriarlas y cocer el líquido con la olla destapada hasta que se reduzca.
7. Añadir la mermelada de frambuesa y dejar que se enfríe.
8. Crema de queso: batir los quesitos con la leche hasta conseguir una crema y picar las nueces (dejar unas enteras para decorar).
9. Mezclar las nueces picadas con la crema y repartirla en las copas, poner encima las peras, cubrir con el almíbar de frambuesa y adornar con menta y nueces.

PERAS EN TULIPA

Para cuatro personas: 6 tulipas, 6 peras William's o Comicio, ¼ l de vino, 2 vasos escasos de agua, 150 gr de azúcar, 125 gr de miel, el zumo y la piel de 2 naranjas, 4 cucharadas de mermelada de arándanos, 1 palo de canela y 1 clavo.

1. Cocer el agua con el vino, el azúcar, el zumo y la piel de la naranja cortada en juliana, la mermelada de arándanos, la canela y el clavo durante 10 minutos.
2. Añadir las peras, peladas, con su rabito y cocerlas durante 20 minutos tapadas y a fuego lento.
3. Sacar las peras y cocer el líquido hasta que se reduzca.
4. Cuando tenga la consistencia de un almíbar, cubrir las peras y dejarlas enfriar.
5. Colocar las peras en las tulipas con su almíbar, menta y la juliana de naranja.

PLÁTANOS AL HORNO CON SALSA DE CHOCOLATE AMARGO

Para cuatro personas: 4 plátanos canarios, 4 cucharadas de cacao amargo puro en polvo, ¾ l de agua, 3 estrellas de anís estrellado, 3 clavos de especia, 4 granos de pimienta roja, 6 cardamomos, ralladura de 1 naranja, 6 cucharadas de azúcar y azúcar moreno para rebozar los plátanos.

1. Disolver el azúcar en un vaso del agua en un cazo, acercarlo al fuego y hacerlo hervir a fuego vivo 5 minutos.
2. Añadir de golpe el cacao en polvo y mover para que se disuelva bien (no suele hacer grumos).
3. Incorporar el anís, los clavos, la pimienta roja, los cardamomos y la ralladura de naranja, hacer hervir, añadir el resto del agua y mantener al fuego 5 minutos.
4. Rebozar los plátanos pelados en el azúcar moreno y hacerlos en el horno a 250 ºC, 6 minutos de cada lado.
5. Servirlos calientes con la salsa de chocolate, que también debe estar caliente.

PLÁTANOS FLAMBEADOS

Para cuatro personas: 4-8 plátanos, según tamaño, 2 cucharadas de mantequilla, 4 cucharadas de azúcar, 2 naranjas, 2 limones, 1 copa de Cointreau y 1 copa de *brandy.*

1. Exprimir el zumo de las naranjas y los limones.
2. Pelar los plátanos, suprimir las hebras y dorarlos a fuego lento en la mantequilla, sin que lleguen a dorarse.
3. Añadir el azúcar, mover y regar con los zumos de naranja y limón mezclados, cocer durante 5 minutos o hasta que los plátanos estén blandos y añadir el Cointreau.
4. Poner los plátanos en el plato con su salsa.
5. Calentar el *brandy* en un cacito, prenderle fuego, verter sobre los plátanos y servir recién flambeados.

SANDÍA RELLENA

Para ocho personas: 1 sandía mediana, 1 melón mediano, 8 hojas de menta fresca, 8 cucharadas de azúcar y ½ botella de vino dulce de Málaga.

1. Intentar que la sandía se tenga derecha por uno de los polos y, si es preciso, cortar un poco el polo sin profundizar.
2. Marcar con un bolígrafo una circunferencia a los ¾ de altura y cortar siguiendo la línea haciendo piquitos.
3. Separar el casquillo.
4. Hacer bolas con la pulpa e irlas colocando en un bol.
5. Abrir el melón por la mitad, separar las pepitas y los filamentos y hacer bolas con la pulpa, mezclarlas con las de la sandía.
6. Intercalar las hojas de menta, regar con el azúcar y cubrir con el Málaga virgen.
7. Dejar las bolas de melón y de sandía en maceración unas 2 horas y rellenar la sandía con todo el jugo que hayan soltado.
8. Colocar las bolas más redondas en la parte superior y unas hojas de menta fresca.
9. Pinchar la tapa medio abierta sobre la sandía.

SANDÍA Y KIWI FLAMBEADOS

Para cuatro personas: 1 sandía mediana, 2 o 3 kiwis, 4 cucharadas de azúcar, zumo de limón y 1 copa de ron.

1. Cortar la sandía horizontalmente y hacer rodajas de 2 cm con ayuda de un cortapastas redondo, hacer círculos del mismo tamaño.
2. Pelar los kiwis y cortarlos en lonchas semejantes a los círculos de sandía.
3. Colocar en una fuente refractaria los círculos de sandía y de kiwi.
4. Rociar con el zumo de limón y el azúcar y gratinar unos minutos en el horno.
5. Calentar el ron en un cazo, prender fuego y verter sobre las frutas.

ZUMO DE KIWI Y MANZANA

Para 1 l: 400 gr de melón natural limpio, 350 gr de zumo de manzana, 250 gr de kiwi natural, 1 vaso de vino de agua, 1 vaso de vino de azúcar y 150 gr de hielo picado.

1. Disolver el azúcar en el agua y cocerlo durante 5 minutos.
2. Licuar y colar el melón y el kiwi.
3. Añadir el zumo de manzana y batir.
4. Pasar por un colador de agujero fino.
5. Añadir el hielo picado y servir.

ZUMO DE PIÑA

Para 1 l: 800 gr de piña natural limpia, 1 vaso de vino de azúcar, 1 vaso de vino de agua y 150 gr de hielo picado.

1. Cocer durante 5 minutos el agua con el azúcar.
2. Triturar la piña con el jarabe en la batidora.
3. Pasar por un colador de agujero fino.
4. Añadir el hielo picado y servir.

ZUMO DE POMELO Y FRAMBUESAS

Para 1 l: 150 gr de frambuesas, ½ l de zumo de naranja, 130 gr de pomelo limpio, 1 cucharada de vinagre de manzana, 1 vaso de vino de agua, 1 vaso de vino de azúcar y 150 gr de hielo picado.

1. Cocer durante 5 minutos el agua con el azúcar.
2. Triturar las frambuesas y el pomelo.
3. Añadir el zumo de naranja, el vinagre de manzana y el jarabe.
4. Batir y pasar por un colador de agujero fino.
5. Añadir el hielo picado y servir.

ZUMO DE ZANAHORIA

Para 1 l: 800 gr de zanahoria, 200 ml de zumo de naranja, 1 vaso de vino de agua, 1 vaso de vino de azúcar y 150 gr de hielo picado.

1. Cocer 5 minutos el agua con el azúcar.
2. Licuar las zanahorias.
3. Agregar el zumo de naranja y el jarabe, batir.
4. Añadir el hielo picado y servir.

CREMAS

CREMAS DE HUEVO

Este nombre agrupa a todas aquellas preparaciones de consistencia semilíquida, espesados mediante cocción en el horno o baño María, y que tienen como ingredientes básicos azúcar, huevos, mantequilla, harina y leche. Es el caso de las conocidas natillas, crema inglesa, crema catalana, flanes o las mil variedades de crema pastelera, a la vainilla, aromatizada con café, licores o combinada con purés de frutas.

Las **cremas** se toman solas o como relleno de bizcochos y pasteles.

Los **flanes** se cuajan en el horno y suelen ir cubiertos por una capa de caramelo líquido o una salsa de frutas frescas.

CLASES DE CREMAS

Crema pastelera: consiste en una mezcla de huevo y azúcar con algo de harina o fécula, a la que se añade leche hirviendo aromatizada y, sin parar de mover sobre el fuego al baño María, se espera a que espese. Es esencial mover con varillas de manera vigorosa durante la cocción para que no salgan grumos. Las proporciones varían según la aplicación que se quiera dar a la crema. Si se va a utilizar para rellenar deberá tener más consistencia que si se hace para fondear un plato.

Crema franchipán: es una crema pastelera a la que, una vez cocida, se incorporan mantequilla y almendra o almendrados molidos.

Natillas o **crema inglesa:** se diferencian de la crema pastelera en que solo se utilizan yemas, leche y azúcar en su elaboración y se espesan al fuego al baño María, hasta que la crema empañe el dorso de la espátula. Como las yemas cuajan a 82 ºC, es necesario no sobrepasar esta temperatura, es la razón por la que se utiliza el baño María, evitando el calor directo que podría resultar excesivo y hacer que al cuajar las yemas las natillas «se corten». Las natillas claras requieren 6 yemas por cada ½ l de leche. A las natillas se les puede añadir maicena (2 cucharadas por litro de leche). Se puede hacer en un cazo de fondo grueso, separando y acercando al fuego para que no se caliente demasiado y se corten.

Crema catalana: se prepara como unas natillas con gran cantidad de yemas para que espese algo más que las clásicas natillas. También se puede espesar con una cucharadita de fécula de maíz, maicena, o de patata. Se reparte en cazuelitas y, una vez fría, se espolvorea de forma generosa con azúcar y se quema con una plancha de hierro candente, que hoy día son eléctricas. Hay que servirla pronto para que el caramelo que se forma en la superficie no se licúe y enturbie la crema.

Crema *chibouste:* es una versión ligera de la crema pastelera a la que se añade, cuando ya está hecha, un merengue que habrá que incorporar con mucho cuidado con espátula y movimiento envolvente, para que no se baje.

Crema *diplômat*: es también una crema pastelera a la que se incorpora nata montada con movimiento envolvente. A cualquiera de las dos cremas se suele añadir gelatina para que tengan más consistencia. Se emplean como rellenos de tarta o bizcocho.

Crema *Saint-Honoré*: es el relleno característico del pastel del mismo nombre, cuya elaboración explicamos en el capítulo de la pasta *choux,* pero también se puede servir sola. Es una crema pastelera a la que se le agregan, cuando está casi fría, las claras montadas a punto de nieve firme, con azúcar. La mezcla se debe hacer con movimientos envolventes para evitar que las claras pierdan volumen. A veces, sobre todo en las pastelerías, se añade gelatina en proporción de 12 gr/l de crema. También se puede enriquecer con nata montada, que se incorpora a la crema pastelera fría. Como se puede ver, es una crema *chibouste* o *diplômat,* según se añada merengue o nata. A veces se perfuma con unas cucharadas de *brandy.*

Flan: está compuesto por los mismos ingredientes, pero en este caso la mezcla se introduce en un molde caramelizado y se cuaja al baño María. A veces se pueden emplear también algunas claras, en la proporción de 2 yemas y 2 huevos enteros por ½ l de leche.

Tocinillo de cielo: es una mezcla de almíbar y yemas que se cuaja al baño María con el molde cubierto para evitar que entre vapor. La proporción suele ser de un almíbar hecho con un vaso de azúcar y otro de agua, después de 5 minutos de cocción a fuego vivo, por 11 yemas y 1 huevo entero. Resulta muy dulce y se sirve en pequeñas cantidades.

Crema de mantequilla: consiste en yemas y huevo entero (en proporción de 1 cada 6 yemas) montados con el azúcar hasta que estén bien blanqueados, a los que se incorpora a hilillo un almíbar (50% agua y 50% azúcar, que debe cocer unos 5 minutos) hasta llegar a 112 ºC del pesajarabes, sin parar de batir hasta que se enfríe el conjunto. En este momento se incorpora la mantequilla en pomada batiendo con varilla a velocidad media. A esta base de mantequilla se puede añadir el almíbar de café (crema moka), el praliné (es el relleno de la famosa tarta *Paris-Brest)* o cualquier otro sabor. También se utiliza para rellenar bizcochos y pasteles.

Otro sistema para hacer la **crema moka** es mezclar en un cuenco las yemas con el azúcar hasta que la mezcla blanquee, añadir entonces y poco a poco café concentrado muy caliente, sin dejar de batir, y acercar la crema al fuego para espesarla como unas natillas. Cuando la crema empañe el dorso de la cuchara, retirar del fuego y pasar a un cuenco frío, batiendo hasta que entibie. Mezclar la crema con la misma cantidad de mantequilla, que se irá incorporando en pequeñas cantidades y sin dejar de batir hasta que la crema se vuelva lisa y brillante. A partir de aquí su empleo sería el mismo. Hay que utilizarla enseguida, ya que si se conserva en el frigorífico se endurece, pierde su consistencia cremosa y no se puede utilizar para relleno.

Una fórmula más sencilla, pero menos fina, de hacer la crema moka es mezclar crema pastelera, aromatizada con una cucharadita de esencia de café, con mantequilla a partes iguales, batiendo hasta la total incorporación de los ingredientes.

LA TÉCNICA

NATILLAS Y CREMA PASTELERA

- Hervir la leche con el aroma –corteza o ralladura de un cítrico, palo de canela, vainilla.
- Deshacer las yemas con el azúcar en un cazo de fondo grueso o normal para hacerlo al baño María.
- Verter la leche hirviendo sobre las yemas sin parar de mover.

- Acercar al fuego, moviendo sin parar hasta que espese, en caso de llevar maicena o fécula disolverla en leche fría y añadirla cuando esté sobre el fuego.

FLAN Y TOCINILLOS DE CIELO

- Hervir la leche con el azúcar o hacer el almíbar.
- Dejarlo enfriar (en el caso del tocinillo se bañan los moldes con el almíbar, de forma que al traspasarlo ya se enfría).
- Deshacer las yemas en un bol.
- Verter la leche o el almíbar templados.
- Llenar los moldes caramelizados o bañados en almíbar.
- Cocer al baño María el tiempo que indique la receta, según tamaño del molde.

CARAMELIZAR MOLDES

Se pueden seguir dos sistemas:

- Poner azúcar en el molde, salpicarla con zumo de limón o unas gotas de agua, acercar al fuego, mover cuando empiece a tomar color y bañar el molde.
- Poner el azúcar en el cazo, salpicarla de zumo de limón o agua, mover hasta que se dore por igual, verter en el molde o moldes y bañarlo por dentro.

TRUCOS Y CONSEJOS

- Las cremas que llevan huevos se cortan al hervir porque se cuajan las albúminas.
- Hay que hacerlas al baño María o en un cazo de fondo grueso a temperatura baja, si es cazo, acercar y separar del fuego mientras se hace.
- No parar de mover aun fuera del fuego porque con el calor del cazo, sobre todo si es de fondo grueso, se pueden cortar. En el caso de la crema inglesa, que no puede pasar de 82 ºC, meter el cazo ya fuera del fuego en un recipiente con agua fría para que este se enfríe rápidamente y no siga subiendo la temperatura.
- Si un flan o tocinillo de cielo lleva claras, es conveniente colar la mezcla para evitar partículas sólidas.
- Al deshacer las yemas de los flanes y tocinillos de cielo, hay que evitar introducir aire para que al cocer no salgan ojos.
- Si al batir se hubiese formado algo de espuma, colar la crema para que la espuma se quede en el colador.

CREMAS SIN HUEVO

Crema batida o **crema *Chantilly*** es la nata de leche fresca batida hasta que adquiera consistencia, aumente de manera notable su volumen y pase de ser un líquido espeso a un sólido cremoso. Es importante detener el batido cuando la nata haya adquirido cuerpo y forme dibujo, ya que si se prolonga el batido 2 o 3 minutos más de lo necesario se transforma en mantequilla, se separa el suero y ya no tiene arreglo, más que utilizarla como mantequilla. Si ya llevaba azúcar, se convierte en la conocida **mantequilla de Soria,** sin azúcar es la mantequilla normal que puede ser salada si se le añade un polvillo de sal, lo que retarda el enranciamiento. Cuando la nata esté casi montada, se incorpora el azúcar glas en la proporción de 150 a 250 gr/l de nata.

TRUCOS Y CONSEJOS

- Para que la nata monte bien debe estar muy fría, es decir, a menos de 6-8 ºC, para lo cual debe reposar en la nevera unas 8 horas antes de montarla.
- Si se monta a mano se debe hacer con varillas de alambre y sobre un recipiente de agua con hielo.
- Si se emplea batidora eléctrica, tiene que ser de varillas, una o dos, que giran en sentido contrario.
- No sirven las batidoras de hélice en el fondo del vaso.
- Hay que enfriar el bol de la batidora con hielo y agua, o introduciéndolo en el congelador, media hora antes de utilizarlo.

ARROZ CON LECHE

Para cuatro personas: 8 cucharadas de arroz, 1 l de leche, 4 cucharadas de leche en polvo, 1 rama de canela, 2 trozos de corteza de limón, 6 cucharadas de azúcar y una pizca de sal.

1. Poner el arroz en la olla, cubrirlo de agua con una pizca de sal y cocerlo 5 minutos con la olla destapada.
2. Poner a hervir la leche con las cortezas de limón, la canela y, cuando esté caliente, añadir la leche en polvo.
3. Mover hasta que se disuelva la leche en polvo en la leche hirviendo, incorporar el azúcar, volver a mover para que se disuelva el azúcar.
4. Verter sobre el arroz de la olla, mover, cerrar la olla y ponerla al fuego.
5. Cuando adquiera presión, contar 10 minutos.
6. Retirar la olla del fuego y esperar a que pierda presión antes de abrirla.
7. Verter en una fuente y adornar con canela molida y juliana de limón.

CREMA CATALANA

Para cuatro personas: ½ l de leche, 3 yemas de huevo, 75 gr de azúcar, 1 cucharada de maicena, la piel de ½ limón, canela en rama, azúcar para espolvorear y quemar la superficie.

1. Disolver en un bol la maicena con un poco de leche fría.
2. Calentar el resto de la leche con la piel de limón y la canela en rama, hasta que hierva.
3. Batir en un cazo de fondo grueso las yemas con el azúcar hasta que estén espumosas, añadir la maicena y después poco a poco la leche hirviendo sin parar de mover.
4. Acercar al fuego, moviendo hasta que espese con cuidado de que no hierva.
5. Llenar cazuelitas, dejar enfriar, espolvorear con azúcar y quemar.

CREMA DE DÁTILES Y NARANJA

Para cuatro personas: 4 copas de zumo de naranja, 4 cucharadas de azúcar, 4 cucharaditas de maicena exprés y 8 dátiles.

Galleta de anís: 4 rebanadas de pan de molde sin corteza, 2 cucharadas de anís en grano, 2 cucharadas de azúcar y unas gotas de agua.

1. Galletas: triturar los granos de anís en el mortero, o en la trituradora, hasta conseguir casi polvo y mezclarlos con el azúcar.
2. Salpicar ligeramente de agua las rebanadas de pan y rebozarlas por ambos lados con el polvo de anís.
3. Colocar el pan sobre la mesa entre dos silpat, pasar el rodillo por encima para extenderlas y afinarlas lo máximo posible.
4. Introducirlas en el horno dentro de los silpat y hacerlas durante 8-10 minutos a 180 ºC.
5. Deshuesar los dátiles, triturarlos con el azúcar y el zumo de naranja, y dejarlo hervir.
6. Disolver la maicena en la crema de dátiles caliente.
7. Servir la crema en copas de cóctel y acompañada cada una de una galleta de anís.

CREMA DE PLÁTANO Y MARACUYÁ

Para cuatro personas: 4 plátanos (400 gr) (optativo: 50 gr de arándanos rojos u otra fruta roja), 8 maracuyás, ¼ l de nata líquida, 3 cucharadas de azúcar, 3 yemas de huevo y ralladura de limón.

1. Batir en un cazo de fondo grueso, o al baño María, las yemas de huevo con el azúcar.
2. Añadir la nata líquida y mezclar bien.
3. Poner el cazo al fuego sin parar de mover, acercando y separando del fuego, si no es al baño María, hasta que la crema espese sin que llegue a hervir.
4. Dejar enfriar la crema de un día para otro y montarla en un recipiente muy frío como si fuera nata.
5. Abrir los maracuyás (o fruta de la pasión) y separar la pulpa.
6. Triturar los plátanos.
7. Mezclar la crema de plátano con la crema montada, con cuidado de que no se baje, llenar copas y cubrir con la pulpa de maracuyá.
8. Espolvorear de ralladura fina de corteza de limón y adornar con menta.

Se puede reservar la pulpa de dos maracuyás para decorar por encima, para fondear las copas y poner la crema encima o poner otras frutas rojas salpicadas por encima.

CREMA SAINT-HONORÉ

Para seis u ocho personas: 6 huevos, 12 cucharadas de azúcar, ralladura de limón, 2 cucharadas de maicena, ½ l de leche, ¼ kg de nata montada con azúcar, 4 cucharadas de *brandy*, 6 hojas de gelatina finitas (10 gr) y 8 galletas-bizcocho.

Hilado de caramelo: 1 vaso de azúcar y 2 cucharadas de agua.

1. Poner la gelatina a remojo.
2. Batir las yemas en un cazo de fondo grueso con la mitad del azúcar y la maicena. Añadir la leche hirviendo con la ralladura de limón y mover sobre el fuego hasta que espese, con cuidado de separar y acercar al fuego para que no se corte.
3. Añadir el *brandy* y la gelatina escurrida, y dejar enfriar la crema moviendo de cuando en cuando. O poner un film en contacto con la superficie para que no se forme costra.
4. Cuando la crema esté fría, incorporar la nata montada y, después, las claras montadas a punto de nieve con el resto del azúcar, siempre con movimiento envolvente de arriba abajo, hasta que se integren bien.
5. Llenar las copas con la crema, colocar medios bizcochos de pie y cubrirlos con hilado de caramelo.
6. Hilado: salpicar el azúcar con agua, acercar al fuego y fundirla en caramelo clarito, moverlo fuera del fuego y mojar dos cucharas, unirlas y separarlas hasta formar un hilado.

Para hacer el caramelo hilado se puede mantener el cazo al baño María para que no se endurezca el caramelo mientras se hace el hilado.

FLAN CREMOSO

Para seis personas: ½ l de leche, ½ l de nata líquida, ½ vaina de vainilla, 4 huevos enteros, 6 yemas, 250 gr de azúcar y 4 cucharadas de azúcar para hacer caramelo.

Frambuesas y menta fresca para adornar.

1. Poner a hervir la leche, con la nata líquida y la vainilla, en cuanto rompa el hervor, separar del fuego y tapar el cazo para que se quede en infusión 15 minutos, sacar la vainilla.
2. Batir los huevos y las yemas con el azúcar, sin que salgan ojos y verter lentamente, la leche mezclada con la nata, sin dejar de mover para que no se cuajen los huevos.
3. Caramelizar el fondo y las paredes de una flanera y verter la crema.
4. Tapar y cocer al baño María, durante 40-45 minutos.
5. Volcar el flan cuando esté frío y servir con su caramelo y frambuesas.

FLAN DE ALMENDRAS

Para cuatro personas: 1 bote pequeño de leche condensada, ¼ l de leche, 3 huevos, 75 gr de almendras molidas y 75 gr de coco rallado.

Caramelo: 5 cucharadas de azúcar.

1. Caramelo: poner el azúcar salpicado de agua en un cazo de fondo grueso y acercarlo al fuego, mover con cuchara de madera hasta hacer caramelo.
2. Bañar el fondo y las paredes de un molde de rosca.
3. Batir en un bol, los huevos con cuidado de que no hagan muchos ojos y añadir la leche condensada, la leche, las almendras y el coco rallado.
4. Mezclar hasta que se una todo bien y verter sobre el molde caramelizado.
5. Cocer en el horno al baño María durante 40 minutos (en el microondas 8 minutos al 100%, si el molde es apto).
6. Pinchar con una aguja para comprobar que el flan está cuajado.
7. Desmoldarlo cuando esté frío o templado y adornar con nata, merengue o frutas variadas, etc.

CREMA TOSTADA CON MERENGUE

Para seis personas: 1 l de leche, 4 huevos, 4 cucharadas de azúcar hechas caramelo, 1 cucharada de maicena y 6 cucharadas de azúcar.

Merengue: 3 claras de huevo y 6 cucharadas de azúcar.

Caramelo: 3 cucharadas de azúcar y unas cucharadas de agua.

Para rematar: 6 bizcochos de soletilla.

1. Poner las cuatro cucharadas de azúcar en un cazo grande, salpicarlas de agua, acercar al fuego y hacer caramelo moviendo para que no se oscurezca demasiado.
2. Verter sobre él la leche hirviendo, con cuidado de no quemarse porque salta, y esperar que se deshaga el caramelo del todo moviendo al fuego.
3. Batir los huevos enteros con la maicena y el azúcar, cuando la leche hierva de nuevo y el caramelo esté deshecho, mezclar y mover sobre el fuego hasta que espese.
4. Enfriar moviendo de cuando en cuando para que no se forme costra o tapar con film de cocina en contacto con la superficie.
5. Merengue: montar las claras a punto de nieve con el azúcar.
6. Caramelo: fundir el azúcar con unas cucharadas de agua hasta que se haga caramelo y añadir algo más de agua para que quede con la consistencia deseada.
7. Para rematar: colocar un bizcocho de soletilla en la base de cada copa. Verter la crema, rematar con un poco de merengue y regar con el caramelo.

FLAN DE BIZCOCHOS BAÑADO CON DULCE DE LECHE

Para seis personas: ½ l de leche, 100 gr de bizcochos de soletilla, 6 cucharadas de azúcar, 4 huevos, 1 palo de canela y 1 vaso de agua.

Caramelo: 2 cucharadas de azúcar.

Dulce de leche: 1 bote pequeño de leche condensada.

1. Dulce de leche: poner el bote de leche en la olla rápida, cubierto de agua hirviendo y cocer a presión durante 20 minutos.
2. Abrir el bote cuando esté frío y mezclar el dulce de leche con agua hirviendo hasta conseguir la textura de una natilla espesa.
3. Caramelo: poner el azúcar salpicado de agua en el molde y hacer caramelo, bañar las paredes y el fondo.
4. Cocer la leche con la canela y el azúcar, batir los huevos sin que hagan ojos y mezclarlos con la leche moviendo con cuidado para que no se cuajen los huevos.
5. Verter un poco de la mezcla en la flanera y encima poner una capa de bizcochos.
6. Continuar poniendo huevos-leche, bizcochos, hasta terminar con bizcochos.
7. Poner agua hirviendo, en el fondo de la olla rápida con rejilla, tapar el molde del flan, colocarlo dentro y tapar la olla.
8. Cuando tome presión bajar el fuego y contar 10 minutos.
9. Abrir la olla cuando pierda presión, sacar el molde, dejarlo enfriar.
10. Servirlo con la natilla de dulce de leche.

FLAN DE CAFÉ

Para cuatro personas: ½ l de leche, 3 huevos, 6 cucharadas de azúcar y 2 cucharadas rasas de Nescafé.

Caramelo: 2 cucharadas de azúcar.

1. Caramelo: poner el azúcar en una flanera de ¾ de litro de capacidad, salpicarla de agua, acercarla al fuego y fundirla en caramelo clarito, moviendo con cuchara de madera para que no se queme, bañar las paredes y el fondo del molde.
2. Hervir la leche y, fuera del fuego, disolver el Nescafé.
3. Deshacer los huevos con el azúcar, con cuidado de que no hagan ojos y añadir a chorrito, para que no cuajen los huevos, el Nescafé con la leche caliente.
4. En cuanto se solidifique el caramelo, llenar con el batido de huevos, cubrir la flanera con su tapa o con papel de plata, y cocerlo en el horno al baño María 35-40 minutos, o 10 minutos en la olla.
5. Desmoldar cuando esté frío.

FLAN DE CASTAÑAS

Para ocho personas: 1 bote de crema de castañas dulce de 400 gr, 1 vaso de leche, 1 vaso de nata líquida y 3 huevos.

Caramelo: 4 cucharadas de azúcar.

1. Caramelo: acercar un cazo al fuego con el azúcar salpicado de agua y, cuando empiece a tomar color por los lados, moverlo con la cuchara de madera para conseguir que se haga un caramelo dorado.
2. Bañar el fondo y las paredes de ocho moldes individuales y reservarlos.
3. Mezclar en frío la crema de castañas con los huevos batidos sin ojos, la leche y la nata, mover la preparación.
4. Llenar las flaneras, colocarlas en la bandeja del horno con agua hirviendo en el fondo, taparlas con papel sujeto con un peso, porque el calor lo levanta.
5. Introducir la bandeja en el horno y cocer durante 20 minutos a 180 ºC.
6. Desmoldar cuando estén fríos.
7. En un molde grande necesita cocer 40 minutos en el horno.
8. Acompañarlo de caramelo líquido, *marron glacé* y nata montada.

FLAN DE FRAMBUESA

Para seis personas: 4 huevos, 1 bote pequeño de leche condensada, la misma medida de leche entera, 1 tarrina de frambuesas, 100 gr de almendras molidas y 5 cucharadas de azúcar para hacer caramelo.

1. Poner las cinco cucharadas de azúcar en un molde de flan, humedecerla con agua y acercarla al fuego para hacer caramelo, bañar el fondo y las paredes.
2. Triturar y colar las frambuesas.
3. Batir los huevos, mezclarlos con la leche condensada y la leche entera, añadir la crema de frambuesa, las almendras molidas, mezclar y llenar el molde.
4. Verter un vaso de agua en la olla, colocar el molde tapado sobre la rejilla, cerrar la olla y, cuando tome presión, cocer durante 8 minutos.
5. Desmoldarlo en frío.

FLAN DE MECOCOTÓN

Para seis personas: 170 gr de leche condensada azucarada, 150 gr de melocotón en almíbar, 3 huevos, 2 cucharadas de azúcar, 2 cucharadas de almendras fileteadas y 1 cucharadita de almendra molida.

1. Triturar los melocotones y mezclarlos con la leche condensada.
2. Batir los huevos como para tortilla, sin que hagan ojos, e incorporarlos a la mezcla anterior.
3. Añadir la almendra molida y mezclar bien hasta obtener una crema homogénea.
4. Poner en un cazo el azúcar, mojarlo con unas gotas de agua y fundir al fuego hasta obtener un caramelo dorado.
5. Bañar con el caramelo el fondo y las paredes de un molde de flan y verter en él la crema de melocotones.
6. Introducir el molde tapado con papel de aluminio en la olla con rejilla y un vaso de agua hirviendo, tapar y cocerlo durante 6-7 minutos desde que tome presión.
7. Dejar que se enfríe antes de desmoldar sobre una fuente.
8. Servir adornado con las almendras fileteadas y el caramelo que se desprende del propio flan.

FLAN DE MENTA

Para cuatro personas: ¼ l de mitad leche, mitad nata líquida, 3 cucharadas de infusión concentrada de menta, 2-3 huevos, según tamaño, 3 cucharadas de azúcar, 2 cucharadas de Pippermint y mantequilla.

Salsa: 4 onzas de chocolate, 1 vaso de leche, menta fresca y frambuesas o fresas para adornar.

1. Lavar un manojo de menta, deshojar y cocer las hojas en poca agua durante unos minutos para preparar una infusión muy concentrada, dejar reposar 10 minutos y colarla.
2. Hervir la leche y la nata mezcladas con la infusión y el azúcar.
3. Batir los huevos sin que hagan ojos, y mezclarlos con el Pippermint y la combinación de nata-leche-infusión-azúcar.
4. Engrasar un molde con mantequilla, llenarlo con la preparación y cocerlo al baño María en el horno a 180 ºC, durante 45 minutos.
5. Salsa: cortar el chocolate en trocitos, fundirlo a fuego suave en la leche caliente y hervirlo unos minutos.
6. Servir el flan con la salsa de chocolate, unas hojas de menta y fresas o frambuesas frescas.

FLAN DE PIÑA COLADA

Para cuatro personas: 1 lata pequeña de piña en almíbar, 1 vaso de leche de coco, 6 cucharadas de azúcar, 4 huevos y 4 cucharadas de ron blanco.

Caramelo: 4 cucharadas de azúcar.

1. Caramelo: poner el azúcar en un molde o en un cazo de fondo grueso, salpicarlo de agua, acercarlo al fuego, mover hasta que se haga caramelo claro.
2. Extenderlo por el fondo y las paredes del molde grande o de moldes individuales.
3. Flan: triturar la piña con su almíbar e incorporar la leche de coco y el azúcar.
4. Fuera de la batidora, añadir el ron y los huevos batidos sin que hagan espuma.
5. Llenar el molde o moldes caramelizados, tapar y cocerlos al baño María en el horno a 175 °C, durante 40 minutos, sin que falte el agua para que no suban.
6. Dejar enfriar, volcar y servir acompañado de una rodaja de piña, coco rallado y hojas de menta.

FLAN DE QUESO MANCHEGO

Para ocho personas: 150 gr de queso manchego semicurado, 6 cucharadas de azúcar, 4 huevos y ½ l de nata líquida.

Caramelo: 6 cucharadas de azúcar.

Nueces caramelizadas: 12 medias nueces y 4 cucharadas de azúcar.

Adorno: frambuesas y menta.

1. Caramelo: poner el azúcar en un molde redondo de unos 22 cm, de diámetro, salpicarlo de agua y acercarlo al fuego hasta que empiece a tomar un color dorado y se caramelice, bañar las paredes y dejar enfriar.
2. Batir los huevos con el azúcar como para tortilla, sin que se hagan ojos.
3. Añadir el queso y la nata, mezclar bien y verter en el molde, taparlo con papel de plata y cocerlo en la olla con rejilla y un vaso de agua en el fondo, durante 15 minutos.
4. Nueces caramelizadas: hacer más caramelo en un cazo aparte, introducir las nueces en él, sacarlas con unas pinzas y dejarlas enfriar sobre el mármol.
5. Desmoldar el flan frío y adornarlo con las nueces, frambuesas y menta.

FLAN DE REQUESÓN

Para ocho personas: 300 gr de requesón, 300 gr de nata líquida, 1 vaso de agua de azúcar glas y 6 hojas finas de gelatina (10 gr).

Guarnición: cualquier fruta roja (moras, fresas, grosellas, frambuesas, arándanos).

1. Poner la gelatina a remojo de agua.
2. Batir la nata, que debe estar muy fría, en un bol frío de congelador (o enfriado con agua y hielo) y montarla con las varillas eléctricas.
3. Añadir el azúcar glas en dos veces y en cuanto se marquen las aspas de la batidora dejar de batir para que no se haga mantequilla.
4. Triturar el requesón batiéndolo hasta conseguir una crema homogénea y mezclarlo con cuidado con la nata montada.
5. Escurrir la gelatina y disolverla en unas cucharadas de agua hirviendo, colarla sobre la crema de queso y mover con cuidado para que se distribuya bien.
6. Mojar un molde en agua fría, escurrirlo, llenarlo y meterlo en la nevera hasta que cuaje.
7. Para desmoldarlo, despegar los bordes con el dedo, sumergirlo un momento en agua caliente e invertirlo sobre la fuente con un golpe seco para que se desprenda.
8. Servirlo con la mitad de la fruta triturada con azúcar y la otra entera.

FLAN DE YOGUR CON FRUTAS DEL TIEMPO

Para cuatro personas: flan: 4 yogures griegos, 1 bote pequeño de leche condensada, ¼ l de leche, 6 huevos y 6 cucharadas de azúcar para hacer caramelo para el molde.

Frutas: frutas variadas del tiempo, 1 copa de licor de cerezas del Jerte y 2 cucharadas de azúcar.

1. Frutas: lavar las frutas, eliminar los huesos o la piel, según el tipo de fruta, y ponerlas en un bol.
2. Espolvorearlas con el azúcar, regarlas con el aguardiente de cerezas y dejarlas en maceración un mínimo de 30 minutos.
3. Flan: poner el azúcar en el molde, hacer caramelo y bañar las paredes.
4. Deshacer los huevos enteros con la leche condensada con cuidado de que no hagan ojos, añadir los yogures y la leche entera y mezclar hasta que quede todo ligado.
5. Llenar el molde caramelizado con la preparación de huevos-yogur-leche y taparlo.
6. Poner un vaso de agua en el fondo de la olla exprés con rejilla, colocar la flanera, cocer durante 10 minutos desde que salga vapor y dejar enfriar.
7. Abrir la olla cuando pierda vapor, sacar el flan y volcarlo en la fuente de servir.
8. Acompañarlo con las frutas.

FRESONES CON NÉCTAR DE NARANJA

Para cuatro personas: ½ kg de fresones, 2 cucharadas de azúcar glas y menta fresca.

Salsa de naranja: el zumo de 2 naranjas, la ralladura de la piel de una naranja, 3 yemas, 3 cucharadas de azúcar, 1 cucharadita de maicena y 1 copa de Cointreau.

1. Lavar los fresones sin quitar el pedúnculo para que no pierdan vitaminas ni minerales por la inserción del tallo, escurrirlos, quitar lo verde y cortar los fresones en forma de abanico.
2. Colocarlos en una fuente, intercalados con hojas de menta fresca y espolvorearlos de azúcar glas y la salsa de naranja.
3. Salsa de naranja: lavar las naranjas, exprimir el zumo de las dos y rallar la piel de una.
4. Batir las yemas con el azúcar en un cazo de fondo grueso, añadir el zumo y la ralladura y mover al fuego.
5. Disolver la maicena en una pizca de agua, añadirla y cuando espese incorporar el Cointreau.
6. Servir con los fresones preparados.

FRUTAS AL SABAYÓN

Para cuatro personas: 2 peras, 2 plátanos, 2 manzanas, 1 tarrina de frambuesas, 1 mango, 3 cucharadas de azúcar, 2 copas de *kirsch* y zumo de limón.

Salsa sabayón: 6 yemas, 6 cucharadas de azúcar y 3 copas de Pedro Ximénez.

1. Pelar las peras, los plátanos, las manzanas y el mango y cortarlos en lonchas con forma de gajo.
2. Lavar las frambuesas y colocar todas las frutas en un plato hondo.
3. Rociarlas con zumo de limón para que no se oscurezcan, espolvorearlas con el azúcar y el *kirsch* y dejarlas macerar en la nevera durante unas 2 horas.
4. Verter sobre las frutas la salsa sabayón y servir.
5. Salsa sabayón: batir las yemas en un cazo de fondo grueso con el azúcar hasta que estén muy espumosas.
6. Acercar al fuego e incorporar poco a poco el Pedro Ximénez sin parar de mover, hasta que espese.
7. Servir con la fruta.

Se pueden poner las frutas que se desee, sobre todo las de la estación.

MANZANAS AL FRANCHIPÁN

Para cuatro personas: 4 manzanas reineta grandes, el zumo de 1 limón, mantequilla para untar la fuente, 4 orejones, 2 cucharadas de pasas de Corinto o en su lugar otros frutos secos o frutas escarchadas y 2 cucharadas de azúcar.

Para cubrir: 2 huevos, 4 cucharadas de azúcar, 2 cucharadas de almendra molida y 2 cucharadas de mantequilla.

1. Poner las pasas a remojo de agua.
2. Cortar las manzanas en cuartos y estos por la mitad para que queden en octavos.
3. Pelar trozo a trozo, para conseguir una superficie más lisa, sin estrías y quitar el corazón.
4. Engrasar con mantequilla una fuente refractaria.
5. Colocar las manzanas, regarlas con el zumo de limón y espolvorearlos con el azúcar.
6. Introducir la fuente en el horno a 175 ºC durante 15 minutos.
7. Sacar la fuente, espolvorear por encima las pasas y los orejones cortados en trocitos o las frutas elegidas.
8. Para cubrir: batir los huevos con el azúcar hasta que estén muy espumosos, añadir la almendra molida y la mantequilla fundida y verter sobre las manzanas.
9. Cocer en el horno a 175 ºC unos 20 minutos.
10. Servir caliente o templado, si se quiere acompañado de nata líquida.

MOLDE DE CASTAÑAS Y CHOCOLATE

Para cuatro personas: 300 gr de castañas peladas, 2 vasos de leche, 150 gr de chocolate *fondant,* 6 cucharadas de azúcar, 100 gr de mantequilla y 4 cucharadas de leche.

Baño: 100 gr de chocolate *fondant* y 4 cucharadas de leche.

Adorno: castañas cocidas o confitadas y menta.

1. Poner las castañas en una cazuela, cubrirlas con la leche y cocerlas hasta que estén muy tiernas.
2. Añadir más leche si fuera necesario y después el azúcar, dar unos hervores y pasarlas en puré.
3. Fundir el chocolate con la mantequilla durante 3 minutos en el microondas o al baño María, moverlo para que se integre y resulte una crema homogénea y añadirlo al puré de castañas.
4. Llenar aros de emplatar, engrasados con la preparación y meterlos en la nevera 2 horas.
5. Desmoldar, rodear del chocolate fundido con la leche y adornar con las castañas cocidas.

NATILLAS DE MANZANA

Para cuatro personas: 2 manzanas reineta, 5 cucharadas de azúcar, el zumo de ½ limón, ralladura de limón, ½ vaso de agua, 3 huevos, 8 cucharadas de nata líquida y 1 vaso de leche.

Para quemar la superficie: 4 cucharadas de azúcar.

1. Pelar, cortar las manzanas en cuadraditos y cocerlos 10 minutos con el zumo, la ralladura de limón, el azúcar y el agua (en el microondas 4 minutos).
2. Triturarlo hasta conseguir un puré fino, ponerlo en un cazo de fondo grueso, añadir los huevos batidos, la nata líquida y la leche caliente.
3. Batir con las varillas sobre fuego flojo para que no se corten hasta que espese.
4. Llenar una fuente honda y, cuando estén frías y se forme una costra, espolvorear de azúcar y quemar con la plancha.

NATILLAS DE PERA CON *MOUSSE* DE CHOCOLATE

Para cuatro personas: 4 peras en almíbar con su almíbar, 2 cucharadas de azúcar y 1 copa de licor de pera.

Mousse de chocolate: 3 huevos, 125 gr de azúcar glas, 175 gr de chocolate *fondant,* 1 cucharada de mantequilla y 1 vaso de vino de nata líquida.

Chocolate en láminas para adornar.

1. *Mousse:* fundir el chocolate con la mantequilla en el microondas durante 2 minutos, moverlo y añadir las yemas una a una y después el azúcar.
2. Montar la nata muy fría y añadirla al chocolate con las yemas con movimiento envolvente.
3. Unir por último las claras a punto de nieve, con cuidado de que no se bajen.
4. Peras: triturar las peras con su almíbar y el azúcar, añadir la copa de licor de pera.
5. Servirla con la *mousse* y espolvorear de virutas de chocolate.

SOPA DE PERA CON *MOUSSE* DE CHOCOLATE

Para cuatro personas: 2 peras enteras en almíbar con su almíbar, 2 cucharadas de azúcar y 1 copa de licor de pera.

Mousse de chocolate: 3 huevos, 5 cucharadas de azúcar glas, 175 gr de chocolate *fondant,* 1 cucharada de mantequilla, 1 vaso de vino de nata líquida y virutas de chocolate.

1. *Mousse* de chocolate: fundir el chocolate con la mantequilla en el microondas durante 2 minutos, moverlo para unificar la crema y que se entibie.
2. Añadir las yemas una a una y después el azúcar.
3. Montar la nata, que debe estar muy fría, y mezclarla con la crema de chocolate, por último incorporar las claras a punto de nieve con movimiento envolvente para que no se bajen.
4. Sopa de pera: triturar las peras con su almíbar y el azúcar, añadir el licor y, si fuera necesario, algo de agua.
5. Poner la sopa de pera en los platos con la *mousse* de chocolate en el centro y espolvorearla con las virutas de chocolate.

TOCINILLO CON SALSA DE YOGUR

Para ocho personas: 12 huevos, ½ kg de azúcar, 1 vaso de agua y corteza de limón.

Salsa de yogur: 2 yogures naturales, 2 cucharadas de azúcar y 8 cucharadas de nata líquida.

1. Cocer el azúcar con el agua y la corteza de limón durante 5 minutos.
2. Retirar la corteza y bañar un molde rectangular de paredes bajas.
3. Deshacer las yemas y dos claras con una cuchara de palo, sin que hagan ojos, y añadir a hilillo el almíbar caliente.
4. Colar la mezcla y llenar el molde.
5. Taparlo con papel sulfurizado o papel vegetal, y cocerlo al baño María durante 40 minutos.
6. Comprobar que está cocido pinchando en el centro.
7. Salsa: batir la nata muy fría hasta que se monte.
8. Batir el yogur con el azúcar y mezclar con la nata.

TOCINILLO DE NARANJA

Para ocho personas: 7 yemas, 1 huevo entero, 1 vaso de azúcar, 1 vaso de zumo de naranja, ½ vaso de agua y 4 cucharadas de azúcar para acaramelar el molde.

Salsa: el zumo de 3 naranjas, la piel de 1 naranja, 1 vaso de vino de azúcar, 1 vaso de vino de agua y 1 cucharadita de maicena.

1. Poner el azúcar en un molde pequeño de *plum-cake,* salpicarlo de agua y acercarlo al fuego hasta que se caramelice, bañar las paredes y dejarlo enfriar.
2. Disolver el azúcar con el zumo de naranja en un cazo y cocer 5 minutos a fuego vivo, añadir el agua y cocer 5 minutos más.
3. Deshacer las yemas y el huevo con cuchara de palo, sin batir y añadir el almíbar a hilillo, verter la preparación en el molde, taparlo y cocerlo en el horno al baño María durante 40 minutos a 200 ºC.
4. Introducir una aguja para comprobar que está cuajado y dejarlo enfriar.
5. Volcarlo cuando esté frío, acompañado de su salsa.
6. Salsa: lavar la piel de naranja y cortarla en juliana fina, blanquearla 10 minutos en agua hirviendo con sal y escurrirla.
7. Cocer el azúcar con el agua, añadir el zumo de naranja y la maicena disuelta en una pizca de agua, incorporar la juliana de naranja y dar un hervor.

TOCINILLO DE QUESO

Para ocho personas: ½ l de leche, 2 tarrinas de queso para untar (400 gr), 180 gr de azúcar, 20 gr de azúcar vainillado, 2 huevos, 2 sobres de polvos para hacer cuajada y 4 cucharadas de azúcar para hacer caramelo.

1. Poner el azúcar en un cazo, acercarlo al fuego, fundirla en caramelo y bañar un molde de *plum-cake* de tamaño mediano.
2. Poner a hervir la leche.
3. Batir el queso con el azúcar y el azúcar vainillado, añadir los huevos uno a uno y mover hasta que se integren.
4. Incorporar la cuajada a la leche caliente.
5. En cuanto se disuelva la cuajada, mezclar la leche con el queso con movimiento suave y verter en el molde caramelizado.
6. Dejar enfriar y guardar en la nevera.

Es un postre de queso muy suave que se sirve cortado en cuadraditos como si fuera un tocinillo.

TOCINO DE AZAHAR CON SALSA DE ALBARICOQUE

Para cuatro personas: 12 yemas, 2 claras, ½ kg de azúcar, 1 vaso (2 dl) de agua y 2 cucharadas de agua de azahar.

Salsa: 250 gr de albaricoques, el mismo peso de azúcar, 2 cucharadas de *brandy* y agua.

1. Deshacer el azúcar en el agua, aromatizarla con el agua de azahar y cocer 5 minutos a fuego vivo.
2. Bañar un molde de corona de 26 cm de diámetro o moldes pequeños y volver a poner el almíbar en su cazo.
3. Deshacer las yemas y claras con cuchara de palo, sin que se forme espuma y verter el almíbar, que ya estará menos caliente, a hilillo.
4. Colar la mezcla en el molde, taparlo con papel y cocerlo al baño María 20 minutos.
5. Pincharlo para comprobar que está cocido y dejarlo enfriar dentro del agua.
6. Volcar y servir con la salsa.
7. Salsa: lavar y quitar el hueso a los albaricoques y cocerlos con el azúcar 30 minutos.
8. Triturar y añadir el *brandy* y el agua hasta conseguir el punto deseado.

TORRIJAS DE *BRIOCHE* CON NATILLAS DE MANZANA VERDE

Para cuatro personas: torrijas: 2 vasos de leche, 4 cucharadas de nata líquida, 4 cucharadas de azúcar, 4-8 rebanadas de pan de *brioche* o *brioches* individuales, 1 palo de canela, 1 corteza de limón, 2 huevos, harina y aceite abundante para freír.

Natillas de manzana verde: 4 manzanas Granny Smith, 4 yemas de huevo, 6 cucharadas de azúcar y unas gotas de licor de manzana.

Frutas rojas y menta para adornar.

1. Torrijas: hervir la leche con la nata, la canela, la corteza de limón y el azúcar.
2. Remojar las rebanadas de pan o los *brioches* cortados a la mitad.
3. Dejarlas reposar sobre la tabla, pasarlas por harina y huevo batido y freírlas en abundante aceite caliente.
4. Natillas: lavar las manzanas, licuarlas y añadir la leche sobrante de las torrijas, colada.
5. Mezclar el azúcar con las yemas en un cazo de fondo grueso o al baño María.
6. Añadir la manzana con leche y mover sobre el fuego hasta que se empañe el dorso de la cuchara.
7. Cuando se forme una natilla, perfumarla con el licor de manzana verde y dejar que se enfríe, moviendo de vez en cuando para que no forme nata o tapando con papel film en contacto con la natilla.
8. Fondear los platos con las natillas, colocar encima una torrija y adornar con frutas rojas y menta.

DULCES NAVIDEÑOS

En este capítulo nos referimos a los dulces típicos de Navidad, porque los postres como el Tronco de Navidad, la Sopa de almendra o la Compota de Navidad van incluidos en los capítulos de las preparaciones similares.

TURRÓN

El turrón es una masa compuesta por tres ingredientes básicos: almendra, miel y azúcar. A los primeros, elaborados con miel y almendras enteras o trituradas, se han unido otras variedades que incluyen frutas escarchadas, aromas, chocolate, coco, etc. Son, junto con polvorones y mazapanes, unos dulces típicos de Navidad y de nuestro país, aunque en Centro Europa hacen dulces parecidos, pero no iguales.

HISTORIA

El origen del turrón parece ser árabe o judeo-cristiano, de la época en la que estas tres culturas coexistían en España. Los judíos sefarditas e hispano-árabes elaboraban, hace siglos, una masa con frutos secos que en la documentación mudéjar es reconocida como *halvo.* En la actualidad, los visitantes que acuden a Turquía, Israel y Próximo Oriente, pueden degustar un dulce parecido al turrón, llamado *helva* o *halva.* De todas formas el turrón es descendiente directo de dos dulces españoles: alfajores de Andalucía y alajú de Cuenca, ambos mezcla de miel con nueces y especias.

Antes de la popularización del uso del azúcar, solo llevaba miel y almendras. El turrón de Jijona tiene la misma composición, pero triturada. La paternidad de ambos, tal y como los conocemos en la actualidad, se la discuten los catalanes a los levantinos. Unos arguyen que Jijona es «la cuna, el regazo y la maestra del turrón», en palabras del prosista Gabriel Miró, y los catalanes insisten en que el nacimiento del turrón se debe al concurso que se convocó tras la epidemia de peste de 1703 en Barcelona, «ofreciéndose recompensas a los dos de gusto más regalado que puedan resistir un mes sin malearse, que tengan la semejanza de piedra uno, de pergamino el otro, y que vendidos al precio de todos los pasteles, dejen el beneficio del 50%». Triunfaron el pastel de Pablo Turrons «que tiene una cabal semejanza con un pedazo de piedra de granito y está hecho de miel, avellanas y piñones», y el de Pedro Xercavins «que forma un pergamino de neules, de obleas con un relleno delicioso». Son palabras de un confitero catalán en el *Libro de Sigüenza* del mencionado Miró.

TURRÓN CASERO

Aun en las fábricas más grandes de turrón la elaboración es artesana, es decir, casi casera, y el punto lo da el paladar y el tacto del «melero». Solo el envasado es automático, de forma que el turrón es de los dulces que con mayor facilidad se pueden hacer en casa. El secreto está en utilizar productos de primera calidad ya que eso determina la diferencia entre un turrón corriente y uno exquisito.

No se puede dar una fórmula exacta para hacer turrón ya que cada receta exige formas distintas de elaboración pero, en líneas generales, estos son los pasos a seguir para un turrón de mazapán que es la base de las distintas variedades.

LA TÉCNICA

- Forrar un molde rectangular con papel engrasado con aceite de almendras dulces.
- Triturar 1 kg de almendras crudas hasta reducir a polvo fino.
- Poner 1 kg de azúcar en un cazo con un poco de agua.
- Cocer hasta que alcance punto de hebra (véase Almíbar, capítulo Preparados auxiliares).
- Retirar del fuego.
- Añadir las almendras molidas y ralladura de limón.
- Mezclar bien todos los ingredientes.
- Verter la masa en el molde preparado.
- Cubrir con una madera y un peso.
- Dejar reposar 4 horas como mínimo.

TRUCOS Y CONSEJOS

- Al comprar turrón, hay que fijarse en que la fecha de caducidad que figura en la etiqueta sea lo más alejada posible de la fecha de la compra.
- Asegurarse de que el producto adquirido es del tipo y calidad deseada.
- No comprar aquellos productos que presenten el envase roto, sucio o grasiento, ni los que estén aplastados o abollados.
- Cuidar de que se lea de forma clara la fecha de caducidad, el lote, la lista de ingredientes y la calidad comercial.
- Al comparar precios, observar el peso de la tableta. La forma tradicional de presentar este producto es en tabletas de 300 gr, pero están permitidas las tabletas de 100, 150 y 200 gr y también los bloques de tiendas especializadas que venden al corte.
- Guardarlo en lugar seco que no tenga una temperatura excesivamente alta.
- Conservarlo en su envase original, donde estará bien protegido de la luz y de elementos extraños.
- No cortar una cantidad excesiva de turrón, calcular lo que se va a tomar y, si sobra cortado, envolverlo en papel de aluminio y guardarlo en un recipiente hermético en lugar fresco y seco.

MAZAPÁN

Es una masa hecha con almendras molidas, clara de huevo y almíbar que se utiliza para rellenar tartas, cubrir pasteles y dulces, hacer adornos y formar figuritas que se cuecen luego en el horno, o preparar huesos de santo.

LA TÉCNICA

- Hacer un almíbar a punto de bola (véase Almíbar, capítulo Preparados auxiliares) con 250 gr de azúcar y unas cucharadas de agua.
- Poner 500 gr de almendras molidas en un cuenco con una clara.
- Trabajar la masa.
- Ir añadiendo más clara (dos en total) hasta obtener una masa fina.
- Añadir el almíbar.
- Mezclar bien.
- Poner el mazapán en un cazo.
- Acercar al fuego.
- Cocer unos minutos, moviendo con la espátula.

TÉCNICA PARA LAS FIGURITAS DE MAZAPÁN

- Preparar una masa de mazapán.
- Separar porciones regulares.
- Darles forma de animales, bolas, etc.
- Hornear y abrillantar.

TÉCNICA PARA LOS HUESOS DE SANTO

- Hacer la masa de mazapán.
- Dejar enfriar.
- Espolvorear una superficie de mármol con azúcar glas.
- Espolvorear también el mazapán.
- Estirarla con el rodillo acanalado hasta dejarla con 0,5 cm de grosor.
- Cortar cuadrados de 6 cm de lado.
- Enrollarlos en una varilla de 1 cm de diámetro.
- Apretar los bordes con los dedos.
- Dejar secar derechos para que conserven la forma.
- Rellenar con yema dura, dulce de batata, etc.
- Bañar con almíbar batido.
- Dejar secar.

TÉCNICA PARA LA COBERTURA DE MAZAPÁN PARA TARTAS

- Preparar la masa de mazapán.
- Estirarla con el rodillo hasta obtener 0,5 cm de grosor.
- Formar un disco o un rectángulo del tamaño de la tarta.
- Colocar sobre la tarta.
- Plegar los bordes en el caso de tarta rectangular, como el ponche segoviano.
- Cortar una tira del alto de la tarta, en el caso de tarta circular.
- Rodear la tarta.
- Rematar las uniones o los ángulos.

POLVORONES

Son dulces típicos andaluces, que apenas tienen consistencia por ser muy harinosos. Se venden envueltos individualmente o sin envoltorio, y son muy fáciles de hacer. La masa lleva el doble de harina que de manteca de cerdo y menos de la mitad de azúcar que de manteca, además de aguardiente y canela para perfumarlos. Van rebozados en abundante azúcar glas. Hay polvorones de almendras y de avellanas y, aunque se venden todo el año, es un dulce típico de Navidad que se fabrica sobre todo en Sevilla.

LA TÉCNICA

- Secar la harina en el horno, con cuidado de que no se tueste, simplemente que tome una pizca de color.
- Batir la manteca, que debe ser muy fresca, con el azúcar, hasta que esté espumosa.
- Añadir el aguardiente, la canela y, enseguida, la harina poco a poco.
- Amasar con las manos refrescadas al chorro de agua fría.
- Dejar reposar la masa en sitio fresco durante 20 minutos.
- Aplanarla con el rollo, hasta dejar la masa de 1 cm de espesor.
- Cortar los polvorones con un cortapastas.
- Colocarlos en una placa engrasada y enharinada.
- Cocerlos en el horno fuerte hasta que empiecen a dorarse.
- Despegarlos con cuidado y espolvorearlos abundantemente con azúcar glas.

MANTECADAS

Son pastas harinosas hechas con manteca de cerdo y vino de Jerez o aguardiente, por el mismo procedimiento que los polvorones.

ÁRBOL DE NAVIDAD

Para ocho personas: 250 gr de mantequilla, 250 gr de chocolate, 4 huevos, 4 cucharadas de azúcar, 1 cucharada de *brandy,* 1 cucharada de café soluble y una pizca de sal.

Para adornar: *smarties* de chocolate, velitas de cumpleaños, etc.

1. Fundir el chocolate en trozos en un cazo al baño María o durante 2,5 minutos en el microondas. Añadir el *brandy,* en el que se habrá disuelto el café, y moverlo para que se una y forme una crema homogénea.
2. Batir la mantequilla con el azúcar en pomada y la pizca de sal, añadir las yemas una a una y seguir batiendo al mismo tiempo que se incorpora el chocolate fundido.
3. Añadir las claras montadas a punto de nieve.
4. Unirlas con la espátula con movimiento envolvente para que no se bajen. Llenar un molde con forma de árbol de Navidad y guardar en la nevera unas 8 horas.
5. Sumergir en agua hirviendo, desmoldar y adornar como un abeto.

MANTECADAS

Para doce personas: ½ kg de harina, 250 gr de manteca de cerdo, 8 cucharadas de vino blanco, ½ naranja, 1 limón, 100 gr de azúcar y una pizca de sal.

Para rebozar: azúcar abundante.

1. Exprimir el zumo de la naranja y ponerlo en un bol grande, añadir el vino y la ralladura de la piel del limón lavada.
2. Agregar la manteca, el azúcar y la sal y, con ayuda de una espátula, mezclar todo bien.
3. Incorporar la harina poco a poco dando vueltas, primero con la espátula y después, cuando se pueda amasar, con la mano.
4. Trabajar la masa sobre la mesa hasta que resulte compacta, dejarla reposar unas horas en sitio fresco, por si hubiera cogido correa.
5. Enharinar la mesa y el rodillo y extender la pasta con el rodillo hasta formar una capa de 0,5 cm de grosor.
6. Cortar los mantecados con un cortapastas de forma ovalada e ir colocándolos sobre una bandeja de horno engrasada con manteca.
7. Cocerlos en el horno caliente a 175 ºC, durante unos 15 minutos, hasta que se doren ligeramente.
8. Sacar la bandeja del horno y separar las pastas una a una, con cuidado de que no se rompan.
9. Poner el azúcar en un plato sopero y rebozarlas.

POLVORONES

Para 1 kg de polvorones: ½ kg de harina, ¼ kg de azúcar glas, 175 gr de manteca de cerdo y una pizca de canela.

Para cubrir: azúcar glas.

1. Poner la harina en una sartén amplia, acercarla al fuego y mover la harina con una cuchara de palo hasta que se tueste.
2. Fuera del fuego añadir el azúcar, la manteca y la canela.
3. Amasar con la mano y extender la pasta sobre la mesa, dejándola del grosor de un dedo.
4. Cortar los polvorones con un cortapastas y ponerlos en una placa de horno untada de manteca.
5. Introducirlos en el horno a 150 °C durante unos 20 minutos hasta que adquieran un color ligeramente dorado.
6. Cubrirlos de azúcar glas y, si se quieren conservar, guardarlos en una caja metálica.

ROSCA DE CALDAS DE REYES

Para dos roscas de ¾ de kg cada una: 800 gr de harina de fuerza, 30 gr de levadura prensada, 1 cucharadita rasa de sal, 1 taza de azúcar, 5 huevos, 1 cucharada de agua de azahar, ralladura de 1 naranja y de 1 limón, 100 gr de mantequilla, 1 vaso de vino de agua templada y 1 vaso de vino mitad leche mitad ron.

Cobertura: 1 huevo batido para pintar, 1 plato de azúcar y 50 gr de almendras fileteadas.

1. Disolver la levadura en el agua templada, añadir unos 100 gr de harina, formar una bola e introducirla en un bol de agua templada hasta que suba.
2. Mezclar el resto de la harina con todos los ingredientes menos la mantequilla que se añade en pomada cuando se forme una masa.
3. Añadir la masa levadura y amasar durante unos 30 minutos.
4. Cuando la masa se despegue de las paredes, volcarla en la mesa, formar una bola, enharinarla ligeramente, colocarla en un bol grande, darle un corte en forma de cruz, tapar con un paño y guardar en una bolsa de plástico.
5. Colocarla en un sitio templado durante 1,5 horas o hasta que doble su volumen. Romper la masa y dejar subir 30 minutos más.
6. Formar las roscas, taparlas con un paño y dejarlas subir otros 30 minutos en sitio templado.
7. Pintar las roscas con huevo batido, salpicarlas de azúcar (humedecida con agua para que esté granulosa) y de almendras fileteadas, cocerlas de una en una en el horno a 160 °C durante unos 20 minutos.

SOPA DE ALMENDRA

Para ocho personas: 250 gr de pasta de almendra (se vende en bloques como la mantequilla), 2 l de leche, ¼ kg de pan de barra, 200 gr de azúcar, corteza de limón y canela molida.

1. Cortar el pan en rebanadas finísimas y dorarlas en el horno.
2. Lavar el limón y sacar la corteza amarilla.
3. Reservar media taza de leche, disolver el azúcar en el resto de leche, añadir la corteza de limón, el palo de canela y hacerla hervir.
4. Deshacer la pasta de almendra en la media taza de leche fría y añadirla a la leche hirviendo con azúcar, limón y canela.
5. Cocer unos 5 minutos, mover para que se integren bien todos los ingredientes y añadir el pan tostado.
6. Dejar hervir, moviendo de cuando en cuando para que no se agarre y cuando el pan esté bien inflado poner la sopa en un recipiente de cristal refractario.
7. Meterlo en el horno a 150 ºC durante unos 20 minutos.
8. Sacarlo, espolvorear la sopa de almendra de canela molida y servirla caliente, aunque hay a quien le gusta fría.
9. Si se quiere hacer la pasta de almendra, triturar 125 gr de almendras peladas con 75 gr de azúcar hasta formar una masa compacta.

La sopa de almendra es típica de Navidad en Madrid. En esta época es fácil encontrar la pasta de almendra que se vende en tiendas especializadas. Resulta contundente, por lo que aconsejamos servirla después de una comida que no haya sido muy copiosa. La ponemos porque es un clásico que casi no conoce la gente joven.

TRONCO DE NAVIDAD DE CAFÉ

Para ocho personas: bizcocho: 3 huevos, 3 cucharadas de azúcar, 3 cucharadas de harina, mantequilla y harina para engrasar el molde.

Relleno: 3 huevos, 6 cucharadas de azúcar, ¼ kg de nata montada, 3 cucharadas de Nescafé y 4 cucharadas de *brandy.*

Cobertura: 150 gr de chocolate *fondant* negro y 2 cucharadas de mantequilla.

Para decorar: granillo dulce multicolor y bolitas rojas de caramelo.

1. Bizcocho: batir 15 minutos los huevos con el azúcar en la batidora eléctrica, añadir a mano la harina tamizada, forrar, engrasar y enharinar una placa pastelera, extender la crema y cocerlo durante 8-10 minutos a 175 ºC.
2. Volcarlo sobre un paño húmedo espolvoreado con azúcar y enrollarlo.
3. Crema: batir los huevos con el azúcar hasta que estén espumosos, añadir el *brandy* con el Nescafé disuelto y, por último, incorporar la nata montada.
4. Extender el bizcocho, rellenar con la crema y enrollar de nuevo.
5. Fundir en un cazo al baño María el chocolate con la mantequilla.
6. Colocar el tronco de Navidad sobre una rejilla, cubrirlo con el chocolate fundido y formar estrías haciéndolas con un tenedor, cortar dos trozos sesgados en los extremos y poner una rama a cada lado.
7. Espolvorearlo con granillo dulce multicolor y bolitas rojas de caramelo.

TRONCO DE NAVIDAD ESPECIADO

Para ocho personas: bizcocho especiado: 3 huevos, 200 gr de azúcar, 1 yogur natural, el envase del yogur de aceite, 170 gr de harina, 1 sobre de levadura Royal, 1 pellizco de sal, ralladura de limón, ½ cucharadita de canela en polvo, ½ cucharadita de anís estrellado picado, pimienta, granos de anís y jengibre, todo machacado junto.

Relleno: ½ l de nata líquida, 200 gr de chocolate blanco, una pizca de sal y ½ cucharadita de especias mezcladas (las mismas del bizcocho).

Cobertura: 200 gr de chocolate cobertura, 8 cucharadas de nata líquida y 2 hojas de gelatina.

1. Bizcocho: batir los huevos con el azúcar y la ralladura, añadir el aceite y el yogur y, fuera de la batidora, incorporar la harina mezclada con la levadura, la sal, la canela en polvo y las especias.
2. Forrar y engrasar una placa pastelera, extender la preparación y cocer en el horno durante 7 minutos a 175 ºC.
3. Relleno: fundir el chocolate blanco y añadir la nata líquida hirviendo, la sal y las especias mezcladas (las del bizcocho).
4. Dejar enfriar, guardar en la nevera de un día para otro y montar la crema con la batidora de varillas, en un bol frío de hielo, hasta conseguir una *mousse* blanca.
5. Cobertura: fundir el chocolate con la nata líquida y añadir las hojas de gelatina remojadas y escurridas.
6. Mover hasta que se temple.
7. Dejar enfriar la placa de bizcocho enrollada, rellenar con la *mousse* y cubrir con la glasa de chocolate.
8. Adornar con hojas verdes pintadas con clara de huevo y rebozadas en azúcar.

GELATINAS

Las gelatinas dulces han sido una característica de las mesas elegantes. Su brillante transparencia rematando un pastel o como elemento de ligazón de frutas multicolores tienen un aspecto sofisticado tras el que se supone la mano de un gran profesional y, sin embargo, su preparación es más sencilla de lo que parece.

Las gelatinas saladas parten de un caldo clarificado y desengrasado que al enfriarse adquiere consistencia sólida, ya sea por efecto de la oseína contenida en los huesos, tendones y cartílagos que se desprende durante la cocción. En cambio, para conseguir gelatinas dulces, de frutas, por ejemplo, que al enfriar queden sólidas y transparentes hay que añadir preparados de gelatina, ya sea la llamada de cola de pescado en diferentes versiones o el *agar-agar* tan de moda últimamente. La diferencia es que la primera, la gelatina, no se puede cocer y el *agar-agar* sí.

PREPARADOS INDUSTRIALES DE GELATINA

Se obtienen a partir de ingredientes naturales que se desecan y se comercializan en polvo o en láminas de distinto grosor, que hay que remojar en agua fría para que se ablanden y se hinchen antes de incorporarlos al líquido caliente en el que se funden. Pueden ser de origen animal o vegetal. Algunos se adquieren ya perfumados con sabor y color de determinada fruta, a los que solo hay que añadir agua en la proporción indicada en el envase. También hay gelatina neutra, sin sabor, para disolver en un zumo templado y colado para que resulte más clarificado. La gelatina neutra que se expende en los comercios puede ser en polvo o en láminas y en el envase especifica la cantidad necesaria para el litro de líquido. Como se ha dicho anteriormente, no debe hervir.

PREPARADOS INDUSTRIALES DE *AGAR-AGAR*

- *Agar-agar* es una gelatina vegetal de origen marino obtenido de varias especies de algas.
- La palabra «agar» viene del malayo: *agar-agar,* que significa «jalea».
- Se emplea como espesante para sopas, gelatinas vegetales, helados y algunos postres, y como agente aclarador de la cerveza.
- También es conocido por los siguientes nombres: gelosa, gelosina, gelatina vegetal, gelatina china, gelatina japonesa, cola de pescado japonesa, etc.
- El *agar-agar* se emplea cada día más como solidificante, dado que, contrariamente a la gelatina llamada de cola de pescado o industrial, se puede hervir, sirve como espesante y no pierde propiedades.
- Hay que destacar que gelifica zumos de frutas como la piña o el kiwi, que la gelatina normal no puede gelificar por la acidez de estos zumos.
- Es una alternativa a la gelatina animal para quienes llevan una alimentación vegetariana.

- Se expende en copos.
- Por su alta capacidad para absorber agua, se hincha al contacto con ella y produce un mucílago viscoso que al hervir forma una gelatina muy firme.
- Debido a esta propiedad, se utiliza en cocina para espesar y gelificar alimentos, ya sean dulces o salados, sin añadir ningún tipo de sabor, color u olor a las preparaciones.
- Es un auténtico aliado de la salud, al tener un aporte calórico próximo a cero y un alto contenido de fibra soluble. Actúa como regulador intestinal y coadyuvante en dietas de adelgazamiento por su efecto saciante.
- Además, popularmente se asocia con la longevidad y se consume ante disfunciones gástricas y dolores articulares.
- Se encuentra a la venta en diversas presentaciones con el nombre de Pronagar.

LA TÉCNICA PARA UN POSTRE DE FRUTAS

- Si la gelatina es en láminas, remojarla en agua fría una media hora.
- Escurrirla y añadirla a la cantidad de zumo, agua o vino caliente que indique la receta.
- Tener en cuenta que hay algunas frutas que no gelatinizan, como es el caso de los kiwis.
- Si la gelatina es en polvo, disolverla en una pequeña cantidad de líquido caliente.
- Añadirla al resto del líquido.
- Tanto una como otra se deben verter en el molde mojado en agua, escurrido y frío del congelador, para que se desmolde con facilidad.

ÁSPIC DULCE

Es una gelatina moldeada hecha a partir de un zumo o almíbar perfumado que guarda en su interior frutas combinadas, o de una sola variedad. Es una elaboración muy atractiva a la vista, ya que la gelatina es transparente y se puede ver el relleno que se dispone de forma armoniosa, en formas y colores.

LA TÉCNICA

Una vez preparada la gelatina, de cola de pescado o *agar-agar,* como se ha indicado:

- Humedecer el interior del molde y sacudirlo del exceso de agua.
- Enfriarlo unos minutos en el congelador.
- Verter una capa de gelatina de 2 cm de grosor y dejar que cuaje en la nevera.
- No cuajarlo nunca en el congelador, para evitar que pierda transparencia.
- Cuando esté endurecida la base, «pegar» encima el adorno.
- Para que las piezas de la decoración se sujeten bien, mojarlas en gelatina líquida.
- Colocarlas sobre el fondo de gelatina sólida del molde.
- Echar por encima unas cucharadas de gelatina líquida con cuidado de que no se mueva el adorno.
- Guardar de nuevo en la nevera.
- Cuando esté fija la decoración del fondo, ir agregando las distintas capas de relleno.
- Cada vez que se pone una capa de frutas, cubrirla bien con gelatina.
- Guardar en la nevera.
- No añadir la capa siguiente hasta que no se haya cuajado la anterior.
- Cuando se terminen los ingredientes, reservar el molde en la nevera hasta el momento de servir.

MOUSSES Y BAVARESAS

La gelatina resulta también indispensable para permitir el moldeado de *mousses* y cremas dulces y saladas, en las que intervienen la nata y claras de huevo montadas a punto de nieve para dar ligereza a la preparación base, consistente en una crema o puré.

LA TÉCNICA

- Ablandar la gelatina en agua fría.
- Escurrirla entre los dedos.
- Fundirla en unas cucharadas de líquido caliente.
- Disolverlo y colarlo sobre el puré o crema base.
- Mezclar bien para que se reparta.
- Incorporar la nata montada.
- Por último, añadir con movimiento envolvente las claras a punto de nieve con cuidado para evitar que la preparación pierda volumen.
- Verter en el molde humedecido con agua.
- Dejar reposar unas horas en la nevera hasta que se solidifique.

EL DESMOLDADO DE ÁSPIC Y *MOUSSES* O BAVARESAS

Fórmula habitual para desmoldar preparados que lleven gelatina en su composición.

LA TÉCNICA

- Sumergir el envase hasta sus bordes en agua caliente, durante 30 segundos.
- Despegar un poco la superficie de las paredes con el dedo.
- Introducir por uno de los lados un cuchillo de punta redonda y muy fino, para que entre aire.
- Poner encima del molde la fuente deseada.
- Dar la vuelta rápidamente.
- Dar un golpecito en la base del molde para que caiga de manera lenta.
- Como adorno, picar gelatina finita para bordear el plato.
- Guardar de nuevo en la nevera hasta el momento de sacar a la mesa.

LAS PROPORCIONES JUSTAS

Una hoja de gelatina normal pesa 2 gr (las muy finas algo menos: 10 gr el paquete de 6), lo que hay que tener en cuenta a la hora de calcular la cantidad a añadir a un líquido. Por término medio, se utilizan de 10 a 12 gr/l incluyendo en este cómputo hasta una gota de zumo de limón o el líquido en el que se funde la gelatina.

Las gelatinas aromatizadas, ya sean dulces o saladas, indican en el envase la cantidad de líquido a añadir y las instrucciones necesarias para prepararla sin fallos, incluso cuando no se tiene experiencia.

TRUCOS Y CONSEJOS

- No hay que introducir la gelatina en el congelador ya que si bien se cuaja antes, se vuelve opaca, perdiendo así parte de su atractivo.
- La piña, la papaya, el kiwi y los higos se resisten a la acción de la gelatina porque contienen una enzima que dificulta la coagulación.
- La gelatina aísla los alimentos del aire e impide la oxidación. Si se cubre una tarta de manzana o de frutas con una capa fina de gelatina, no solo se embellece la preparación sino que evita que se seque.
- Si durante la preparación de un pastel la gelatina se solidifica en exceso, basta calentarla a fuego muy suave para que se vuelva a licuar.
- Si se va a incorporar nata montada o merengue a una crema con gelatina, conviene hacerlo cuando la crema empiece a enfriarse para evitar que se vaya al fondo y se separe de la nata o las claras, perdiendo así su función de soporte.
- La gelatina no debe hervir nunca, ya que el calor rompe las moléculas proteicas y pierde su poder gelificante.
- Para disolver gelatina en el microondas, se pone en un cuenco 4 cucharadas de agua para 15 gr de gelatina y se introduce en el microondas durante 35 segundos a la máxima potencia, evitando siempre que hierva.
- Cuando se está trabajando con gelatina y se van guardando en la nevera para que cuajen las distintas capas, el resto de la gelatina que no se haya empleado todavía, se debe conservar a la temperatura ambiente para que se mantenga líquida.
- En verano, aumentar ligeramente la proporción de gelatina o disminuir la del líquido para facilitar el cuajado.

BAVAROIS DE YOGUR CON MANGO Y COCO

Para seis personas: 200 gr de azúcar, 75 gr de coco rallado, 2 mangos, 2 yogures naturales, 3 claras de huevo, 6 cucharadas de azúcar para montarlas y 7 hojas finitas de gelatina (12 gr).

1. Poner las hojas de gelatina a remojo de agua fría.
2. Pelar los mangos, cortarlos en trocitos, y triturarlos con 100 gr de azúcar y un yogur hasta obtener un puré.
3. Disolver cuatro hojas de gelatina en dos cucharadas de agua hirviendo, añadirlas y mezclar.
4. Mojar y escurrir un molde de corona, llenarlo hasta la mitad con la preparación y dejarlo en la nevera hasta que comience a cuajarse.
5. Mezclar el otro yogur con el coco rallado y el resto del azúcar, e incorporar el resto de la gelatina fundida en agua hirviendo.
6. Montar las claras a punto de nieve con el azúcar y añadirlas a la crema de yogur, con cuidado de que no se bajen.
7. Verterlo sobre la preparación de mango semicuajada y dejarlo en la nevera unas 2 horas.
8. Sumergir el molde en agua caliente y desmoldar.

Si se dispone de moldes de silicona, no es preciso sumergirlo en agua caliente para desmoldarlo, basta con despegar un poco los bordes y quitar el molde como si fuera un guante.

1. Remojar en agua fría tres hojas de gelatina en un cuenco y las otras tres en otro.
2. Trocear y triturar el turrón con las yemas hasta obtener un puré fino.
3. Escurrir la mitad de la gelatina, fundirla en dos cucharadas de agua caliente, 15 segundos en el microondas, y colarlas sobre el puré de turrón.
4. Añadir la mitad de la nata, mover hasta que se integre.
5. Verter la mezcla en un molde de rosca hondo de unos 20 cm de diámetro, mojado y escurrido y cuajar en la nevera.
6. Fundir el chocolate al baño María o 1,5 minutos en el microondas con dos cucharadas de agua. Batir las tres yemas con dos cucharadas de azúcar hasta que resulte una crema clara y espumosa.
7. Agregar el chocolate fundido y el resto de la gelatina disuelta como en la preparación anterior.
8. Incorporar el resto de nata y las claras montadas a punto de nieve con el resto del azúcar.
9. Verter sobre la mezcla de turrón y cuajar en la nevera.
10. Salsa de café al chocolate: en un cazo deshacer el azúcar en el agua, acercar al fuego y cocer durante 5 minutos.
11. Añadir de golpe el cacao y mover sobre el fuego hasta que se deshaga.
12. Disolver el Nescafé en el licor e incorporar a la salsa.
13. Para desmoldar, el molde de turrón sumergirlo en agua hirviendo 1 minuto, volcarlo sobre la fuente y servirlo con la salsa de café al chocolate, fría o caliente, al gusto.

BAVAROIS DE TURRÓN Y CHOCOLATE CON SALSA DE CAFÉ AL CHOCOLATE

Para ocho personas: 300 gr de turrón de Jijona, 150 gr de chocolate negro especial postres (61% de cacao), 300 gr de nata montada, 6 cucharadas de azúcar, 10 gr de gelatina (6 hojas finitas), 3 huevos y 3 yemas.

Salsa de café al chocolate: 4 cucharadas de azúcar, 1 vaso de vino de agua, 3 cucharadas de cacao en polvo (100% cacao), 2 cucharadas de Nescafé y 1 copa de licor café.

CÍTRICOS CON GELATINA DE AZAHAR

Para cuatro personas: 2 naranjas grandes, naranjas de zumo (¼ l de zumo de naranja), 3 hojas de gelatina finita (5 gr), 4 cucharadas de azúcar y 2 cucharadas de glucosa.

Gelatina de agua de azahar: 1 vaso de vino de azúcar, 1 vaso de vino de agua, 1 cucharada de agua de azahar y 2 hojas de gelatina (3 gr).

1. Poner la gelatina a remojo de agua fría. Exprimir las naranjas de zumo hasta conseguir ¼ l y colarlo.
2. Disolver en él, el azúcar y la glucosa, templarlo y añadir la gelatina escurrida.
3. Mover para que se disuelva bien y colarlo.
4. Llenar cuatro esferas de silpat y guardarlas en la nevera para que se solidifiquen.
5. Pelar las naranjas a lo vivo y sacar los gajos sin la piel que los recubre.
6. Gelatina de agua de azahar: remojar la gelatina en agua fría. Disolver el azúcar en el agua, dar un hervor y añadir la gelatina escurrida y el agua de azahar.
7. Colar en un molde y cuajar en la nevera.
8. Cuando esté solida el agua de azahar, cortarla con un cuchillo en trozos no muy pequeños.
9. Desmoldar las esferas de naranja. Servir en cada plato una esfera de naranja, un montoncito de agua de azahar y unos gajos de naranja.

COPA DE DULCE DE YOGUR Y FRAMBUESAS

Para seis u ocho personas: 6 yogures griegos, 8 cucharadas de azúcar, ¼ l de zumo de naranja, ¼ l de nata líquida, 4 cucharadas de azúcar glas, 9 hojas de gelatina finas (18 gr), unas frambuesas y hojas de menta.

Salsa de frambuesas: ½ tarrina de frambuesas, un chorreón de zumo de limón y 3 cucharadas de azúcar.

1. Poner la gelatina a remojo de agua fría para hidratarla.
2. Montar la nata líquida con cuatro cucharadas de azúcar glas, guardarla en la nevera.
3. Batir el yogur con el azúcar y el zumo de naranja.
4. Escurrir la gelatina del agua del remojo, fundirla en unas cucharadas de agua caliente en el microondas y añadirla al yogur.
5. Guardarlo en el congelador unos minutos para que tome algo de consistencia, sacarlo y mezclarlo con la nata montada.
6. Guardarlo en la nevera hasta que toda la mezcla tome más cuerpo.
7. Poner en el fondo de las copas unas cuantas frambuesas y hojas de menta picadas, cubrir con el dulce de yogur, más frambuesas y terminar con yogur.
8. Guardar las copas en la nevera hasta el momento de servir, regarlas con la salsa de frambuesa y adornar con menta fresca.
9. Salsa de frambuesas: triturar el resto de las frambuesas con un chorreón de zumo de limón y el azúcar, colar o no, al gusto porque tiene granillo.

COPA DE FRUTA EN GELATINA

Para cuatro personas: 2 peras, 2 manzanas, 1 plátano, 200 gr de fresón, 1 tarrina de frambuesas, 4 hojas finas de gelatina, 1 botellín de cava, 4 cucharadas de azúcar, 1 vaso de vino de agua, el zumo de 1 limón y 3 clavos.

Para adornar: menta fresca.

1. Poner las hojas de gelatina a remojo de agua fría.
2. Disolver el azúcar en el agua, añadir los clavos y cocerlo unos 5 minutos. Añadir la gelatina escurrida, mover para que se disuelva, colar y agregar el cava.
3. Pelar las peras, las manzanas y el plátano, cortarlos en láminas en sentido vertical y rociarlas con zumo de limón para que no se oscurezcan.
4. Lavar y secar los fresones y cortarlos en gajos o láminas.
5. Poner en las copas un fondo de gelatina, cuajar en la nevera y colocar encima las frutas alternando los colores e intercalando hojas de menta, regar con el resto de gelatina y adornar con hojas de menta.

COPA DE TOCINILLO Y YOGUR

Para ocho personas: 6 yemas de huevo, 1 clara, 8 cucharadas de agua y ¼ kg de azúcar.

Salsa de yogur: 4 yogures naturales, 4 cucharadas de azúcar, 1 vaso de leche y 3 hojas finas de gelatina (10 gr).

Para adornar: grosellas y menta.

1. Disolver el azúcar con el agua y cocer durante 5 minutos a fuego vivo. Deshacer las yemas y la clara con una cuchara de palo, en un cazo de fondo grueso, y añadir el almíbar a hilo fino, sin dejar de mover.
2. Acercar al fuego y mover hasta que espese con cuidado de que no se corte.
3. Colar sobre las copas y enfriar.
4. Salsa de yogur: poner la gelatina a remojo de agua fría y disolverla en la leche caliente.
5. Batir los yogures con el azúcar y añadir poco a poco la leche, sin que queden grumos.
6. Verter la salsa en las copas sobre el tocinillo frío y cuajar ligeramente en la nevera.
7. Servir con grosellas y menta.

CREMA DE CHOCOLATE BLANCO Y NEGRO

Para cuatro personas: crema de chocolate negro: 100 gr de nata, 8 cucharadas de leche, 1 yema, 120 gr de azúcar, 100 gr de chocolate negro y 2 gr de gelatina.

Crema de chocolate blanco: 100 gr de nata, 8 cucharadas de leche, 1 yema, 100 gr de chocolate blanco y 2 gr de gelatina.

Para adornar: granillo de chocolate negro, palitos de servir con los helados, menta fresca, etc.

1. Crema de chocolate negro: poner la gelatina a remojo de agua fría.
2. Cocer la nata con la leche y el azúcar, cortar o rallar el chocolate y añadirlo a la leche-nata.
3. Cuando se funda, incorporar la yema y acercar de nuevo al fuego sin que llegue a hervir.
4. Fuera del fuego incorporar la gelatina escurrida, mover para que se integre y enfriar.
5. Llenar la mitad de las copas con el chocolate negro.
6. Crema de chocolate blanco: hacer la crema de la misma forma y, cuando esté fría y dura la crema anterior, verterla sobre ella.
7. Servir espolvoreado de granillo de chocolate.

FLAN DE LIMÓN CON SALSA DE ARÁNDANOS

Para cuatro personas: ½ caja de gelatina de limón, 1,5 vasos de vino de agua hirviendo, la corteza de ½ limón rallada, 1 cucharada de zumo de limón, 3 cucharadas de azúcar y 1 clara.

Salsa de arándanos: 1 tarrina de arándanos rojos, 4 cucharadas de azúcar, 1 cucharadita de maicena, 2 cucharadas de agua fría y unas gotas de esencia de vainilla.

1. Disolver la gelatina en un bol con el agua hirviendo, añadir un vaso de agua fría, el azúcar, la ralladura y el zumo de limón.
2. Mover y dejar enfriar hasta que esté casi cuajado. Añadir la clara de huevo a la gelatina y batir con la batidora eléctrica, hasta que esté ligero y espumoso, unos 2 minutos.
3. Repartir en moldes pequeños y guardar en la nevera hasta que cuaje.
4. Salsa: triturar los arándanos (dejando algunos para adornar) con el azúcar, añadir la maicena disuelta en el agua y espesar al fuego sin dejar de mover, perfumar con la vainilla y servir con los flanes.

FLAN DE QUESO Y MEMBRILLO

Para cuatro personas: 500 gr de queso de Burgos, 150 gr de carne de membrillo, 4 cucharadas de azúcar, 8 cucharadas de nata líquida, 6 hojas de gelatina finas (10 gr) y 4 cucharadas de miel.

Remolacha planchada: 1 remolacha pequeña y azúcar glas.

1. Poner la gelatina a remojo de agua fría para que se ablande.
2. Triturar el queso con la nata y el membrillo y añadir el azúcar.
3. Fundir la gelatina escurrida en un chorreón de zumo de limón, sin que hierva, dejarla enfriar y añadirla a la crema de queso.
4. Verter la crema en una fuente honda y dejarla cuajar en la nevera.
5. En el momento de servir, cortar la crema de queso con cortapastas, colocarlo sobre rodajas de remolacha y acompañar con la miel, ligeramente templada para que se licue.
6. Remolacha planchada: cocer la remolacha con sus tallos para que no pierda color o comprarla ya cocida.
7. Cortar láminas muy finas de remolacha, espolvorearlas de azúcar glas, colocarlas extendidas en la placa pastelera y dorarlas en el horno bajo el grill hasta que se caramelicen.

Este flan se puede servir en forma de tarta, volcándolo en una fuente de servir, para lo cual se debe sumergir en agua caliente unos minutos, y adornando la superficie con las rodajas de remolacha planchada.

GELATINA DE FRAMBUESAS CON PERAS AL SABAYÓN

Para ocho personas: 1 tarrina de frambuesas, el zumo de 1 limón, 1 cucharada de *agar-agar* en copos (Propagar) o 3,5 hojas finitas de gelatina, 1 vaso de agua y 4 cucharadas de azúcar.

Peras: 150 gr de azúcar, 100 gr de miel, 100 gr de mantequilla, 1 copa de *kirsch* y ¼ kg de peras en almíbar.

Para adornar: 2 cucharadas de pistachos picados y menta fresca.

1. Triturar las frambuesas con el zumo de limón y el azúcar en la Thermomix y colarlo para suprimir el granillo.
2. Disolver los copos de Propagar en el agua caliente, fundirlo al fuego y añadirlo a la salsa de frambuesa.
3. Repartir la mezcla anterior en el fondo de cuatro copas y guardarlas en la nevera para que se cuaje.
4. Peras: disolver el azúcar con la miel en un cazo, acercarlo al fuego y mover hasta conseguir un caramelo rubio de bonito color.
5. Añadir la mantequilla y, cuando se integre, incorporar el *kirsch* y las peras cortadas en dados con su almíbar, cocerlo unos 5 minutos y enfriar.
6. Poner las peras sobre la gelatina de frambuesa y servir con menta y pistachos.
7. Emplear copas del tamaño adecuado, para que no sea excesiva la ración (las de Martini son una buena medida).

GELATINA DE MOSCATEL CON UVAS Y BREVAS

Para ocho personas: ½ kg de uvas moscatel, 4-8 brevas, ¾ l de vino moscatel, 2 cucharadas de azúcar, 8 hojas de gelatina y 5 ramitas de hierbaluisa.

1. Poner la gelatina a remojo de agua fría durante 15 minutos.
2. Disolver el azúcar en un vaso de agua y cocerlo a fuego vivo durante 5 minutos.
3. Fuera del fuego, añadir la hierbaluisa y la gelatina escurrida y mover hasta que se funda la gelatina.
4. Hervir el moscatel 10 minutos para que se evapore el alcohol y añadirlo al almíbar.
5. Dejar reposar hasta que se enfríe, colarlo, verterlo en un bol y guardar en la nevera durante 30 minutos para que se cuaje.
6. Pelar las uvas y lavar las brevas.
7. Poner las brevas en gajos en los platos y rodear de la gelatina de moscatel que deberá estar casi semilíquida, es decir, que no se podría desmoldar porque se rompería.
8. Decorar al gusto con uvas y hojas de hierbaluisa.

GELATINA DE NARANJA

Para cuatro personas: 2 vasos de zumo de naranja, 1 naranja, 6 cucharadas de azúcar, 2 vainas de vainilla, 1 clavo, el zumo de 1 limón, 1 copa de ron, 10 hojas de menta y 9 hojas finas de gelatina.

1. Poner la gelatina a remojo de agua fría. Lavar la naranja, cortar la piel en juliana y la pulpa en gajos, a lo vivo.
2. Hacer un almíbar con un vaso de agua, la vainilla abierta a la mitad, el clavo, la juliana de naranja y el azúcar, cocerlo durante 5 minutos.
3. Añadir los zumos al almíbar caliente, el ron y las hojas de menta, tapar y dejar reposar la infusión 30 minutos.
4. Escurrir la gelatina, fundirla en unas cucharadas del almíbar de naranja caliente y colarla sobre el resto del almíbar.
5. Mezclarlo y repartir en copas individuales, guardarlas en la nevera unas horas hasta que se cuajen y colocar dentro los gajos preparados.
6. Guardar de nuevo en la nevera y cuando se solidifique servir con la juliana de naranja y unas hojas de menta fresca.

MOLDE DE FRESONES Y MENTA

Para cuatro personas: ½ kg de fresones, 8 cucharadas de azúcar, 2 yogures naturales desnatados, 2 huevos, 1 yema y 6 hojas de gelatina (10 gr).

Para adornar: hojas de menta y fresones.

1. Poner la gelatina a remojo de agua fría. Lavar los fresones, escurrirlos, quitar los pedúnculos verdes y triturarlos en la batidora con los yogures.
2. Batir los huevos y la yema con el azúcar en un cazo de fondo grueso, acercar al fuego sin que llegue a hervir y añadir la gelatina escurrida.
3. Mover fuera del fuego para que se disuelva y añadir el batido de fresones y yogur.
4. Llenar moldes individuales y dejarlos cuajar en la nevera.
5. Desmoldarlos y servirlos con fresones y menta.

POSTRE DE YOGUR

Para seis personas: 6 yogures griegos, 8 cucharadas de azúcar, ¼ l de zumo de naranja, ¼ l de nata líquida, 4 cucharadas de azúcar glas y 9 hojas de gelatina finas (18 gr).

1. Poner las hojas de gelatina a remojo de agua fría, para que se ablanden.
2. Montar la nata líquida con cuatro cucharadas de azúcar glas.
3. Batir el yogur con el azúcar y el zumo de naranja.
4. Fundir la gelatina en unas cucharadas de agua caliente en el microondas y añadirla al yogur.
5. Guardar en el congelador para que tome algo de consistencia y mezclarlo con la nata montada.
6. Engrasar un molde con mantequilla, llenar con la preparación y guardar en la nevera hasta que cuaje.
7. Volcar, servir con caramelo líquido y menta fresca, o con natillas claritas y arándanos frescos.

POSTRE DE LECHE

Para ocho personas: 1 bote de leche evaporada, 1 bote de leche condensada, 1 bote de leche entera fresca, ¾ partes de 1 bote de zumo de limón y 12 hojas finas de gelatina (20 gr).

Salsa de frambuesas: ½ tarrina de frambuesas, 4 cucharadas de azúcar y un chorreón de zumo de limón.

1. Mezclar el bote de leche evaporada con el de leche entera y disolver allí la leche condensada.
2. Poner la gelatina a remojo de agua fría, escurrirla y acercarla unos segundos al fuego con unas cucharadas de agua, hasta que se funda, sin que llegue a hervir.
3. Añadir la gelatina templada a la mezcla de leche fría.
4. Exprimir los limones, medir el zumo y mezclarlo con la leche y la gelatina.
5. Llenar un molde de flan o moldes individuales con la preparación y dejarlos cuajar en la nevera.
6. Sumergirlos un momento en agua hirviendo, volcar y servir acompañado de salsa de frambuesas.
7. Salsa de frambuesas: triturar las frambuesas, separando algunas para adornar, con el azúcar y el zumo de limón y colar o dejar el granillo, al gusto.

TARTA DE FRESA

Para seis personas: 250 gr de galletas tipo digestiva o de avena o de chocolate, 2 cucharadas de mantequilla, 300 gr de fresas, 200 cc de nata, 100 cc de leche, 3 cucharadas de azúcar y 4 gr de gelatina (en la marca Vahiné, son 2 hojas finitas).

1. Triturar las galletas junto con las dos cucharadas de mantequilla pomada.
2. Forrar un aro con cinta de acetato y colocarlo sobre una bandeja con silpat. Rellenar la base con la pasta de galletas.
3. Hidratar las hojas de gelatina en agua fría.
4. Lavar y triturar las fresas.
5. Añadir el azúcar, la nata, la leche y calentar la crema en un cazo sin que llegue a hervir.
6. Apartar del fuego e incorporar las hojas de gelatina escurridas, mover para que queden bien disueltas.
7. Verter la crema en el aro sobre la base de galletas y dejar enfriar en la nevera.
8. Para servir, adornar con frutas frescas y menta.

TARTA DE HIGOS O BREVAS

Para ocho personas: higos confitados: 200 gr de higos y 200 gr de azúcar.

Relleno: 200 gr de queso fresco tipo Philadelphia, 400 gr de nata semimontada y 3 hojas finas de gelatina.

Base: 8 galletas María, 2 cucharadas de mantequilla, 1 cucharada de leche, piña colada y 2 copas de ron.

1. Higos confitados: lavar los higos, ponerlos en un cazo y añadir el azúcar, cocerlos hasta conseguir una mermelada.
2. Base: triturar las galletas y amasarlas con la mantequilla y la leche.
3. Fondear con la base un molde redondo de fondo móvil de 24 cm de diámetro y cocerlo en el horno durante 5 minutos a 175 ºC.
4. Remojar la gelatina en agua fría, calentar el ron y disolver la gelatina escurrida a fuego flojo.
5. Triturar los higos con el queso, añadir la nata y la gelatina disuelta en el ron y piña colada.
6. Poner esta mezcla sobre la base de galletas y guardar en la nevera unas 8 horas o hasta que cuaje.
7. Desmoldar, adornar y servir.

TARTA DE YOGUR

Para ocho personas: 1 plancha de bizcocho muy fino (puede ser comprado de los cortados en capas), 2 tarrinas de queso San Millán o Philadelphia, 2 yogures griegos, 6 cucharadas de azúcar, 1 vaso de nata líquida y 6 hojas finas de gelatina.

Guarnición: 3 fresones, 2 cerezas, 2 albaricoques o melocotón, menta fresca, 2 onzas de chocolate negro para fundir.

Para adornar: virutas de chocolate.

1. Poner la gelatina a remojo de agua fría.
2. Mezclar el queso, los yogures y la nata con el azúcar, a mano o en la batidora.
3. Escurrir la gelatina, fundirla en unas cucharadas de agua caliente y colarla sobre la mezcla anterior.
4. Cortar una capa de bizcocho del tamaño de un molde desmontable de 22 cm de diámetro y ponerla en el fondo.
5. Llenar el molde con la mezcla de yogur y guardar en la nevera hasta que cuaje (unas 6 horas).
6. Desmoldarlo cuando se solidifique.
7. Lavar las frutas.
8. Fundir el chocolate y mojar los fresones conservando el pedúnculo verde.
9. Cortar el melocotón en gajos y formar un montoncito con todas las frutas y un ramito de menta.
10. Espolvorear con las virutas de chocolate y guardar en la nevera.

TARTA DE YOGUR Y MELOCOTÓN

Para ocho personas: tartaleta: 100 gr de galletas tipo digestiva, 50 gr de mantequilla y 1 cucharada de leche.

Relleno: 2 yogures griegos, 4 cucharadas de azúcar, 5 melocotones frescos de viña, 1 copa de licor de melocotón, zumo de limón, 4 hojas de gelatina fina y canela molida para espolvorear.

1. Triturar las galletas y amasarlas con la mantequilla y la leche, forrar un molde redondo de fondo móvil y cocerlo en el horno durante 5 minutos a 175 ºC.
2. Poner a remojo la gelatina en el licor de melocotón frío.
3. Escurrir la gelatina y fundirla en dos cucharadas de agua caliente.
4. Triturar tres melocotones con un chorreón de zumo de limón y el licor, mezclarlos con los yogures, el azúcar y la gelatina colada y fría.
5. Comprobar el punto por si necesita más azúcar, verter sobre la tartaleta y guardarla en la nevera unas horas.
6. Cortar el resto de los melocotones en gajos, colocarlos sobre la tarta y espolvorear de canela.

VASITO DE CAPUCHINO

Para cuatro personas: ¼ l de leche, 50 gr de chocolate negro 70%, 1 vaso de café americano, 1 cucharadas de azúcar, 5 hojas de gelatina, 150 gr de nata montada con 2 cucharadas de azúcar, 1 vaina de vainilla y cacao en polvo para decorar.

Crujiente: 50 gr de almendra molida, 50 gr de azúcar moreno y 1 cucharada de mantequilla.

1. Rallar el chocolate. Poner la gelatina a remojo de agua fría en dos mitades de 2,5 hojas cada una.
2. Hacer un café americano, no muy fuerte, y añadirle el azúcar.
3. Escurrir la gelatina del agua del remojo y añadir una mitad al café caliente, colar sobre los vasos y dejar que se cuaje.
4. Crujiente: mezclar sobre el fuego la almendra, la mantequilla y el azúcar, enfriar y poner sobre el café cuajado.
5. Fundir el chocolate en la leche, cocerlo, añadir la otra mitad de la gelatina, enfriar, verter sobre el crujiente y guardar en la nevera.
6. Cuando esté sólido, cubrir con la nata mezclada con los granos de vainilla y espolvorear de cacao.

HELADOS Y SORBETES

Son miembros de una misma familia que se diferencian en que el helado lleva en su composición leche-nata-huevos, y el sorbete se hace solo con zumo o pulpa de fruta y azúcar.

Los granizados son primos lejanos y consisten en triturar juntos hielo, azúcar, un sabor (por ejemplo, café, leche condensada, licores de frutas, zumos, etc.) y servirlo inmediatamente en un vaso con una pajita.

HISTORIA

El sorbete, esa mezcla de nieve con miel y pulpa de frutas que los sibaritas chinos y árabes preparaban para los delicados paladares de sus mandarines y califas, fue el precursor del helado. Cuenta la historia que Alejandro el Grande, en el siglo IV a. C., también era muy aficionado a ellos y hasta en sus campañas se preocupaba de que le conservaran la nieve en hoyos cubiertos de hojarasca para no privarse de su dulce favorito.

Desde la lejana China a nuestras tierras mediterráneas llegó la moda refinada de los sorbetes de nieve, a través de la India, Persia y el Imperio Islámico, que los fueron adoptando.

Los romanos conservaban la nieve en silos y la empleaban principalmente para refrescar el vino. En España se introdujo esta costumbre de la mano de los árabes y se sabe que en Granada se conservaba en cuevas la nieve transportada desde Sierra Nevada.

A pesar de usarse en la hispánica región de Al-Andalus desde el siglo XIII, el empleo de la nieve como refrigerante no se introdujo en Europa hasta el Renacimiento y fue Italia la que la propagó, cuando al casarse Catalina de Médicis con Enrique II de Francia se trasladó a París acompañada de un séquito de cocineros, reposteros y heladeros de tanta categoría que se puede afirmar que a ella se debe un cambio importante de la cocina francesa, que en aquella época era muy pobre. Entre los muchos platos que la reina Catalina aportó a la Corte francesa se encontraban los sorbetes.

Un cocinero galo, al que se atribuye el mérito de dar el paso de sorbete a helado al introducir la leche en su fórmula, los dio a conocer en Inglaterra y tanto le gustaron al rey Carlos I que le otorgó como recompensa una renta de 500 libras al año, con la condición de que la exquisita fórmula fuera reservada solo para el uso de la mesa real.

Con la apertura en París del primer café, en el año 1660, los helados dejaron de ser manjar de reyes y se pusieron a tiro del pueblo llano. El fundador de este Café Procope, el florentino Procopio de Coltelli, que le dio su nombre, despachaba también sorbetes y helados.

Tuvo tan buena acogida que el ejemplo cundió y en el año 1676 se creó en París la primera corporación de vendedores de helados y *limonadiers,* con 250 miembros.

SORBETES Y GRANIZADOS

Para hacer un auténtico sorbete se necesita una heladora o sorbetera que mueva el líquido mientras se congela, lo que evita que cristalice en forma de hielo, como ocurriría si se dejara en reposo en el congelador.

Sin este aparato, un truco que puede dar resultado es introducir el líquido en el congelador en un recipiente profundo y batirlo con la varilla eléctrica de cuando en cuando mientras se está congelando. Para darle mayor cremosidad y aspecto de sorbete, otra posibilidad es añadir clara de huevo montada a punto de nieve, después de batirlo por última vez.

Los sorbetes se pueden hacer con zumos de frutas, frutas licuadas, licores o infusiones y con esencias. Estos últimos resultan artificiales.

LA TÉCNICA DEL SORBETE

- Licuar la fruta lavada o hacer el zumo o la infusión.
- Preparar un almíbar a punto de hebra, con la mitad del peso de la fruta y poca agua o con la infusión.
- Añadir el zumo o la fruta licuada o, en su caso, el vino o licor.
- Enfriarlo.
- Introducir en la sorbetera.

LA TÉCNICA DEL GRANIZADO

- Hacer un almíbar y un zumo de frutas.
- Mezclarlos.
- Verter el líquido en una bandeja.
- Introducirlo en el congelador.
- Raspar de vez en cuando la superficie con una cuchara o tenedor para conseguir finos cristales de hielo que son lo característico de los granizados.
- Deben utilizarse almíbares de sabores muy intensos para que resulten agradables y refrescantes, como es el caso de los clásicos granizados de café, vinos o tés aromáticos.

HELADOS

La base de un helado es una crema pastelera o inglesa, es decir, una natilla a la que se añade un perfume o un puré de frutas.

Esta natilla, para convertirse en helado, necesita que el líquido se mueva continuamente mientras se congela, para que al repartirse el frío que recibe por las paredes del recipiente, se enfríe todo por igual y no se formen cristales de hielo.

LA TÉCNICA DEL HELADO

- Preparar unas natillas (véase capítulo Cremas).
- Enfriar.
- Introducir en la heladora hasta que cuaje.
- Repartir en las copas.
- Servir.

BISCUITS Y PARFAITS

Estos helados son el resultado de la mezcla de huevos, nata y el sabor deseado, bien batidos en crudo y, en el caso de los *biscuits,* con las claras a punto de nieve como merengue. Tienen la ventaja de que no cristalizan. Se cuajan simplemente al guardarlos durante unas horas en el congelador. Es la manera más fácil de hacer helados, porque no precisan heladora. Su cremosidad se debe al aire introducido al montar las claras y/o la nata. Toman la forma del molde elegido y, al volcarlos, resultan muy vistosos. Alternándolos con capas de bizcocho o de merengue se pueden montar tartas fáciles de hacer y espectaculares.

El *parfait* lleva solo la nata montada, sin el merengue.

LA TÉCNICA

- Batir 4 yemas con 100 gr de azúcar hasta que blanqueen.
- Montar las claras a punto de nieve.
- Montar ¼ l de nata líquida.
- Incorporar suavemente el merengue a las yemas.
- Hacer lo mismo con la nata.
- Verter en un molde de *cake.*
- Congelar durante varias horas.

Las bombas heladas se preparan generalmente en moldes semiesféricos y consisten en distintas capas concéntricas de helado de distintos sabores, en cuyo interior puede haber una compota de frutas o mermelada. Se suelen cubrir con una película de chocolate fundido.

LA TÉCNICA

- Fundir chocolate de cobertura.
- Pintar el interior del molde con dos capas de chocolate (o llenar el molde con bastante chocolate, moverlo para que se bañen bien las paredes y escurrir el sobrante).
- Guardar unos minutos en el congelador para que se endurezca.
- Poner una capa gruesa de crema tipo *biscuit.*
- Congelar.
- Poner una segunda capa de helado de otro sabor.
- Dejar un pequeño hueco central.
- Congelar.
- Rellenar el hueco central con una mermelada de frutas o crema.
- Volcar sobre la fuente.
- Despegar el molde.
- Servir.

TRUCOS Y CONSEJOS

- Si se emplean frutas frescas en el interior o en el adorno de los helados, no se deben dejar más de media hora en el congelador, porque resulta desagradable encontrárselas duras.
- Para hacer las bombas, tanto grandes como pequeñas, son muy útiles los moldes de material flexible, Flexi-pan, que se saca como un guante.

BOMBAS HELADAS

Para ocho personas: helado de dulce de leche: 1 bote de leche condensada, su peso en agua, menta picada y 1 vaina de vainilla.

Helado de canela: ½ l de leche, ½ cucharada de canela en polvo y un palo, 6 cucharadas de azúcar, 4 cucharadas de nata líquida, 1 copa de ron y 4 yemas.

Adornos de chocolate: 3 onzas de chocolate y 2 cucharadas de agua.

1. Helado de canela: verter la leche hirviendo con la canela sobre las yemas batidas con el azúcar en un cazo de fondo grueso y mover sobre fuego flojo (o al baño María) hasta que espese.
2. Añadir la nata y el ron, enfriar, guardar en la nevera y, cuando esté muy frío, cuajar en la heladora.
3. Helado de dulce de leche: cocer la leche condensada al baño María durante 3 horas (30 minutos en olla rápida).
4. Pesar la leche y con la misma cantidad de agua hacer una infusión con la menta y la vainilla, reposar y colar.
5. Disolver la leche con la infusión, enfriar, guardar en la nevera y, cuando esté muy frío, cuajar en la heladora.
6. Revestir las paredes de los moldes con helado de canela y poner en el centro con el de dulce de leche.
7. Guardar en el congelador, desmoldar y adornar con chocolate fundido.
8. Adornos de chocolate: fundir el chocolate cobertura con dos cucharadas de agua y bañar el helado recién desmoldado.
9. Se cuajará inmediatamente por el frío del helado.

CASSATA NAPOLITANA CON FRUTAS CONFITADAS Y SALSA DE *TOFFEE*

Para ocho personas: 1 l de helado *cassata* napolitana en barra o molde rectangular.

Bizcocho: 3 huevos, 3 cucharadas de azúcar, 3 cucharadas colmadas de harina, ralladura de limón, una pizca de sal y ½ lata de mermelada de albaricoque.

Salsa de *toffee:* 4 cucharadas de azúcar y ¼ l de nata líquida.

Guarnición: frutas escarchadas mezcladas.

1. Bizcocho: batir los huevos enteros en la batidora de varillas con el azúcar, la sal y la ralladura de limón, durante 5 minutos.
2. Fuera de la batidora, añadir la harina espolvoreada mientras se mueve la masa con movimiento envolvente para que no se bajen los huevos.
3. Llenar un molde del tamaño de la *cassata,* engrasado y enharinado con la preparación y cocerlo en el horno a 180 °C durante 18-20 minutos.
4. Comprobar que está cocido pinchándolo en el centro con una aguja que debe salir limpia.
5. Desmoldarlo sobre rejilla y, cuando se enfríe cortarlo a la mitad y rellenarlo con la mermelada.
6. Salsa de *toffee:* poner el azúcar en un cazo, salpicarlo de agua, acercarlo al fuego y mover hasta conseguir un caramelo dorado.
7. Fuera del fuego añadir la nata líquida y mover a fuego flojo hasta que se disuelva y espese ligeramente.
8. Desmoldar la *cassata* sobre el bizcocho relleno, rodearlo y cubrirlo de frutas escarchadas picadas y acompañarlo de la salsa de *toffee.*

COPA DE HELADO DE YOGUR Y FRESÓN

Para cuatro personas: ½ kg de fresón, 4 cucharadas de azúcar, 4 cucharadas de crema de vinagre balsámico de Módena a la fresa (Vinagrerías Riojanas), ½ l de helado de yogur (ver Helado de yogur) y palitos de chocolate.

1. Lavar los fresones con el pedúnculo, escurrirlos, suprimir el pedúnculo y cortarlos en cuartos.
2. Ponerlos en el fondo de las copas.
3. Regar cada copa con un buen chorreón de crema de vinagre, añadir 1 cucharada de azúcar y dejar macerar 1 hora.
4. Poner en cada copa una o dos bolas de helado y rociar con un chorreón de crema de vinagre.
5. Acompañar de palitos de chocolate.

CORONA HELADA DE TURRÓN Y CHOCOLATE

Para ocho personas: helado: 1 vaso de vino de agua, 1 vaso de vino de azúcar, 200 gr de turrón de Jijona, 8 yemas y ½ l de nata líquida.

Cobertura: 150 gr de chocolate *fondant*.

Natillas: 3 yemas, 3 cucharadas de azúcar, ralladura de limón y ¼ l de leche.

Para adornar: grosellas rojas.

1. Helado: cocer durante 5 minutos el vaso de agua con el azúcar, hasta conseguir un almíbar.
2. Batir las yemas con el turrón, en la batidora y cuando esté espumoso, añadir el almíbar.
3. Montar la nata líquida muy fría en la batidora eléctrica de varillas, primero a velocidad baja e ir subiendo hasta que se endurezca, con cuidado de que no se haga mantequilla.
4. Mezclar a mano la nata con la crema de turrón con movimiento envolvente para que no se baje.
5. Guardar en el congelador mientras se prepara el molde con la cobertura.
6. Cobertura: fundir el chocolate, sin nada de agua, al baño María o en el microondas durante 2 minutos, con la ayuda de un pincel, pintar un molde de corona de los blandos de material negro llamado flexiplán, que esté muy seco.
7. Pintar varias veces hasta terminar el chocolate y guardar el molde en la nevera hasta que se solidifique.
8. Llenar el molde bañado en chocolate con el helado y guardar unas horas en el congelador.
9. Para desmoldar, volcar sobre la fuente y despegar el molde que sale como un guante.
10. Servir con natillas y adornado con grosellas rojas.
11. Natillas: batir las yemas con el azúcar, verter la leche hirviendo con la ralladura y acercar al fuego sin parar de mover, en cazo de fondo grueso o al baño María, hasta que espesen ligeramente.
12. Mover de cuando en cuando mientras se enfría, para que no formen costra, o poner en contacto con la superficie un film de cocina.

GRANIZADO DE SANDÍA Y CREMA DE YOGUR

Para cuatro personas: ½ sandía, 1 limón, 6 cucharadas de azúcar, una pizca de sal y 4-5 cubitos de hielo.

Crema de yogur: 2 yogures griegos, 2 cucharadas de azúcar y hojas de menta fresca.

1. Crema de yogur: batir los yogures con el azúcar, añadir la menta picada y guardar en la nevera.
2. Cortar la sandía por la mitad, separar la pulpa y eliminar las pepitas si las tuviera.
3. Cortarla en dados y mezclarla en un bol con el azúcar, el zumo de limón y la sal.
4. Triturarla con el hielo y colocar el granizado en copas heladas, regar con la crema de yogur y adornar con menta fresca.

HELADO DE ACEITE DE OLIVA VIRGEN CON TEJAS DE QUESO MANCHEGO

Para seis u ocho personas: 4 huevos: 1 vaso de aceite de oliva virgen, 1 vaso de vino de agua, 1 vaso de agua de azúcar, 1 vaso de lecha entera y sal.

Tejas de queso: 250 gr de queso manchego curado rallado y 1 clara.

1. Helado: disolver el azúcar en el agua, acercar el cazo al fuego y cocerlo durante 5 minutos a fuego fuerte, dejar que se enfríe antes de emplearlo.
2. Batir los huevos como para tortilla, añadir el aceite a hilillo y después el almíbar, la sal y la leche, cuajarlo en la heladora.
3. Enfriar esta crema antes de ponerla en la cubeta de la heladora en la forma acostumbrada y dejar funcionar hasta que se cuaje.
4. Tejas: batir ligeramente la clara e ir añadiendo el queso rallado hasta formar una masa espesa.
5. Colocar montoncitos de masa en una plancha de silpat, poner encima un papel film de cocina y pasar el rodillo para extenderlas finas.
6. Cocerlas durante 10 minutos en el horno a 170-180 ºC.
7. Despegarlas en caliente y ponerlas sobre el rodillo para que tomen la forma de teja.
8. Servir bolas de helado de aceite de oliva con su teja.

HELADO DE CAFÉ CON SALSA DE CHOCOLATE

Para ocho personas: 4 huevos, 8 cucharadas de azúcar, 2 cucharadas de Nescafé, 1 cucharada de *brandy,* 250 gr de nata montada y aceite sin sabor para untar el molde.

Salsa de chocolate: 150 gr de chocolate *fondant* y 8 cucharadas de nata líquida.

1. Batir los huevos con el azúcar en la batidora hasta que estén muy espumosos.
2. Añadir el Nescafé deshecho en la cucharada de *brandy* y, en cuanto se una bien, añadir la nata montada muy fría, siempre a mano y con movimiento envolvente.
3. Engrasar un molde de *plum-cake* con aceite vegetal y llenar con la preparación, guardar en el congelador unas 8 horas.
4. Para desmoldar, meter unos instantes en agua hirviendo y volcar sobre la fuente de servir.
5. Salsa de chocolate: fundir el chocolate con la nata líquida en un cazo de fondo grueso o en el microondas durante 2-3 minutos.
6. Servir el helado acompañado de la salsa caliente.

HELADO DE CIRUELAS AL *BRANDY* CON SALSA DE CHOCOLATE

Para cuatro personas: 1 l de helado de vainilla, 250 gr de ciruelas pasas deshuesadas, 1 copa de *brandy.*

Salsa de chocolate: 100 gr de chocolate *fondant,* 1 vaso de leche y 4 cucharadas de whisky.

1. Poner las ciruelas pasas a remojo del *brandy* durante 1 hora.
2. Triturar la mitad de las ciruelas y del *brandy* y reservar el resto sin sacarlas del *brandy,* para servir con el helado.
3. Cuando las ciruelas trituradas formen un puré espumoso, mezclarlas con cuidado con el helado de vainilla procurando que se repartan bien.
4. Engrasar un molde de *plum-cake.*
5. Llenar el molde y guardar en el congelador.
6. Salsa de chocolate: fundir el chocolate en la leche hirviendo y añadir el whisky.
7. Servir el helado con la salsa y las ciruelas reservadas.

HELADO DE CUAJADA CON NUECES Y MIEL

Para cuatro personas: 2 tarrinas de 150 gr cada una de queso San Millán o Philadelphia, 2 cuajadas cremosas, 6 cucharadas de azúcar, 1 vaso de nata líquida, una pizca de sal, 75 gr de nueces peladas, 8 cucharadas de miel e higos frescos.

1. Batir el queso con las cuajadas, el azúcar, la sal y la nata líquida en la batidora eléctrica, hasta obtener una crema homogénea.
2. Picar con las manos la ¾ partes de las nueces y repartirlas en la crema.
3. Llenar la heladora automática y hacerla funcionar hasta que se solidifique y guardar el helado en el congelador unas horas.
4. Formar *quenelles* o bolas con las cucharillas especiales, y guardarlas de nuevo en el congelador.
5. Al momento de servir, templar la miel en un cazo y regar las bolas de helado en los platos, rodearlas con el resto de las nueces y acompañarlas de higos frescos, lavados y cortados en cuartos.

HELADO DE FRESÓN (*PARFAIT*)

Para seis u ocho personas: helado: ¾ kg de fresón, 300 gr de azúcar, un chorrito de zumo de limón y 500 gr de nata montada.

Para cubrir: ½ kg de fresón y 150 gr de nata montada.

1. Helado: lavar los fresones con sus pedúnculos para que no se escape la salvia por la unión del rabito, escurrirlo y quitar los pedúnculos.
2. Triturarlos con el azúcar y el zumo de limón en la batidora eléctrica.
3. Unir, fuera de la batidora, la nata montada con movimiento envolvente y procurando que no queden zonas blancas.
4. Cubrir el fondo y las paredes de un molde de *plum-cake* de paredes rectas con papel film de cocina, de forma que sobresalga por los bordes.
5. Llenar el molde con la preparación, sin que queden huecos, y guardarlo en el congelador durante 8 horas hasta que se congele.
6. Para desmoldar, sumergirlo unos instantes en agua caliente, desmoldarlo sobre una tabla, cortar porciones gordas y darles forma con un cortapastas cuadrado para que queden más perfectas.
7. Para cubrir: lavar, cortar los fresones en abanico, y dejar los pedúnculos o sustituirlos por unas hojas de menta.
8. Poner la nata en la manga con boquilla plana y cubrir la superficie del helado haciendo hondas.
9. Colocar en el centro de cada uno un fresón en abanico y la menta. Servir recién montado.

No debe congelarse con los fresones, se puede tener todo preparado, incluso cubierto con la nata y colocar los fresones al momento de servir.

HELADO DE DULCE DE LECHE

Para seis personas: helado: 1 bote de leche condensada, su peso en agua, ½ cucharadita de menta picada, 12 pipas de cardamomo y 1 vaina de vainilla.

Para acompañar: barquillos, menta y frambuesas.

1. Cocer el bote de leche condensada al baño María en la olla rápida, 30 minutos desde que la olla adquiera presión.
2. Dejar que se enfríe el bote de leche, antes de abrirlo, pesar la leche cocida.
3. Cocer la menta, el cardamomo y la vainilla en la misma cantidad de agua que el peso de leche y, cuando rompa a hervir, tapar, apagar y dejar en infusión 10 minutos.
4. Colar la infusión y disolver en caliente la leche condensada cocida.
5. Enfriarla e introducirla en la sorbetera hasta que se solidifique y guardar el helado en el congelador durante unas horas.
6. Formar quenelles o bolas con las cucharillas especiales y guardarlas de nuevo en el congelador.
7. Servir el helado con barquillos, frambuesas y hoja de menta.

HELADO DE MANZANA VERDE

Para seis u ocho personas: 4 manzanas Granny Smith, 4 yemas de huevo, 6 cucharadas de azúcar, menta y licor de manzana.

1. Lavar las manzanas y licuarlas, si es necesario, aumentar el zumo obtenido con agua hasta conseguir ½ l.
2. Batir las yemas con el azúcar y mezclarlas con el licuado de manzana.
3. Poner la crema en un cazo de fondo grueso o al baño María y cocer a fuego suave, moviendo constantemente con cuchara de palo como si fueran unas natillas.
4. Cuando la crema empañe el dorso de la cuchara, retirar del fuego, pasar a un cuenco y cubrir la superficie con film de cocina para evitar que se forme costra.
5. Dejar enfriar y, si se quiere acelerar el proceso, poner el cuenco dentro de otro con agua helada.
6. Pasar la crema fría a la máquina heladora y dejar funcionar hasta que se cuaje.
7. Si no se dispone de heladora, introducir la crema en el congelador y, cuando empiece a endurecerse, batirla y añadirle una clara montada a punto de nieve para evitar que se formen cristales de hielo.
8. Unos minutos antes de servir, sacar el helado del congelador para que se suavice.
9. Servir rociado con licor de manzana verde y menta.

HELADO DE MIEL CON MANDARINAS

Para cuatro personas: helado: 4 huevos, 4 cucharadas de miel de romero y 300 gr de nata montada.

Guarnición: miel de azahar, unas cucharadas de agua de azahar para rebajarla y mandarinas frescas o un bote de gajos de mandarina.

1. Helado: templar la miel de romero en un cazo al baño María para que resulte más líquida y fluida.
2. Batir los huevos enteros en la batidora eléctrica y, cuando estén muy espumosos, añadir la miel moviendo con cuidado para que no se bajen.
3. Dejar enfriar si estuviera templado, e incorporar con cuidado la nata montada con movimiento envolvente.
4. Llenar un molde de rosca engrasado con aceite, guardarlo en el congelador, tapado con papel film adherente durante unas 8 horas.
5. Para desmoldarlo, sumergirlo unos instantes en agua hirviendo y volcarlo en la fuente.
6. Servir el helado con los gajos de mandarina en el centro de la rosca y regado de miel de azahar templada al baño María y rebajada con una cucharada de agua de azahar.
7. Guarnición: pelar las mandarinas, dividirlas en gajos, suprimir las pieles que los recubren.

HELADO DE PIÑA COLADA

Para cuatro personas: 1 vaso de leche-crema de coco enlatada, 1 vaso de vino de azúcar (si se emplea Coco López no es necesario azúcar), 6 huevos, 8 cucharadas de ron (1 vaso de vino), 8 cucharadas de pasas de Corinto, ½ l de nata líquida y 2 piñas *baby*.

1. Poner las pasas a remojo del ron 1 hora antes de empezar a hacer el helado.
2. Cortar las piñas por la mitad a lo largo (incluido el penacho) y retirar la parte dura del centro.
3. Darle unos cortes a la pulpa para desprenderla de la cáscara con facilidad.
4. Batir los huevos enteros con la crema de coco (si es Coco López no añadir azúcar, si no batir con el azúcar) en la batidora eléctrica hasta que estén muy espumosas y de color amarillo claro.
5. Añadir la nata líquida y el ron, batir e incorporar las pasas mezclando a mano.
6. Llenar la sorbetera con la preparación y cuando se solidifique, guardar en el congelador unas 8 horas.
7. Presentar en las medias piñas o servir formando bolas sobre rodajas de piña en conserva al natural.

HELADO DE QUESO CON MIEL

Para seis u ocho personas: ¼ l de nata líquida, ¼ l de leche, 50 gr de queso Idiazábal, 50 gr de queso *Caprice de Dieux,* 2 tarrinas de queso San Millán, 2 huevos, 200 gr de azúcar y una pizca de sal.

1. Hervir la leche con la nata, el queso Idiazábal sin cortezas, y el *Caprice de Dieux,* triturar con la minipimer.
2. Batir aparte las tarrinas de San Millán y los huevos, con el azúcar.
3. Cuando hierva la leche-nata-Idiazábal-*Caprice de Dieux,* añadir el queso San Millán, y la sal y mezclar bien en la trituradora.
4. Enfriar la crema en agua con hielo o en la nevera si se tiene tiempo.
5. Cuando esté fría la crema, llenar el recipiente de la heladora y ponerla en marcha hasta que se solidifique.
6. Guardar en el congelador para que tome más consistencia.
7. Servir el helado con miel.

HELADO DE TIRAMISÚ

Para ocho personas: 4 huevos, 8 cucharadas de azúcar, 250 gr de *mascarpone* (requesón italiano), 4 cucharadas de *brandy,* 4 cucharadas de licor café, 4 cucharadas de Amaretto (licor de almendras italiano), 1 tacita moka de café muy fuerte, 2 cucharadas de cacao amargo y tulipas compradas.

1. Mezclar el licor de almendras, de café y el *brandy* con el café frío.
2. Batir las yemas con el azúcar hasta que estén muy espumosas en la batidora de varillas.
3. Batir el *mascarpone* con los licores y el café y, cuando esté integrado, mezclar las claras a punto de nieve, con cuidado y movimiento envolvente para que no se bajen.
4. Meter 30 minutos en el congelador para que esté muy frío y llenar la heladora.
5. Cuando se cuaje formar bolas, colocarlas en tulipas y espolvorearlas de cacao.

HELADO DE VAINILLA CON FRUTAS DEL BOSQUE CONGELADAS

Para cuatro personas: ½ kg de helado de vainilla comprado, 200 gr de frutas del bosque congeladas y 4 cucharadas de azúcar.

1. Poner las frutas congeladas en un recipiente de cristal.
2. Añadir el azúcar e introducirlas en el microondas durante 4-5 minutos en posición «descongelar».
3. Cuando las frutas se descongelen, introducir de nuevo en el microondas y hacerlas durante 2 minutos al 100% para que las frutas se templen un poco.
4. Poner las frutas en los platos o en boles, hacer bolas con el helado y colocar una bola encima de cada plato de frutas.

HELADO DE VAINILLA *SUNDAY*

Para seis u ocho personas: 1 l de helado de vainilla.

Salsa *Sunday:* 150 gr de azúcar, 75 gr de mantequilla salada, 50 gr de chocolate amargo y ¼ l de nata líquida.

Para espolvorear: 1 cucharada de almendras fileteadas.

1. Salsa *Sunday:* poner el azúcar en un cazo, salpicarlo de agua, acercarlo al fuego y mover hasta conseguir un caramelo dorado.
2. Fuera del fuego añadir la mitad de la nata líquida.
3. Mover con las varillas, con cuidado porque salpica, hasta que se disuelva el caramelo.
4. Añadir el chocolate en trozos, la mantequilla salada y el resto de la nata, mover.
5. Tostar las almendras fileteadas en una sartén antiadherente sin nada de aceite.
6. Servir el helado con la salsa de chocolate, barquillos y las almendras fileteadas.

HELADO DE YOGUR

Para ocho personas: 2 tarrinas de queso San Millán o Philadelphia, 2 yogures naturales y 8 cucharadas de azúcar.

Optativo: ralladura de ½ limón.

Salsa de fresa: ½ bote de mermelada de fresa, un chorreón de zumo de limón, 4 cucharadas de agua y unas guindas frescas.

1. Mezclar el queso con el azúcar, batiendo con un tenedor o en la batidora eléctrica, y añadir los yogures.
2. Guardar la mezcla en la nevera para que esté muy fría.
3. Ponerla en la heladora hasta que se solidifique la crema.
4. Conservarla en el congelador hasta 15 minutos antes de servir el helado.
5. Si se van a hacer quenelles o bolas para copas, formarlas y guardarlas en el congelador para que tengan más consistencia en el momento de servirlas.
6. Salsa de fresa: calentar la mermelada de fresa con el chorreón de zumo de limón y el agua y colarlo.
7. Servir las bolas de helado con la salsa de fresa y las guindas.

LECHE MERENGADA

Para cuatro personas: 1 l de leche, 4 cucharadas de leche en polvo, 1 cucharada de maicena, 200 gr de azúcar, 1 corteza de limón, 1 palo de canela, canela molida, una pizca de sal, cerezas o picotas y 1 copa de aguardiente de cerezas del Jerte.

1. Poner a hervir la leche con el azúcar, la sal, la corteza de limón y el palo de canela.
2. Añadir la leche en polvo cuando esté caliente, para que se disuelva rápido y disolver la maicena en un poco de leche fría.
3. Cuando esté a punto de hervir la leche, añadir la maicena y mover hasta que hierva de nuevo, retirar del fuego y llenar un bol.
4. Poner en contacto con la superficie un film de cocina para que no se forme costra y dejar enfriar.
5. Cuando esté fría, quitar la corteza de limón y la canela y llenar el vaso de la heladora en la forma indicada por el fabricante.
6. Hacer funcionar el tiempo unos 20 minutos, hasta que solidifique.
7. Hacer bolas con la cucharilla de los helados y guardarlas en el congelador para que tomen más cuerpo.
8. Ponerlas en copas o en una ensaladera, rociarlas con unas cucharadas de aguardiente de cerezas o *kirsch,* espolvorear de canela y rodear de cerezas o picotas.

LECHE MERENGADA DE MORAS

Para cuatro personas: ¾ l de leche, 1 tarrina de moras congeladas (en temporada, mejor frescas), 4 cucharadas de leche en polvo, 1 cucharada de maicena, 200 gr de azúcar, 1 corteza de limón, 1 palo de canela, canela molida, una pizca de sal y 1 copa de ron.

1. Hervir la leche con el azúcar, la sal, la corteza de limón y el palo de canela.
2. Cuando esté caliente, añadir la leche en polvo y disolverla.
3. Incorporar las moras y cocer unos minutos, según estén de maduras las moras.
4. Disolver la maicena en un poco de leche fría y añadirla, mover hasta que hierva de nuevo, sacar el limón y la canela y pasar a otro recipiente para que se enfríe.
5. Cuando esté muy fría, triturar la crema con moras, colarla para quitar el granillo de las moras y la costra que se habrá formado.
6. Llenar el vaso de la heladora y hacer funcionar unos 20 minutos.
7. Formar bolas con la cucharilla de los helados, rociarlas con unas cucharadas de ron y rodear de unas cuantas moras y menta fresca.

MELÓN A LA PLANCHA CON HELADO DE FRAMBUESA

Para seis personas: 1 melón piel de sapo, 2 cucharadas de azúcar, ½ l de helado de frambuesa y 1 tarrina de frambuesas.

1. Formar bolas con el helado y guardarlas en el congelador para que se endurezcan con la forma y queden más brillantes.
2. Cortar el melón en sentido horizontal, en rodajas de 5 cm de ancho, quitar los filamentos y pepitas, espolvorearlas de azúcar y hacerlas en sartén de hierro durante 3 minutos de cada lado.
3. Sacarlas, colocarlas calientes en los platos y llenar el centro con bolas de helado y frambuesas.
4. Adornar con menta y servir.

SOPA DE CÍTRICOS CON HELADO DE QUESO Y BIZCOCHO DE ZANAHORIA

Para ocho personas: sopa de cítricos: 1 vaso de zumo de naranja, 3 cucharadas de zumo de limón, 1 vaso de zumo de zanahoria (3 zanahorias licuadas) y 1 vaso de vino de azúcar (100 gr).

Bizcocho de zanahoria: 3 huevos, 125 gr de azúcar, 150 gr de almendra molida, mitad tostada mitad cruda, 100 gr de zanahoria cruda rallada, 4 cucharadas de harina, 1 ½ cucharaditas de levadura en polvo, 1 cucharadita de ralladura de limón, hojas de menta.

Para acompañar: helado de limón o de yogur.

1. Bizcocho de zanahoria: batir los huevos en la batidora eléctrica de varillas con el azúcar y la ralladura de limón hasta que estén muy espumosos.
2. Fuera de la batidora, añadir la harina mezclada con la levadura en forma de lluvia, con movimiento envolvente para que no se bajen los huevos.
3. Añadir las almendras, siempre con movimiento envolvente y, por último, la zanahoria rallada, con cuidado de que los huevos no se bajen.
4. Engrasar con mantequilla moldes de silicona individuales, enharinarlos y llenarlos hasta las ¾ partes con la crema de bizcocho.
5. Espolvorear con azúcar glas y cocerlos en el horno a 180 °C durante 30-40 minutos.
6. Disolver el azúcar en los zumos mezclados y colarlos.
7. Desmoldar los bizcochos de zanahoria, colocarlos en los platos y poner encima de cada uno una quenelle de helado.
8. Servir la sopa.

SORBETE DE ACEITUNAS NEGRAS AL ROMERO Y TOMILLO

Para ocho personas: ½ kg de aceitunas negras, 1 vaso de agua de azúcar, 1 vaso de agua de agua, unas gotas de zumo de limón, romero, tomillo y una pizca de sal.

1. Disolver el azúcar en el agua, añadir una pizca de sal y hervirlo 5 minutos para conseguir un almíbar y dejarlo enfriar.
2. Deshuesar las aceitunas (existe un deshuesador semejante al prensa ajos con el que resulta muy fácil o comprarlas deshuesadas).
3. Triturarlas en la Thermomix con una pizca de tomillo, de romero y gotas de zumo de limón.
4. Añadir el almíbar, batir y dejar enfriar la mezcla en la nevera unas horas.
5. Introducir la mezcla en la sorbetera el tiempo indicado por el fabricante (unos 20 minutos, pero varía según el aparato y es mejor seguir las instrucciones).
6. Hacer quenelles con dos cucharas o con la cuchara especial y adornar con tomillo y romero.

SORBETE DE MANGO

Para ocho personas: 500 gr de mango (mejor manga que es más sabrosa aunque de color algo más pálido), 1 vaso de azúcar, 1 vaso de agua, el zumo de 1 lima, 1 palo de vainilla y 1 estrella de anís estrellado.

Salsa de frambuesas: 1 tarrina de frambuesas, 4 cucharadas de azúcar y 1 chorreón de zumo de limón.

1. Disolver el azúcar en el agua, en un cazo, añadir el zumo de lima, la vainilla y la estrella de anís y cocer durante 5 minutos a fuego vivo.
2. Dejar enfriar el almíbar y, cuando esté frío, quitar la vainilla y la estrella de anís.
3. Pelar los mangos, sacar el hueso central y triturar la pulpa en la batidora.
4. Mezclar este puré con el almíbar sin vainilla ni anís y guardarlo en la nevera.
5. Cuando esté muy frío introducirlo en la sorbetera y ponerla a funcionar hasta que se solidifique.
6. Servirlo en copas adornado con el anís, la vainilla, menta fresca y si se quiere con salsa de frambuesas.
7. Salsa de frambuesas: triturar la tarrina de frambuesas con el azúcar y el chorreón de zumo de limón, colar para eliminar las semillas y reservar en la nevera.

SORBETE DE FRESÓN CON GINEBRA Y LIMA

Para ocho personas: ½ kg de fresón, 1 vaso de vino de azúcar, 1 vaso de vino de agua, 1 vaso de vino de ginebra, unas gotas de zumo de lima, 2 vasos de cubitos de hielo, una pizca de sal, menta fresca y rodajas de lima.

1. Disolver el azúcar en el agua, añadir un pellizco de sal y hervirlo 5 minutos para conseguir un almíbar y dejarlo enfriar.
2. Triturar los cubitos de hielo en el vaso de la batidora para que resulte un líquido muy frío.
3. Lavar los fresones, quitar el pedúnculo y triturarlos encima del hielo con el zumo de lima.
4. Añadir el almíbar y la ginebra, mezclar.
5. Introducir la mezcla en la sorbetera el tiempo indicado por el fabricante (unos 20 minutos, pero varía según la marca y es mejor seguir las instrucciones).
6. Servir en ocho copas grandes de Martini con una rodaja de lima y un ramito de menta.

SORBETE DE MELOCOTÓN

Para cuatro personas: 4 melocotones frescos o de lata, 2 albaricoques maduros, 300 gr de azúcar y 2 cucharadas soperas de zumo de limón.

1. Lavar los melocotones y licuarlos en la licuadora o pasar la pulpa por la trituradora.
2. Completar con agua hasta conseguir 1 l de líquido.
3. Colar el zumo resultante y añadir el zumo de limón y el azúcar, mover el líquido hasta que se disuelva bien el azúcar.
4. Llenar la cubeta de la heladora con la preparación, ponerla en marcha y dejar funcionar hasta que se solidifique, unos 20 minutos.
5. Guardar en el congelador para que tome más cuerpo.
6. Servir en copas adornado con unas hojas de menta fresca.

SORBETE DE MELÓN Y SANDÍA

Para cuatro personas: 1 melón de 1 ½ kg, un chorreón de zumo de limón, 4 cucharadas de azúcar, 2-3 hojas de menta fresca, 4-5 cubitos de hielo, 1 copa de Pippermint y una pizca de sal.

Para acompañar: bolas de sandía.

1. Cortar el melón por la mitad, sacar las pepitas y los filamentos y separar la pulpa.
2. Triturar la pulpa con el azúcar, la menta picada, el zumo de limón, el Pippermint y los cubitos de hielo.
3. Poner la mezcla en la sorbetera y hacerla funcionar hasta que se solidifique.
4. Servir con bolas de sandía.

SORBETE DE MOJITO

Para ocho personas: 1 vaso de agua de azúcar, 1 vaso de agua de agua, 200 gr de hojas de menta fresca, 1 vaso de vino de ron blanco, el zumo de 4 limas y 1 vaso de vino de agua mineral con gas.

1. Disolver el azúcar en el agua, acercar al fuego y cocer 3 minutos para hacer un almíbar ligero.
2. Añadir las hojas de menta picadas finas y dejarlas en infusión, tapado hasta que se enfríe por completo.
3. Añadir el ron, el zumo de lima y el agua con gas y guardar en la nevera para que esté muy frío.
4. Poner en funcionamiento la sorbetera, llenarla con la preparación y mantener el tiempo que indique el fabricante (unos 20 minutos).
5. Guardar en el congelador hasta el momento de servir.
6. Servirlo en copas o en chupitos pequeños, con hojas de menta fresca, espolvoreado de menta picada.

SORBETE DE PEDRO XIMÉNEZ CON PASAS

Para ocho personas: 1 vaso de agua de Pedro Ximénez, 1 vaso de agua de agua, 50 gr de uvas pasas de Málaga, 1 botellín de cava frío, 4 cucharadas de azúcar y zumo de limón.

1. Poner las pasas a remojo del Pedro Ximénez durante 1 hora.
2. Disolver el azúcar en el agua y cocer 3 minutos.
3. Mezclar con el cava y añadir un chorreón de zumo de limón.
4. Unir a lo anterior el Pedro Ximénez, con sus pasas y guardar en la nevera unas horas.
5. Introducir en la sorbetera hasta que se solidifique.
6. Servirlo en copas pequeñas con algunas pasas por encima.

SORBETE DE PIÑA

Para cuatro personas: 1 piña natural (1 kg), 1 cucharada de miel, 1 cucharada de glucosa en polvo, 270 ml de azúcar y 240 ml de agua.

Para acompañar: granillo de chocolate.

1. Pelar la piña, cortar la pulpa en trozos y triturarla hasta conseguir un puré (se puede comprar el puré ya hecho en grandes superficies, en la zona de refrigerados o congelados).
2. Calentar el agua, disolver la miel, añadir el azúcar y la glucosa en polvo y hacer hervir durante 5 minutos a fuego fuerte.
3. Retirar del fuego y esperar a que bajen las burbujas de la ebullición.
4. Mezclar el almíbar con el puré, batir y enfriar tapado con papel film en la nevera.
5. Introducir en el vaso de la heladora y cuajar (unos 20 minutos).
6. Servir el sorbete espolvoreado de granillo de chocolate.

SORBETE DE PLÁTANO DE CANARIAS CON FRAMBUESAS

Para cuatro o seis personas: ¼ kg de azúcar, ¼ l de agua, ½ kg de pulpa de plátanos de Canarias y el zumo de 1 limón verde.

Guarnición: 150 gr de frambuesas y menta fresca.

1. Disolver el azúcar en el agua, cocer durante 1 minuto contando desde que empiece a hervir y dejar que se enfríe.
2. Machacar la pulpa de los plátanos y triturarla en la batidora con el almíbar frío, añadir el zumo de limón.
3. Llenar la sorbetera y dejar funcionar hasta que se solidifique el sorbete.
4. Servir el sorbete en copas con frambuesas y hojas de menta.

SORBETE DE SANDÍA CON SALSA DE MENTA

Para ocho personas: 1 sandía de 1 ½ kg, aproximadamente (hace falta 1 kg de pulpa), azúcar al gusto y un chorreón de zumo de limón.

Salsa de menta: 1 manojo de menta fresca, 2 cucharadas de azúcar, 1 vaso de vino de agua, 1 cucharadita de maicena y 1 copa de Pippermint.

1. Cortar la sandía por la mitad, separar la pulpa cuidando de recoger el jugo y quitar las pepitas, triturar la pulpa con el zumo de limón, añadir el azúcar y guardar en la nevera.
2. Cuando esté muy fría, llenar la sorbetera en funcionamiento hasta que cuaje.
3. Si no se tiene heladora eléctrica, añadir dos claras montadas a punto de nieve y guardar en el congelador de un día para otro.
4. Cuando se solidifique, hacer bolas con la cucharilla de hacer helados y servir con la salsa de menta.
5. Salsa de menta: lavar la menta y deshojarla.
6. Disolver el azúcar en el agua, añadir las hojas de menta y cocer 7 minutos a fuego vivo.
7. Reposar tapado 10 minutos, colar y añadir la maicena disuelta en agua, cocer e incorporar el Pippermint.

TARTA AL WHISKY

Para ocho personas: bizcocho: 2 huevos, 2 cucharadas de azúcar y 2 cucharadas de harina.

Helado: 5 huevos, 5 cucharadas de azúcar, ¼ kg de nata montada, 4 cucharadas de whisky y 6 cucharadas de azúcar para hacer caramelo.

1. Bizcocho: batir los huevos con el azúcar en la batidora de montar claras, hasta que estén muy espumosos.
2. Fuera de la batidora, añadir la harina espolvoreada con un colador, a mano con movimiento envolvente.
3. Ponerlo en un molde desmontable de 24 cm, engrasado y enharinado, y cocerlo en el horno a 175 ºC durante 8 minutos.
4. Helado: batir cuatro yemas y un huevo entero con cinco cucharadas de azúcar, en la batidora eléctrica hasta que estén muy espumosos.
5. Añadir el whisky, la nata montada y las cuatro claras restantes, montadas a punto de nieve.
6. Hacer caramelo con el azúcar, en un molde de 24 cm de diámetro, no desmontable.
7. Llenar el molde caramelizado con la crema y meter en el congelador durante unas 12 horas.
8. Cuando esté congelado, sumergir durante 1 minuto en agua hirviendo y volcar sobre el bizcocho.
9. Colocar la tarta en la fuente de servir y bordearla con nata puesta en manga con boquilla rizada.

MASAS

Se llama masa a la mezcla homogénea de harina y agua, con o sin otros ingredientes, que forma una bola más o menos dura y de textura maleable.

Hay masas para pan, bollería, masas sin levadura como la pasta brisa, la quebrada y la de hojaldre, o masas blandas como la de la pasta *choux* y la de los churros, con sus mil variedades.

También se denomina masa a la pasta líquida para hacer *crêpes* o filloas y a la masa de rebozar.

HISTORIA

El trigo ha tenido siempre tanta importancia en la alimentación que forma parte de la mitología de muchos pueblos. En Egipto se atribuía su descubrimiento a la diosa Isis, los griegos honraban a Deméter, diosa de la fecundidad, con un grano de trigo y, según los romanos, fue Ceres (de donde deriva la palabra «cereal») quien llenó de trigo el cuerno de la abundancia para derramarlo sobre la Tierra. El trigo y el pan son una constante en la Biblia y el pueblo hebreo ofrecía al Señor la primera gavilla de la cosecha en la fiesta de Pentecostés.

En la época de los faraones de Egipto la levadura entra a formar parte del pan. Hasta entonces, los trigos que se producían eran muy duros de cáscara y para pelarlos había que tostarlos, de manera que se destruían las enzimas del trigo y se anulaba el efecto de la levadura. Al conseguir trigos aptos de pelarse sin tostar, se empezaron a preparar los panes levados.

Los fermentos más antiguos utilizados como levadura fueron los de espuma de cerveza, según nos cuenta Plinio el Viejo. Los griegos usaban como fermento harina de mijo mezclada con zumo de uva o salvado de trigo empapado en vino blanco. También hacían una papilla de agua y harina que dejaban agriar. Más tarde tomaron la costumbre –utilizada todavía en algunos sitios– de guardar un poco de masa de la víspera para incorporarlo a la masa del día siguiente.

CLASES DE HARINA

La harina de trigo es la más empleada en la confección del pan, aunque en el norte de Europa, por razones de clima, se plantaba más centeno que trigo y, por lo tanto, el pan de centeno es tradicional allí. En la Europa meridional, a partir del siglo XVII se comenzó a cultivar el maíz traído de América y en la actualidad se sigue cociendo pan de maíz.

Hoy en día existe una gran variedad de panes de distintos cereales e incluso de la mezcla de 3 o 5, a los que en ocasiones se les añaden semillas de pipas de girasol, de amapolas, frutos secos o aceitunas (después damos recetas de algunos de estos panes).

Los cereales más empleados después del trigo son:

- El centeno: que junto con el trigo es el que contiene más gluten, por lo que la masa resulta más extensible y elástica.
- El maíz, la cebada, la avena, el arroz y la mandioca: en Bolivia y Paraguay.
- El sorgo: oriundo de regiones tropicales y subtropicales de África Oriental, se cultiva en su zona de origen, Europa, América y Asia como cereal.
- La espelta: origen de todas las variedades de trigo, con alto contenido en proteínas, minerales y vitaminas, sobre todo del grupo B.
- El mijo: muy rico en energía, es ideal para las personas celíacas ya que no contiene prolaminas tóxicas y reemplaza gran cantidad de los nutrientes de los alimentos con gluten.

LA ELECCIÓN DE LA HARINA DE TRIGO

Hay varios tipos de harina, según provenga de trigos duros –los de invierno– o de trigos blandos –los de primavera–. Los trigos duros son más ricos en elementos nutritivos que los blandos y producen la llamada harina de fuerza o fuerte, que es la más adecuada para hacer el pan. La harina de fuerza tiene un alto contenido en gluten, la proteína vegetal que se encuentra especialmente en la harina de trigo. Al amasarse con agua, forma una red elástica a través de la masa que retiene el anhídrido carbónico liberado por la levadura y expande la masa. Cuanto más gluten tiene la harina más sube la masa. La harina débil o floja contiene menos gluten y se emplea para hacer galletas, pastas de té y otros productos. Entre los dos polos hay un abanico de mezclas de ambas harinas en diferentes proporciones que comercializan las distintas fábricas.

LA LEVADURA

La levadura de panadería o levadura prensada es la más utilizada en la actualidad. Se trata de un hongo *(Saccharomyces cerevisiae)* y, por lo tanto, de un ser viviente que se produce de manera industrial y se vende prensado en bloques pequeños. Tiene un color grisáceo claro y tacto húmedo. Se desmiga fácilmente y solo dura activa de 5 a 7 días a temperatura ambiente. Una forma de conservarla es dividida en piezas del peso adecuado según las necesidades, envueltas de forma individual y congeladas. Hoy se encuentra ya en porciones de 30 gr en la sección de refrigerados de las grandes superficies. De esta forma pueden durar hasta dos meses sin perder sus propiedades.

Hay otros dos tipos de levadura: la **desecada,** que se conserva durante mucho tiempo si está aislada de la humedad; y la **levadura química o en polvo,** que se emplea más en pastelería y debe su efecto casi inmediato a la reacción entre una sustancia alcalina y otra ácida. Su composición es una mezcla de bicarbonato sódico, crémor tártaro, pirofosfato de sodio, etc.

CÓMO ACTÚA LA LEVADURA

La levadura se mezcla con agua templada y una pequeña cantidad de harina (una décima parte del total), se deja reposar en sitio templado o tibio para que se produzca la fermentación, que consiste en la formación de burbujas de anhídrido carbónico, que resultan de la transformación del azúcar que contiene la harina. El gas carbónico dilata las proteínas elásticas del gluten y la masa se airea y esponja. Esta masa-levadura se une al resto de la masa y se trabaja (a mano o a máquina) para eliminar el exceso de gas, distribuirla mejor y aumentar la elasticidad del gluten.

EL AGUA

Del grado de humedad de la harina depende la cantidad de agua que admita una masa. Esta proporción también varía del invierno al verano, o del clima húmedo al seco. Es muy importante la temperatura del agua al hacer la mezcla de harina y levadura. Si estuviera muy caliente destruiría los fermentos y si está fría no lograría activarlos. Hay una fórmula sencilla para buscar la temperatura ideal, que según los entendidos debe ser de 23 ºC. Compensar con el agua la suma de la temperatura de la habitación donde se amasa y de la harina que puede venir fría de la despensa. Si la habitación está a 23 ºC y la harina a 10 ºC, el agua hay que ponerla a 36 ºC para que el amasado sea a 23 ºC.

A continuación, vamos a ver en detalle masas de diferentes tipos: de pan, para bollería, de hojaldre, para fondear, fritas, de pasta brick y filo, de *crêpes,* tortitas, blinis y *gaufres, choux* y buñuelos de viento.

MASAS DE PAN

Esta masa consiste básicamente en una mezcla de harina, agua, sal y levadura que se hornea, tras un tiempo de reposo para que fermente la masa gracias a la levadura. Las masas de bollos cuentan con estos mismos elementos pero pueden llevar incorporado algún otro ingrediente como grasa, generalmente mantequilla, huevos y azúcar.

EL PAN CASERO

Hacer pan es un arte relajado. No hay ningún paso que no pueda ser adelantado o retrasado para dar lugar a quehaceres más urgentes. Si interesa interrumpir la subida de los panecillos, se pueden congelar; si hay que acelerar el proceso, siempre es posible colocar la masa cerca de una fuente de calor o en el horno templado; si la masa está correosa, se relaja reposando en sitio fresco al tiempo que el eventual panadero se relaja también.

Hay muchos tipos de pan de venta en panaderías especializadas: candeal, castellano, viena, francés, payés, gallego, integral, de 7 cereales, de espelta, chapata con pasas y nueves, aceitunas, maíz con pipas, etc., cada uno tiene un carácter distinto que, considerando que los ingredientes base son siempre los mismos –harina, sal, levadura y agua–, depende de las proporciones, de la forma de amasar, del tiempo de subida y reposo y del horneado que da a cada pieza su personalidad.

TÉCNICA PARA AMASAR A MANO

- Preparar la masa-levadura como se ha dicho y dejarla subir en sitio templado o en un bol lleno de agua templada.
- Mezclar el resto de los ingredientes en un bol, hasta que la masa empiece a ser homogénea.
- Poner la bola de masa en la mesa y unirla a la masa-levadura.
- Aplastar y golpear la masa una y otra vez contra la superficie hasta que se vuelva elástica, con las manos y la mesa espolvoreadas ligeramente de harina, girar y doblar de forma ininterrumpida.
- Levantar la bola y tirarla con fuerza sobre la mesa para «meterle aire» y que adquiera elasticidad y deje de ser pegajosa, con tendencia a recuperar su forma si se le introduce un dedo.
- Dejar fermentar tapada en sitio templado.

TÉCNICA PARA AMASAR A MÁQUINA

En la actualidad, hasta en las casas particulares, existen amasadoras eléctricas que hacen todo el trabajo. La técnica es la siguiente:

- Emplear las varillas con forma de sacacorchos, que retuercen y estrujan la masa de forma incansable.
- Dejar funcionar la máquina hasta que la masa se desprenda de las paredes y de las espirales.
- Dar un primer reposo hasta que suba (cerca de 1 hora).
- Si está demasiado firme, se le puede añadir un poco de agua; si está floja, admite algo más de harina.

EL PUNTO DE LA MASA

Hay una prueba casera para comprobar el punto: apoyar la mano extendida sobre la bola de masa, cerrar la mano y contar hasta diez. Abrir la mano y retirarla. Si no quedan partículas de masa pegadas a la mano, la masa está lista para dejarla subir el tiempo y en la forma prescritos por la receta. Si se pega la mano hay que espolvorear un poco de harina y continuar amasando.

TIEMPO DE FERMENTACIÓN

La masa necesita reposar en sitio templado, al abrigo de corrientes, para que las células de la levadura se multipliquen, liberando el anhídrido carbónico que expande y hace crecer la masa. A más baja temperatura, más tiempo tardará en subir. Los profesionales consideran que 21-23 °C es la temperatura óptima para que el pan desarrolle todo su sabor. El proceso se puede acelerar en una habitación más templada, pero muchos panaderos no admiten este sistema.

PREPARAR LA MASA PARA FERMENTAR

- Colocar la bola de masa en un bol de barro enharinado, porque este material conserva muy bien la temperatura.
- Hacer una cruz en la parte superior.
- Tapar con un plástico bien apretado en los bordes del bol para que no pierda humedad y cubrir con un paño de lana.
- Esperar hasta que la masa duplique el tamaño de la bola inicial y se desdibuje la cruz.
- Si se presiona con un dedo cerca del borde y la hendidura permanece, la masa ha subido lo suficiente.

ROMPER LA MASA

Después de esta primera subida, tanto si se ha amasado a mano o a máquina, hay que:

- Romper la masa, es decir, amasarla ligeramente para que vuelva a su tamaño original.
- Darle la forma definitiva de panes, bollos, etc.
- Colocarlos en la placa de horno enharinada.
- Cubrirlos con un paño y una manta de lana.
- Dejar que suban hasta que doblen o tripliquen su tamaño.

Antes de esta última subida es el momento de guardar en la nevera los panecillos o los bollos y sacarlos unas horas antes de servirlos para que suban y se cuezan en el horno. Si se diera el caso de que suben demasiado pronto (puede reducirse el tiempo hasta 2/3, según la temperatura reinante) y hay peligro de que la masa expandida se colapse al calor del horno, hay que amasar de nuevo y volver a dar forma al pan.

CLASES DE HARINA

Otro de los secretos de la masa está en el horno y aquí sí que hay que ser estricto y seguir al pie de la letra la temperatura que se indica en las recetas y los tiempos de cocción. Hoy en día los hornos domésticos suelen ser eléctricos y con un perfecto control de temperatura, lo que facilita enormemente la cocción del pan o de los bollos, sin embargo, los grados que corresponden al número del termostato varían de manera notable de unas marcas a otras y es conveniente controlar la temperatura con un termómetro antes de introducir el pan. Según la clase de pan, la temperatura del horno puede oscilar entre 195-230 °C, y si el calor no es uniforme en todo el horno se deben cambiar de posición las bandejas para que se cueza todo por igual.

Los hornos turbo eléctricos están provistos de un ventilador para que el aire caliente circule y se puedan cocer varias bandejas a la vez, pero suelen dar temperaturas más bajas. Nunca se debe abrir el horno durante los primeros 15-20 minutos de la cocción porque se puede frenar la subida y quedar el pan apelmazado.

LA IMPORTANCIA DE LA HUMEDAD EN EL HORNO

Los hornos profesionales están equipados de generadores de vapor que favorecen el crecimiento y caramelizan el azúcar en la masa, lo que proporciona a la corteza su color amarillo dorado y el lustre brillante. En la cocción casera de pan bastará con proporcionar algo de vapor al principio de la cocción, porque luego la humedad propia de la masa es suficiente. Para esto se rocía el suelo del horno con un vaporizador y en cuanto salga el vapor por las junturas de la puerta se introduce el pan. No debe haber humedad en el horno cuando la corteza empiece a dorarse, solo al principio de la cocción.

TRUCOS Y CONSEJOS

- Si la masa de levadura está demasiado blanda y se desparrama en la plancha de hornear durante la segunda subida, hay que volver a amasar añadiendo algo de harina.
- Si está demasiado dura, firme y poco maleable, es que lleva harina en exceso. Hay que intentar añadir agua templada amasando con fuerza.
- La sal es muy importante para la buena fermentación. Si se olvida poner sal a la masa, puede resultar viscosa y correosa por más que se trabaje.
- Cuando no sube una masa es que la levadura estaba muerta o el agua demasiado caliente y ha destruido los fermentos. Se puede arreglar preparando de nuevo una masa-levadura que se incorpora al total de masa.
- Cuando una masa sube con exceso, probablemente se derrumbará en el horno. Hay que romperla y formar otra vez los panes no dejando que aumente más de lo indicado en la receta.
- Si una vez subida la masa, se observa que el molde es de tamaño desproporcionado, no hay inconveniente en volver a amasar y elegir el molde adecuado. Es normal que antes de hornear las masas suban 1 cm por encima del borde del molde.
- Si los panes salen con la corteza demasiado dura, la próxima vez hay que hornear con menos vapor. Si es demasiado blanda, vaporizar algo de agua en el fondo del horno o pintarlos con una brocha mojada en agua antes de hornearlos.
- Cuando debajo de la corteza del pan se forma un túnel, es que se ha resecado la superficie de la pieza en la subida. Para que esto no suceda se debería haber tapado bien con plástico.
- Si se observan capas de distinta textura y color debajo de la corteza, es que se le ha añadido harina a última hora y no se ha amasado lo suficiente.
- El pan puede congelarse metiéndolo ya frío en una bolsa de plástico y dura hasta una semana. Para descongelar se deja a temperatura ambiente dentro de la bolsa hasta que la humedad haya desaparecido y se calienta en el horno a 175 ºC durante 15 minutos.
- Si está cortado en rodajas, tostarlas cuando todavía se encuentren congeladas.
- Para congelar los panecillos semicocidos se retiran del horno cuando tienen su tamaño definitivo y antes de que se doren.
- Fríos se guardan en bolsas de plástico y se termina la cocción a 200 ºC, durante 10 minutos antes de consumirlos.
- También se puede congelar la masa antes de que empiece a subir encerrada en una bolsa de plástico o interrumpir la subida de los bollos o panes una vez formados, metiéndolos en la nevera o en el congelador. Naturalmente hay que dar tiempo a que vuelvan a la temperatura ambiente para pasar después a la fermentación.

MASAS PARA BOLLERÍA

Son masas de levadura semejantes a la masa de pan y de las de algunas empanadas y *pizzas*. En general se confeccionan con harina de fuerza y levadura prensada o de panadería. Con ellas se preparan los bollos del desayuno y la merienda, los *brioches* franceses, babas y savarines.

Igual que la masa de pan, estas masas se suelen preparar en dos tiempos: primero se confecciona una masa-levadura y, mientras fermenta, se prepara la segunda masa, que, cuando ya ha admitido todos los ingredientes, se une con la masa-levadura para que fermente.

También se puede hacer la masa directamente incluyendo la levadura en el conjunto (siempre disuelta en leche o agua templada), sin hacer antes la bola de masa-levadura.

LA TÉCNICA SIN MASA-LEVADURA

- Diluir la levadura prensada en un poco de leche templada.
- Añadir esta mezcla al resto de ingredientes líquidos (leche y huevos).
- Incorporar los productos secos (harina de fuerza, sal y azúcar).
- Por último, incorporar la mantequilla pomada.
- Trabajar la masa y formar una bola.
- El resto del proceso es el mismo que se describe a continuación como «segunda masa», para la que se utiliza masa-levadura previa.

LA TÉCNICA CON MASA-LEVADURA

- Deshacer la levadura prensada en unas cucharadas de agua o leche templadas.
- Incorporar con cuchara unos 100 gr de harina.
- Amasar con la yema de los dedos.
- Formar una bola suave.
- Introducirla en un bol con agua caliente.
- Esperar que suba a la superficie.
- Mezclarla con la segunda masa.

Segunda masa: se puede hacer a mano o en amasadora eléctrica:

A MANO

- Poner el resto de la harina tamizada en la mesa.
- Hacer en el centro un agujero en forma de volcán.
- Poner en el centro un pellizco de sal disuelta en agua templada, huevos, azúcar, mantequilla y licores, o lo que pida la receta.
- Mezclar la harina en el centro con los otros ingredientes y amasar hasta que queden incorporados a la harina.
- Estirar la masa y colocar en el centro la masa-levadura ya fermentada.
- Trabajarla sin descanso: sobar, golpear, estirar, envolver, tirarla desde cierta altura contra la mesa.
- Objetivo: obtener una mezcla perfecta e introducir aire en ella a base de golpes, sobado y amasado.

EN AMASADORA ELÉCTRICA

- Poner la harina en el bol.
- Añadir todos los ingredientes.
- Hacer funcionar la máquina a baja velocidad, hasta que se integren los ingredientes.
- Dejar que trabaje la amasadora hasta que la masa se despegue de las paredes del bol.
- Amasar por lo menos media hora.

HACER SUBIR LA MASA

Tanto si se ha amasado a mano o en amasadora, o si se ha hecho con masa-levadura o sin ella, cuando la masa no se pegue a los dedos y esté elástica, hay que dejar que suba por el siguiente proceso:

- Formar una bola.
- Enharinarla.
- Colocarla en un bol enharinado.
- Hacer una cruz en el centro con un cuchillo afilado.
- Cubrirla con un paño limpio.
- Introducir el bol en una bolsa de plástico.
- Cerrar la bolsa.
- Guardarla en sitio templado sin corrientes de aire (por ejemplo, un horno que no se emplee).
- Dejarla reposar 2-3 horas hasta que, por haber doblado su tamaño, desaparezca la cruz.
- Romper la masa, es decir, amasarla sobre el mármol para detener la fermentación.
- Formar una bola enharinada.
- Hacerla fermentar de nuevo durante una media hora, con las mismas precauciones; tapada, fuera de corrientes y a temperatura templada.

FORMAR LAS PIEZAS

Cuando la masa haya subido dos veces, la primera vez durante unas 2-3 horas y la segunda en una media hora, se procede a dar forma a la masa, según las indicaciones de la receta.

Una vez formadas las piezas:

- Colocarlas en placas pasteleras.
- Hacer o no un corte, según indique la receta.
- Taparlas con un paño y dejar que suban de nuevo.
- Pintarlas con huevo batido.
- Espolvorear o no, de azúcar o lo que aconseje la receta.
- Hornear el tiempo y a la temperatura que exija la receta.

QUÉ SE PUEDE HACER CON ESTA MASA

Al ser tan variadas las recetas que con la base de una masa-levadura se pueden hacer, y tan obvias las explicaciones de cómo son estos bollos conocidos de todos, nos limitaremos a enumerar los de consumo más frecuente, para que en cada caso se siga la receta respectiva: bollos de leche o suizos, medianoches, *croissants,* ensaimadas, *brioches, muffins,* panetones de Milán, roscón de Reyes, tortas de aceite, baba, savarin, etc. Cada especialidad tiene su receta.

TRUCOS Y CONSEJOS

- La levadura biológica es un hongo natural que reacciona al contacto con la humedad y el calor (por eso se disuelve siempre en agua o leche templada, nunca caliente porque la mataría).
- La levadura no puede entrar en contacto directo con la sal porque disminuye su efecto.
- La harina para masas de levadura debe de ser «de fuerza», es decir, la misma que se emplea para el pan.

- La levadura tiene que ser de cerveza o prensada (se vende en panaderías y en algunos supermercados en la zona de refrigerados).
- La cantidad de levadura necesaria, salvo indicación contraria de la receta, es de unos 30-40 gr por kg de harina.
- No se debe añadir más harina de la indicada en la receta.
- Para poder amasar sin que se pegue la masa a los dedos, se pueden engrasar con algo de aceite, pero no mucho.
- El exceso de azúcar dificulta la subida de la masa.
- Una pizca de sal es necesaria para una fermentación completa.
- Las masas de *brioches,* savarines, babas y ensaimadas necesitan hasta 6 horas para subir.
- En repostería es muy útil el horno de convención, porque el aire caliente, impulsado por un motor, hace que la temperatura sea uniforme en todo el horno y se pueden hornear varias bandejas a la vez.
- Para conseguir una corteza crujiente, por ejemplo en los *croissants* o el pan dulce, se debe pintar la superficie con agua o humedecer la base del horno con unas gotas de agua para humidificarlo.

MASA DE HOJALDRE

Es una de las masas más famosas y laboriosas de realizar. Una vez cocida presenta una serie de capas finísimas superpuestas debido al modo en que se incorpora la mantequilla a una masa hecha con harina y agua y a los distintos dobleces que se le dan, respetando siempre un tiempo de reposo entre cada uno de ellos.

Existen en el mercado masas de hojaldre, congelado o refrigerado, que dan muy buenos resultados en todo tipo de preparaciones caseras, por lo que no suele hacerse en casa, ya que no son difíciles, pero sí laboriosas.

El hojaldre lleva la misma cantidad de mantequilla (existe una mantequilla especial para hojaldre, que tiene un porcentaje mayor de grasa, de venta en establecimientos especializados en repostería) que de harina, 10 cucharadas de agua fría para 250 gr de harina o mantequilla, sal y harina para espolvorear la mesa. Se debe hacer sobre mármol con la cocina muy fresca.

LA TÉCNICA

- Colocar la harina en la mesa en forma de volcán.
- Poner el agua con la sal disuelta en el hueco.
- Unir la harina con el agua hasta formar una bola más blanda que dura.
- Formar rápidamente una bola.
- Hacer unos cortes en forma de cruz.
- Envolverla en papel film.
- Dejarla reposar 15 minutos en la nevera.
- Envolver en papel sulfurizado el trozo de mantequilla, dando al papel el tamaño y la forma cuadrada deseada.
- Presionar en el centro con el rodillo hasta que la mantequilla se ablande y adquiera el tamaño del papel (no se sale por los bordes porque está envuelta), dejar que se endurezca en la nevera.
- Aplanar la bola de masa sobre la mesa enharinada en forma rectangular de igual espesor, rectificando los bordes empujándolos con el rodillo.
- Poner el rectángulo de masa, que está en vertical, en horizontal respecto al que la trabaja.
- Colocar en el centro el cuadrado de mantequilla, que es más pequeño, y envolverlo doblando el tercio derecho sobre la mantequilla y luego el tercio izquierdo sobre el total: el resultado es un cuadrado perfecto de tres capas, cuyos extremos estarán alineados.
- Hacer una marca con un dedo en un extremo de la superficie, para saber: a) que es la primera vuelta; y b) que ese lado debe estar siempre abajo a la izquierda.

- Envolverlo en papel film y dejar reposar media hora en la nevera.
- Sacar la masa, colocar la marca abajo a la izquierda, extenderla hasta forma un rectángulo como el primero y repetir la operación, espolvoreando siempre con harina la encimera y el rodillo.
- Hacer la segunda marca y otra vez a la nevera.
- Extender de nuevo, doblar y así hasta completar seis vueltas.
- Aplanarla de igual forma y dar la segunda vuelta siempre en el mismo orden y de la misma forma, de izquierda a derecha.
- Repetir la operación seis veces, dejándola reposar en la nevera 15 minutos entre vuelta y vuelta.
- Se debe trabajar el hojaldre en un ambiente fresco.
- Estirarlo con el rodillo presionando por igual por toda la superficie para que no se deforme y queden los lados rectos.
- Después de formarlo según la receta, guardarlo en la nevera para que esté muy frío antes de meterlo en el horno.
- No se puede deformar ni amasar de nuevo, una vez que la forma esté ya dada.
- Los recortes, apilados unos encima de otros, se pueden guardar para hacer palitos de queso de aperitivo.
- Para cocer el hojaldre hay que poner las piezas formadas sobre una placa pastelera mojada con agua y bien escurrida, para que se adhiera la base y suba más despegándose en hojas (milhojas).
- Si se hace *vol-au-vent* hay que rellenarlo cuando todavía está caliente, con la crema del relleno caliente también.
- Si estuviera ya frío, hay que calentarlo en el horno, vacío, e introducir el relleno caliente ya que si se rellenan en frío, se pueden reventar al llenarlos con el relleno caliente.

MASAS PARA FONDEAR

La **pasta brisa** o la **quebrada (sablé)** se utilizan para hacer tartaletas grandes o pequeñas y para fondear moldes de tartas. Se puede emplear en platos salados o dulces. Según algunos autores los dos nombres son sinónimos, otros opinan que la diferencia entre ellas es que una lleva huevo y azúcar y la otra no. Ambas consisten en la mezcla de la mitad de mantequilla que de harina, una pizca de sal, azúcar y huevo o yema cada 100 gr de harina o unas cucharadas de agua fría (en caso de que no lleve huevo, más o menos agua, la que admita la harina). Si se quiere una masa muy fina, aumentar un 50% la mantequilla. En la práctica se pone la mitad de mantequilla que de harina por razones de dietética.

LA TÉCNICA

- El secreto de esta masa es trabajarla poco y muy de prisa, el tiempo justo para formar una bola que se deja reposar tapada en sitio fresco, por lo menos media hora para que pierda correa.
- Colocar la harina con la sal y el azúcar en un bol y mezclar con la mantequilla en trocitos, agua, huevo, azúcar y sal.
- Trabajarla primero con la cuchara de palo en un bol y, en cuanto se pueda amasar con la mano, después sobre la mesa enharinada, hasta formar una bola.
- Dejarla reposar, tapada o envuelta en papel film, en sitio fresco.
- Enharinar la mesa y el rodillo y extenderla dejándola con un grosor uniforme.
- Antes de hornear, meterla en la nevera 20 minutos para que esté muy fría y haya un choque térmico de forma que no se encoja la masa en el horno.

FORRAR LOS MOLDES

- Engrasar el molde y enharinarlo (no es absolutamente necesario), mejor que sea de fondo móvil o desmontable. También se pueden emplear aros de pastelería colocados sobre la placa pastelera que se introduce en el horno.
- Enrollar la pasta extendida en el rodillo enharinado.
- Colocarla sobre el molde.
- Ahondar la masa en el fondo del molde hasta cubrir bien los ángulos.
- Cortar la pasta sobrante pasando el rodillo por el borde.
- Presionar con los dedos para pegarla a las paredes.
- Pinchar el fondo con un tenedor para que escape el aire y no suba ni haga globos.
- Colocar en el interior un papel engrasado y cubrirlo de garbanzos bien repartidos por el fondo para que hagan de peso.
- Si se trata de barquitas o tartaletas pequeñas, se colocan una al lado de la otra y se forran por el mismo sistema que los moldes grandes.
- Enfriar en la nevera.

COCAS DULCES

La masa de la Coca de Sant Joan, y la de las cocas dulces levantinas y catalanas, es más parecida a la masa de bollería, está enriquecida con huevo y guarnecida con frutas confitadas (véase apartado Masas para bollería).

QUÉ SE PUEDE HACER CON ESTAS MASAS

- Tartaletas, tanto para aperitivo como de postre con rellenos fríos o calientes.
- Tartas para rellenar con cremas y frutas como la de manzana, por ejemplo, o de almendra, de limón y de queso en grande, o en pequeño en forma de pasteles.

TRUCOS Y CONSEJOS

- La pasta cruda se conserva un par de días en la nevera, hecha una bola y envuelta en papel film.
- Las tartaletas cocidas, grandes o pequeñas, se conservan durante una semana dentro de una caja metálica.
- Hay que tener cuidado porque como llevan grasa y se pueden enranciar.
- Bien envueltas en papel film de cocina, se pueden congelar y duran 2-3 meses.
- Si las tartaletas son para platos calientes, y están hechas con anterioridad, se deben calentar en el horno, un momento sin rellenar, introducir el relleno caliente y volver a mantener en el horno si fuera necesario.

MASAS FRITAS

Son unas masas hechas con harina de repostería, con o sin levadura en polvo, que llevan aproximadamente la misma cantidad de aceite que de leche, agua o vino y la harina que admitan. Es la misma masa que la de empanadillas, pero para repostería en algunas recetas se añade una cucharadita de azúcar. Después de fritas se espolvorean de azúcar blanquilla o se riegan con miel.

BARTOLILLOS

Se trata de una masa fina cortada en obleas más o menos grandes, que hoy en día se puede comprar hecha de muy buena calidad, pero que es facilísima de hacer. Lleva aproximadamente 300 gr de harina con un poco de sal, un poco de azúcar, para 1 vaso de vino de aceite y otro de vino. Si se quiere se puede añadir una cucharadita de levadura en polvo a la harina. Según la calidad de la harina, se necesitará algo más para la misma proporción de aceite y de vino.

PESTIÑOS U OREJAS

Es una masa semejante a la de los bartolillos pero sin rellenar. Se cortan rombos que al freírlos en aceite caliente se aplastan con la espumadera en el centro, de manera que tomen forma retorcida. Para 300 gr de harina, 9 cucharadas de aceite templado, 8 cucharadas de zumo de naranja, ralladura de limón, 1 cucharada de matalahúva o anís en grano, 4 cucharadas de vino blanco, canela molida y aceite abundante para freír. Una vez fritos, se rocían con miel.

LA TÉCNICA

- Mezclar la harina con la levadura, la sal y una cucharadita de azúcar, añadir el aceite y el vino y amasar primero con una cuchara y después con la mano.
- Formar una bola, dejarla reposar y extenderla con el rodillo sobre la mesa enharinada lo más fina posible.
- Cortar círculos con cortapastas o con un vaso de boca ancha.
- Pintar los bordes de los bartolillos con el dedo o un pincel humedecido en agua, para que se peguen bien.
- Rellenar (si son bartolillos) con crema pastelera, doblar los bordes y formar piquitos en la unión para que se unan bien.
- Freírlos.
- Espolvorearlos en caliente con azúcar blanquilla.

CHURROS Y PORRAS

Es el desayuno clásico español que en Andalucía se llaman *calentitos,* y en Madrid churros o porras, según su forma y tamaño. Hoy están de moda e incluso ha habido churreros españoles que se han establecido en ciudades chinas y tienen gran éxito. Últimamente los rellenan o bañan en chocolate, pero eso no es lo clásico.

La masa es muy sencilla de preparar, pero generalmente se compran hechos porque hay churrerías especializadas en varios puntos (antiguamente en casi todas las esquinas de Madrid), e incluso es un puesto fijo en las ferias.

Llevan la misma cantidad en volumen de agua que de harina y una pizca de sal. Hay quien le añade una nuez de mantequilla a la masa, pero eso no es lo clásico. Hace falta aceite abundante para freírlos. Las porras tienen forma recta y los churros son como lazos y se hacen con la boquilla de la churrera más fina. También hay lugares en los que las porras las fríen como una gran espiral que llena la sartén, y luego las cortan, fuera del aceite pero en caliente.

LA TÉCNICA

- Calentar el agua con sal (y optativo la mantequilla) en un puchero hondo.
- Cuando esté hirviendo verter de golpe la harina.
- Mover con la espátula hasta que se desprenda de las paredes.
- Dejar templar.
- Introducir la masa en la churrera.
- Dejar caer churros o porras en el aceite hirviendo.
- Sacarlos en cuanto se doren.
- Espolvorearlos de azúcar.
- Servir calientes.

Si no se tiene churrera, se pueden hacer con la manga pastelera, pero es una masa muy dura que precisa apoyar la churrera en el hombro para ayudarse. Con la manga se necesitarían unas manos muy fuertes.

MASAS DE PASTA BRICK Y PASTA FILO

Hoy están muy de actualidad las masas de pasta brick o pasta filo que se adquieren en buenos establecimientos.

La **pasta filo** es una de las masas más delicadas, suaves, crujientes y finas que se utiliza en cocina. Deriva de la palabra *phillo,* representando la idea de delgado como una hoja de papel. Se presta para envolver cualquier relleno, dulce, fruta, hacer pasteles, preparar tartas y tartaletas, etc.

La **pasta brick** es muy similar a la filo y se suele presentar en grandes obleas redondas.

Ambas son fáciles de comprar en supermercados y grandes superficies. Tanto una como otra se emplean mucho en el Extremo Oriente y en el Sureste Asiático y, como la cocina de fusión se ha impuesto, han entrado a formar parte de nuestros platos habituales. Son parecidas a un hojaldre en el que cada lámina se trabaja aparte, es decir, que son como hojas de pasta filo superpuestas. La masa auténtica se hace con agua y harina, pero es muy trabajosa. No merece la pena hacerla, pero damos la fórmula por si a alguien le interesa.

Con estas láminas se hacen rollitos, paquetes, triángulos y envoltorios diferentes que, según la receta, van fritos o pintados de mantequilla y dorados en el horno.

También se utilizan en tartas redondas, tipo la pastela moruna, con varias capas de pasta brick cocidas al horno y rellenas de cremas variadas o nata.

LA TÉCNICA

Aunque no merece la pena hacerla en casa, los pasos a seguir son muy fáciles:

- Mezclar ½ kg de harina de repostería con 3 cucharas soperas de aceite de oliva, 1 huevo y una pizca de sal.
- Amasar todos los ingredientes durante unos 10 minutos, hasta conseguir una masa elástica.
- Dividirla en cuatro porciones y dejarla reposar media hora en sitio fresco.
- Extenderla con el rodillo tan fina como se pueda, intentando dejarla como un papel.
- Dejarla secar al aire a temperatura ambiente durante 1 hora y guardarla bien envuelta o utilizarla.
- No debe estar expuesta al aire porque se endurece y se rompe al manipularla.
- Mientras no se trabaja con ella hay que cubrirla siempre con una servilleta o un paño húmedo y guardarla en la nevera bien envuelta.
- Es necesario trabajarla deprisa para que no se resquebraje.
- Se debe sacar de la nevera unas 3 horas antes de emplearla.
- Hay que intentar que el relleno de saquitos o rollos no tenga salsa ya que humedecería la pasta y se puede romper.
- Si el relleno es algo húmedo, por ejemplo un saquito con compota, se debe reforzar la parte inferior con más pasta filo o espolvorear de pan rallado para que absorba la humedad.

TRUCOS Y CONSEJOS

- Tanto la pasta filo como la brick, compradas, se deben emplear recién abierto el paquete, porque se resecan con facilidad.
- Para pastelas y tartas hay que emplear la pasta brick de forma circular, en cambio la filo es mejor para hacer rollitos y formas o paquetes, que precisen rectángulos o cuadrados.

MASAS DE *CRÊPES*, TORTITAS, *BLINIS* Y *GAUFRES*

CRÊPES Y OTRAS VARIEDADES

Las *crêpes* originalmente fueron unas tortas sencillas hechas con harina, agua y miel, que se preparaban para celebrar la primavera. La masa básica se fue enriqueciendo con huevos, leche y, en ocasiones, levadura.

Crêpes, filloas o frixuelos: son tortitas muy finas que se llaman de diferente forma en Francia, Galicia y Asturias, respectivamente. Es un batido de leche, harina, huevos y algo de grasa –aceite o mantequilla– que, después de colado, se deja reposar para que tome cuerpo.

LA TÉCNICA EN SARTÉN

- Engrasar ligeramente la sartén y calentarla (en Galicia se engrasa pasando por la sartén caliente un trozo de tocino saladillo pinchado en un tenedor).
- Dejar caer en el centro de la sartén caliente, 1 o 2 cucharadas de batido.
- Mover la sartén agarrada por el mango para extender la masa.
- Acercarla al fuego.
- Dorar de un lado.
- Cuando empiece a hacer burbujas, dar la vuelta y dorar del otro lado 30 segundos.
- Debe quedar con puntillas en el borde.
- Ir amontonándolas en un recipiente con tapa, para que no se endurezcan.
- Rellenarlas o servirlas simplemente con azúcar.

LA TÉCNICA EN CREPETERA

Hoy existen unas crepeteras eléctricas que son superficies antiadherentes, como sartenes sin bordes, que mantienen la temperatura regulada constante, sobre la cual se dejan caer unas cucharadas de batido, se extienden y se espera a que se despeguen por los bordes, por estar ya hechas.

También se venden sartenes especiales para *crêpes* al estilo francés. Son grandes y de borde muy bajo, para utilizar sobre el gas o electricidad.

CÓMO SE SIRVEN

- Simplemente con azúcar.
- Rellenas de cremas dulces o saladas.
- Rellenas y envueltas como canelones, flambeadas, gratinadas o cubiertas de una crema.
- Colocadas en pisos con algún relleno dulce o salado.
- Rellenas y cortadas en triángulos para aperitivo.
- Rellenas, enrolladas y fritas.

TORTITAS AMERICANAS

Son parecidas a las *crêpes,* pero mucho más gruesas y esponjosas, porque se adiciona levadura en polvo a la masa. Se hacen con harina de trigo, harina de maíz o la mezcla de ambas. La proporción de harina y de leche es del 50% y se incorpora una cucharada de levadura y otra de azúcar a la harina. La manera más fácil de hacerlas es mezclar los ingredientes con la batidora eléctrica y dejar reposar para que no tengan demasiado oxígeno.

LA TÉCNICA

- Engrasar ligeramente una sartén de hierro o una plancha lisa.
- Calentarla.

- Dejar caer en el centro 2 o 3 cucharadas de crema sin extenderla.
- Cuando salgan ojos en la superficie, dar la vuelta con ayuda de una espátula metálica.
- Dorar del otro lado.
- Servirlas acompañadas de nata montada y caramelo líquido, salsa de chocolate o jarabe de frutas espeso, en una jarrita aparte.

BLINIS

Son tortitas de pequeño tamaño, típicas de la cocina rusa, en las que la harina de trigo candeal se sustituye por trigo sarraceno o harina de alforfón. Se hacen de la misma manera que las tortitas y se sirven generalmente de aperitivo, con nata agria y acompañando ahumados y caviar.

GAUFRES

Se trata de unas galletas que se foguean en placas especiales con la superficie cuadriculada, llamadas *gaufrier.* Tienen la ventaja de que una vez preparada la masa, en la que no se invierten más de 10 minutos, se hacen tan rápidamente como las tortitas y se sirven calientes con mermelada, chocolate, nata, etc. Hay varias fórmulas para preparar la masa, que consiste en una mezcla de harina, mantequilla, azúcar, huevos, algún licor o aroma y una pizca de sal.

LA TÉCNICA

- Mezclar 250 gr de harina tamizada con 1 cucharada de azúcar, un pellizco de sal y una cucharadita de levadura en polvo.
- Añadir 2 yemas.
- Fundir 75 gr de mantequilla.
- Añadirla al batido, junto con 12 cucharadas de leche o agua tibia.

- Montar una clara a punto de nieve.
- Incorporarla suavemente al batido.
- Engrasar la gofrera.
- Calentarla.
- Dejar caer una cucharada de pasta cubriendo bien las celdillas.

MASAS PARA PASTA *CHOUX* Y PASTA DE BUÑUELOS DE VIENTO

La masa es igual para unos que para otros. La *choux* es cocida en el horno mientras que los buñuelos son fritos. El nombre *choux* («col» en francés) se debe a la forma de pequeños repollos que tiene la masa al cocer.

CÓMO SE HACE LA MASA

La preparación de esta masa, tanto para *choux* como para buñuelos, no es difícil, a condición de respetar escrupulosamente las proporciones de la receta.

MODO TRADICIONAL

- Tamizar la harina.
- Poner a hervir el agua y/o la leche con la mantequilla y un pellizco de sal (y algo de azúcar si son para dulces).
- Cuando rompa el hervor, añadir la harina de golpe.
- Mover con cuchara de madera sobre el fuego hasta obtener una masa lisa que se separe del fondo y de las paredes del recipiente.
- Retirar del fuego.
- Enfriar la masa ligeramente volcándola sobre el mármol unos minutos.
- Añadir los huevos uno a uno, no incorporando el siguiente hasta que no esté integrado el anterior.
- Debe quedar una masa espesa pero fluida.

EN LA THERMOMIX O BATIDORA CON MARIPOSA

- Seguir los mismos pasos hasta conseguir una bola de harina, agua, etc.
- Poner la bola en la batidora con mariposa.
- Airearla unos segundos para que se enfríe.
- Incorporar los huevos uno a uno hasta que se reabsorban.

LA TÉCNICA DE LOS *CHOUX*

- Calentar el horno a 225 ºC.
- Engrasar con mantequilla la placa pastelera.
- Poner la masa en una manga pastelera con boquilla lisa.
- Hacer porciones del tamaño de una nuez debidamente separadas.
- Humedecerse el dedo en agua y alisar la superficie si quedó algún pico sobresaliente (o hacerlo con huevo batido para que queden más dorados).
- Introducir la placa en el horno.
- Cocerlos, sin abrir el horno, durante 30 minutos.
- Comprobar que la superficie está dura y que han doblado su tamaño.
- Sacarlos.
- Rellenar cuando se enfríen.

LA TÉCNICA DE LOS BUÑUELOS DE VIENTO

- Calentar abundante aceite en una sartén amplia y profunda, o en la freidora, a no más de 150 ºC.
- Tomar con una cuchara una porción de pasta.
- Redondearla con ayuda de otra cuchara.
- Colocar porciones en la sartén dejando espacio para que se muevan.
- Si el aceite tiene su punto, los buñuelos se van al fondo.
- Pasados unos segundos aumentan su tamaño y suben a la superficie.
- Ellos solos se dan la vuelta al inflarse por un lado.
- Se revientan por ese lado y se dan la vuelta solos otra vez.
- Comprobar la temperatura de la sartén (la freidora tiene termostato), subiendo y bajando el fuego.
- Dejarlos en el aceite hasta que se dore el sitio por donde se reventaron.
- Sacarlos todos a la vez cuando estén dorados.
- Ponerlos a escurrir sobre papel de cocina doble.
- Dar un corte con tijeras por el lugar donde se reventaron para rellenarlos, o pinchar con la boquilla de la manga por la parte inferior y rellenar.

QUÉ SE PUEDE HACER CON PASTA *CHOUX*

Profiteroles: rellenar la manga con una boquilla lisa del número 6, con nata o la crema que se desee; pinchar los *choux* con la boquilla y rellenarlos; colocarlos en una fuente, bañar con salsa de chocolate caliente y servir.

Saint-Honoré: preparar la pasta *choux* y ponerla en manga pastelera con boquilla lisa del número 8; preparar y cocer una base de masa quebrada o de hojaldre; rodearla con un cordón de pasta *choux* a un dedo del borde; pinchar el centro para que no suba; cocer la base durante 25-30 minutos; colocar sobre bandeja antiadherente los *choux* y cocerlos durante 10 minutos a 220 °C, bajar el horno a 180 °C hasta completar 25-30 minutos sin abrir el horno; cuando esté fríos, abrirlos por abajo con la misma boquilla y rellenarlos de crema pastelera; hacer caramelo; formar una corona de *choux* al borde de la base, pegados entre sí y a la base con el caramelo y, por último, rellenar el círculo interior con crema *Saint-Honoré* (véase capítulo **Cremas**) o simplemente con nata montada puesta en manga con boquilla lisa.

Paris-Brest: preparar una pasta *choux;* ponerla en manga con boquilla ancha lisa de los números 17 o 19; formar una corona doble sobre placa pastelera engrasada y sobre la junta de la doble corona hacer otra; pintarla de yema de huevo batido; espolvorear de almendra fileteada: cocerla en el horno; rellenar de crema pastelera enriquecida con mantequilla y praliné (almendras caramelizadas) en polvo y espolvorear de azúcar glas.

Relámpagos o ***eclairs:*** preparar la pasta *choux;* llenar la manga pastelera con boquilla lisa del número 15; formar tiras de unos 7 cm de largo, sobre la placa engrasada; dorarlos con yema de huevo; cocer en el horno como se ha indicado en la receta básica; cortarlos cuando estén fríos; rellenarlos con la crema elegida y bañarlos con un glaseado de acuerdo con el relleno.

BOLLOS DE POLAN

Para ocho o diez bollos grandes: masa de pan: 500 gr de harina de fuerza, 25 gr de levadura prensada, 2 cucharaditas de sal y 3 vasos de vino de agua tibia.

Bollos: 1 taza de azúcar, 1 taza de aceite, 2 cucharadas de anises, la ralladura de 1 naranja y de 1 limón, huevo batido, agua para pintarlos y azúcar para espolvorear.

1. Masa de pan: disolver la sal y la levadura en un poco de agua tibia y añadir harina para hacer una bola blanda.
2. Sumergirla en agua caliente hasta que flote.
3. Mezclar el resto de la harina con el agua y, cuando se una, añadir la masa levadura y amasar durante 10 minutos.
4. Formar una bola, enharinarla y dejarla subir tapada en sitio templado durante 1 hora.
5. Bollos: freír los anises en el aceite no demasiado caliente y mezclarlos con el azúcar y las ralladuras de limón y naranja.
6. Unir a la masa de pan poco a poco.
7. Formar los bollos, colocarlos en la placa, separados unos de otros, taparlos con un paño fino y dejarlos en sitio templado hasta que doblen su tamaño.
8. Batir el huevo con una cucharada de agua, pintar los bollos, espolvorearlos de azúcar y cocerlos en el horno a 200 °C durante 30 minutos.

BONS

La misma receta que los suizos, pero se sustituye el sabor de naranja y limón por *brandy*, 3 o 4 cucharadas, en las que se habrán puesto a inflar pasas de Corinto.

No se les hace corte en el medio.

Pintar con huevo, suprimiendo también el azúcar por encima.

BRIOCHE À TÊTE

Hacer la masa de *brioche* francés:

1. Elegir tres moldes de *brioche* 20 cm de diámetro en la superficie, engrasarlos abundantemente con mantequilla.
2. Enharinar la mesa y las manos y formar tres bolas del tamaño de naranjas, reservarlas.
3. Repartir el resto de la masa en los moldes.
4. Mojarse los dedos en huevo batido, ahuecar el centro de cada *brioche* y colocar en el agujero la bola pequeña de masa tamaño naranja, ligeramente enharinada.
5. Cubrir con un plástico y meter en la nevera de un día para otro, o dejar levar en sitio templado y sin corrientes durante 1 hora aproximadamente.
6. Dar cuatro cortes profundos en la masa, sin tocar la cabeza, con unas tijeras mojadas en agua templada o aceite, pintar con huevo batido y cocer en el horno a 230 ºC, durante 20-25 minutos.

BRIOCHE BORRACHO RAFAEL

Para cuatro personas: 4 *brioches*, 4 cucharadas de mermelada de frambuesa, 1 taza de licor de frambuesa, 150 gr de chocolate *fondant* y 8 cucharadas de nata líquida.

1. Cortar los *brioches* por la mitad, quitar un poco de miga de la parte inferior y rellenar el hueco con mermelada de frambuesa.
2. Mojar esta mitad en la taza de licor, colocarla en la fuente de servir y mojar la parte superior. Tapar los *brioches* con sus moñitos.
3. Fundir el chocolate con la nata líquida (en el microondas, 2 minutos, o al baño de María) y regar los *brioches*.
4. Cubrir de nata líquida el fondo de la fuente de servir.

BRIOCHE EN MOLDE DE PLUM-CAKE

Hacer la masa de *brioche* francés:

1. Cortar porciones de 50-60 gr.
2. Engrasar un molde de *plum-cake* y colocar las porciones una al lado de la otra.
3. Cubrir bien con un plástico y dejar en sitio preservado de las corrientes para que suba de nuevo.
4. Pintar de huevo batido, sin llegar a las paredes, para que no se cuartee la superficie.
5. Cuando se vea que la masa despunta por arriba, dar unos cortes longitudinales a cada moñito, con unas tijeras mojadas en aceite de cada vez.
6. Cocerlo en el horno a 180 ºC aproximadamente durante 15-16 minutos.

Se puede hacer en molde redondo colocando los *brioches* uno al lado del otro alrededor del borde y otro en el centro.

BRIOCHE FRANCÉS, MASA BASE

Para doce personas: 1 kg de harina de fuerza, 40 gr de levadura, 20 gr de sal, 100 gr de azúcar, 12 huevos, 500 gr de mantequilla y huevo batido para pintar aclarado con una cucharada de leche.

1. Disolver la levadura en un poco de agua templada y mezclarla con 200 gr de harina, hacer una masa semidura, dejarla reposar tapada con plástico hasta que doble su volumen.
2. Poner el resto de la harina en la amasadora, la sal, el azúcar y unos 8 huevos y empezar a batir.
3. En cuanto se forme la masa, ir añadiendo los otros huevos de dos en dos.
4. Cuando la masa se desprenda de las paredes de la amasadora, añadir la masa levadura (tiene que estar en su punto, ni pasada ni sin doblar su tamaño).
5. En cuanto esté bien incorporada, añadir la mantequilla fría, trocito a trocito y seguir amasando.
6. Cuando se separe de la pared y quede la masa pegada a la espiral, formar una bola, enharinarla, colocarla dentro de un bol, cubrirla apretada con un plástico y colocarla en lugar cálido (26-29 ºC) 1 hora, hasta que doble su volumen.
7. Romper la masa, es decir, ponerla sobre la mesa y darle una vuelta, formar de nuevo una bola, taparla con un paño húmedo para que no forme costra y guardarla en la nevera durante 2 horas.
8. Aplastar la masa enfriada, amasarla ligeramente y dejarla otras 2 horas a temperatura ambiente.
9. En este punto se puede guardar en la nevera durante toda la noche y moldear al día siguiente.
10. Una vez moldeado el tipo de *brioche* que se desee y, antes de introducirlo en el horno, pintarlo con el huevo batido con la leche y cocer en el horno a 230 ºC, durante 20-25 minutos.

BRIOCHE MUSELINA

Hacer la masa de *brioche* francés:

1. Forrar uno o varios moldes de flan de papel engrasado con mantequilla en la parte que roza con el molde.
2. Llenar hasta la mitad con la masa. Dejar subir 1,5 horas.
3. Hornear durante unos 15-18 minutos los pequeños y 20-25 minutos si son grandes.

BRIOCHES INDIVIDUALES

Hacer la masa de *brioche* francés:

1. Engrasar moldes pequeños de hojalata (unos 60 aproximadamente).
2. Formar con la masa un cilindro de 4 cm de diámetro por 90 cm de largo, conservando el resto en la masa en la nevera.
3. Marcar intervalos de 2,5 cm y cortar piezas de unos 55 gr de peso.
4. Convertirlas en bolas, dar un golpe con el canto de la mano a un tercio de altura de cada bola.
5. Retorcer esta zona formando el cuello y agarrando de la cabeza colocar el *brioche* en su molde.
6. Tiene que quedar la masa a poco más de la mitad del molde y la cabeza justo al borde.
7. Pintar con huevo batido y dejar que suban sin cubrir durante 1,5 horas.
8. Pintar de nuevo de huevo y hornear a 230 ºC durante 18-20 minutos.

CORONA DE *BRIOCHE*

Para tres moldes de 22 cm de diámetro: masa de *brioche,* 1 lata de mermelada de albaricoque, 2 cucharadas de pasas y 1 copa de *brandy.*

Glasa: 6 cucharadas de azúcar glas y 1 huevo.

Hacer la masa de *brioche* francés:

1. Poner las pasas a remojo del *brandy* 30 minutos.
2. Dividir la masa en tres porciones, estirar una de ellas, untarla con la mermelada, espolvorear de pasas remojadas y escurridas y enrollarla como un brazo de gitano.
3. Hacer lo mismo con el resto de la masa.
4. Cortar trocitos de unos 5 cm de ancho y colocarlos uno al lado del otro en forma de rosco con uno en el centro, en un molde de unos 22 cm de diámetro.
5. Dejarlo subir 30 minutos, en sitio templado.
6. Pintar la superficie con la yema del huevo batida con un una cucharada de agua.
7. Cocerlo en el horno a 180 ºC durante unos 20-25 minutos.
8. Glasa: batir ligeramente la clara de huevo e ir añadiendo azúcar hasta que quede una crema espesa.
9. Pintar la superficie de la corona.

CROISSANTS

Para unos 30 *croissants:* masa: 500 gr de harina de fuerza, 250 gr de mantequilla, 3 cucharadas soperas de azúcar, 3 cucharaditas de sal, 25 gr de levadura prensada, 1 tazón bien lleno, mitad leche mitad agua (2 ½ dl escasos o ¼ l escaso), 3 cucharadas de mantequilla fundida y 1 huevo para pintar los *croissants.*

1. Masa: deshacer la levadura en el agua templada y añadir la leche también templada, disolver allí mismo el azúcar y sal y añadir la mantequilla (las tres cucharadas) fundida.
2. Colocar la harina en forma de volcán y poner en el centro este líquido y amasar recogiendo la harina de los bordes.
3. Se puede hacer en la amasadora eléctrica, añadiendo el líquido poco a poco.
4. Amasar, tanto a mano como en la amasadora eléctrica, mucho tiempo, de 20 a 30 minutos, sin añadir más harina.
5. En cuanto se forme una bola que se despegue de las manos o de los ganchos de la máquina, colocarla en un bol, taparla con un paño y una manta y dejarla que fermente en sitio templado durante 1 hora aproximadamente.
6. Cuando doble su tamaño, extenderla sobre la mesa ligeramente enharinada y pasar el rodillo, enharinado también, hasta formar un rectángulo de 50 x 80 cm.
7. Si el ambiente es caliente, guardar la plancha con la masa en la nevera durante unos 10 minutos.
8. El secreto del *croissant* está en que la mantequilla y la masa tengan la misma consistencia y esto no depende más que de la temperatura.
9. Mientras fermenta la masa, se aplasta la mantequilla hasta hacer un rectángulo de 20 x 25 cm.
10. Colocarla sobre las 2/3 partes de la masa en la parte inferior y doblar el tercio superior sobre la mantequilla y luego el tercio inferior de masa y mantequilla sobre esta solapa.
11. Espolvorear la mesa y las manos con harina y aplanar la masa hasta unos 15 x 30 cm y de 2,5 cm aproximadamente de grueso.
12. Doblar a tercios como si fuera una carta.
13. Guardar en la nevera 10 minutos y repetir la operación.
14. Hacer los mismos movimientos una vez más.
15. Después de esta tercera vuelta, guardar en la nevera al menos durante 1,5 horas.
16. Si se ha de quedar toda la noche, envolver en un paño húmedo y en papel parafinado para que el mecanismo de las neveras nuevas que evitan la escarcha, no le quiten la humedad.
17. Formación de los *croissants:* extender la pasta sobre la mesa enharinada en un rectángulo de 60 x 25 cm, de 0,5 cm de espesor.
18. Marcar la mitad de la tira a 12,5 cm y dejar reposar la masa un rato para que no se encoja al cortarla.
19. Cortar cada tira, en triángulos de 12,5 x 12,5 cm.
20. Aplanar los triángulos con el rodillo o con las manos, partiendo de la base y enrollar los *croissants* tirando ligeramente con los dedos de los dos extremos de la base.
21. La punta debe quedar en el centro y hacia abajo.
22. Al colocarlos sobre la placa pastelera, acercar las puntas un poco.
23. Pintarlos con huevo batido y una cucharada de agua y dejarlos a la temperatura ambiente durante casi 30 minutos, para que suban.
24. Pasando este tiempo, volver a pintarlos con el huevo.
25. Calentar el horno a 200 ºC unos 20 minutos antes de meterlos, colocarlos en el centro del horno y dejar cocer durante 20-25 minutos.

ENSAIMADAS

Para 18 ensaimadas: 750 gr de harina, 4 huevos XL, 180 gr azúcar, 200 gr de manteca de cerdo, 40 gr de levadura prensada (fresca), 1 vaso muy grande de leche (300 ml) y azúcar glas.

1. Masa madre: mezclar la mitad de la harina en un bol grande, con la levadura diluida en la leche tibia hasta que consigamos una masa homogénea.
2. Tapar con papel film y dejar en reposo hasta que doble su volumen. Añadir a la masa madre, uno a uno los huevos, y cuando se integren añadir el azúcar y la harina restante.
3. Amasar durante 5 minutos, formar una bola y dejar reposar otros 30 minutos.
4. Estirar la masa hasta que nos quede muy fina y embadurnarla con la manteca, enrollarla y cortarla en rodajas de 2 cm de grosor.
5. Espolvorear con harina la encimera, aplastar los cilindros y volver a engrasar la masa extendida con manteca derretida.
6. Enrollarlos para formar tubos.
7. Enrollar estos cilindros en forma de ensaimada y colocarlos en una bandeja cubierta con papel, dejando bastante espacio entre cada una de ellas.
8. Dejarlas reposar hasta que doblen su tamaño, durante toda la noche para que su fermentación se haga de manera correcta y al día siguiente hayan doblado o triplicado su volumen.
9. Introducirlas en el horno a 180 ºC durante unos 15 minutos.
10. Sacarlas y espolvorearlas abundantemente de azúcar glas.

CRISTINAS

El mismo procedimiento y receta que los suizos y los *bons,* perfumándolas con canela.

No se les hace corte en la superficie.

Se cubren con azúcar húmeda mezclada con almendras picadas después de bien pintadas con huevo batido.

MEDIANOCHES

La misma receta y el mismo procedimiento que los suizos.

Se separan porciones de 25 gr.

Se pintan de huevo pero no llevan corte ni azúcar en la superficie.

MUFFINS

Para unos 12 *muffins:* 250 gr de harina de repostería, 1 cucharada de levadura en polvo, 150 gr de azúcar, 1 huevo, 1 vaso grande de leche (235 cl), 2 cucharadas de aceite y una pizca de sal.

1. Mezclar la harina con la levadura, la sal y el azúcar.
2. Deshacer el huevo con la leche y el aceite y mezclar con la harina-levadura-azúcar-sal.
3. Amasar ligera y rápidamente para que se una y llenar moldes de *muffins* hasta algo más de las ¾ partes o, en su defecto, moldes de magdalenas o de *brioche.*
4. Cocerlos en el horno a 180 °C durante 20 minutos.
5. Si suben demasiado por el centro, el horno está muy fuerte; si se hunde el centro, el horno está flojo, rectificar la temperatura.

SAVARIN O BABA AL RON

Para seis u ocho personas: 200 gr de harina, 2 gr de sal, 10 gr de levadura prensada, 4 cucharadas de leche templada, 3 huevos, 100 gr de mantequilla y 1 cucharada de azúcar.

Almíbar: 2 vasos de azúcar, 1 vaso de agua y 1 vaso de ron blanco.

1. Disolver la levadura en la leche y amasarla con la harina, la sal, el azúcar, los huevos y la mantequilla hasta formar una masa blanda y correosa.
2. Llenar hasta la mitad un molde de rosca, engrasado con mantequilla, guardarlo en un sitio templado hasta que doble su tamaño y cocerlo a 175 °C durante 25 minutos.
3. Almíbar: disolver el azúcar con el agua durante 5 minutos, añadir el ron y bañar el baba recién sacado del horno. Servir con frutas en el centro.

ROSCÓN DE REYES

Para ocho personas: 600 gr de harina de fuerza, 30 gr de levadura, 4 cucharadas de leche, ¾ vaso de azúcar, 125 gr de mantequilla, 4 huevos, ralladura de 1 limón y 1 naranja, 1 copa de ron, sal y 2 cucharadas de agua de azahar.

Cobertura: 1 huevo, ½ tazón de azúcar y almendra fileteada.

1. Disolver la levadura en leche templada y añadir unos 100 gr de harina hasta formar una bola blanda.
2. Llenar con agua caliente un bol de cocina y sumergir la bola hasta que fermente y suba a la superficie.
3. Mientras tanto, poner el resto de la harina en el centro de la mesa y hacer un agujero en el centro.
4. Poner en el agujero las ralladuras de limón y naranja, la sal, el azúcar, el ron, el agua de azahar, la mantequilla ablandada y los huevos.
5. Trabajar introduciendo poco a poco la harina en los ingredientes del centro, hasta unirla toda y formar una masa (se hace muy bien poniendo todo a la vez en la amasadora eléctrica).
6. Amasar durante 30 minutos en la amasadora eléctrica o a mano, golpeando y amasando sin parar, estirando y uniendo (como se explica en el capítulo Masas).
7. Unir a la masa grande la masa-levadura y amasar 30 minutos, sin meter más harina.
8. Formar una bola, enharinarla, darle un corte en forma de cruz en la superficie y guardarla tapada, dentro de un bol y de una bolsa de plástico, en sitio templado.
9. A las 2-3 horas doblará su tamaño, amasar un momento para romper la masa y dejar subir de nuevo unos 30 minutos.
10. Formar el roscón y reposar tapado hasta que suba doblando su tamaño.
11. Cobertura: pintar el roscón con huevo batido.
12. Salpicar de agua el azúcar del tazón para que resulte granulosa y espolvorear el roscón con el azúcar húmedo.
13. Salpicar por encima de almendras fileteadas.
14. Cocerlo en el horno a 220 ºC durante 30-35 minutos.

SAVARIN O BABA DE NARANJA

Para seis u ocho personas: 250 gr de harina, 5 gr de sal, 15 gr de levadura prensada, 4 cucharadas de leche templada, 3 huevos, 125 gr de mantequilla y 1 cucharada de azúcar.

Almíbar: 2 vasos de azúcar, 1 vaso de agua y 1 vaso de Cointreau.

Crema de queso: 500 gr de queso *mascarpone,* 250 gr de nata, 75 gr de azúcar y 1 vaina de vainilla.

1. Disolver la levadura en la leche templada y amasarla con la harina, la sal, el azúcar, los huevos y la mantequilla hasta formar una masa blanda y correosa.
2. Llenar hasta la mitad un molde de rosca (o moldes individuales) engrasado con mantequilla.
3. Taparlo y guardarlo en un sitio templado hasta que doble su tamaño.
4. Cocerlo en el horno a 175 ºC durante 25 minutos si es grande.
5. Almíbar: disolver el azúcar en el agua y cocerlo durante 5 minutos, añadir el licor y bañar el baba recién sacado del horno.
6. Crema de queso: ablandar el queso mascarpone, mezclarlo con el azúcar y la vaina de vainilla.
7. Añadir la nata poco a poco y batir con varillas.
8. Llenar una manga pastelera con la crema, rellenar el centro y adornar con juliana de naranja confitada.
9. Servir el resto de la crema en salsera aparte.

SAVARINES Y BABAS

La masa es la misma que la utilizada para el *brioche,* aunque más espumosa, para lo cual se deja fermentar 1 horas u hora y media más.

1. Para el savarin se añaden almendras picadas.
2. Para los babas se añaden pasas remojadas en *brandy.*
3. Ambos se hornean en moldes de corona grandes (de 20 cm de diámetro) o pequeños individuales.
4. La forma de cocerlos es la misma que los *brioches* anteriores.
5. Una vez fuera del horno, cuando están tibios, se emborrachan con almíbar aromatizado al gusto.

SUIZOS

Para 25 suizos: 1 vaso de leche, 1 vaso de azúcar, ½ vaso de aceite, 3 huevos, 50 gr de levadura prensada, 800 gr de harina de fuerza, la ralladura de 1 limón y de 1 naranja.

1. Disolver la levadura en la leche templada y mezclar con el azúcar, aceite, huevos enteros y las ralladuras.
2. Hacer un círculo con la harina, poner en el centro los demás elementos y mezclarlo poco a poco hasta poder amasar.
3. Amasar mucho, metiéndole mucho aire, pero cuidando que no tome más harina que la dicha (se hace muy bien en la amasadora eléctrica, poniéndolo todo a la vez).
4. Dejar subir la masa en sitio templado durante 1,5 horas aproximadamente.
5. Formar los suizos (salen unos 25) y dejarlos subir en sitio templado, hasta que doblen su tamaño.
6. Hacer un corte en el centro de cada suizo, pintarlos con huevo batido y espolvorearlos de azúcar.
7. Cocer durante 12-15 minutos en horno a 200 ºC.

BANDA O PASTELES DE CREMA

Para ocho personas: ½ kg de masa de hojaldre y azúcar glas abundante.

Crema pastelera: 4 yemas, 8 cucharadas de azúcar, ralladura de limón, ½ l de leche, 3 cucharadas de maicena, 100 gr de mantequilla y una pizca de sal.

Para cubrir: 4 cucharadas de azúcar.

Para acompañar: frambuesas y menta fresca.

1. Extender el hojaldre de forma rectangular, procurando que no se ondulen los bordes y quede una capa muy fina.
2. Cortarlo en rectángulos, tapar con papel sulfurizado y poner otra bandeja encima para que con el peso no suban.
3. Cocerlos en el horno a 200 ºC durante 15 minutos.
4. Espolvorear de azúcar glas y gratinar para que se caramelicen.
5. Crema pastelera: en un cazo de fondo grueso deshacer las yemas con el azúcar y la sal.
6. Añadir la ralladura y, poco a poco, la leche hirviendo con la maicena disuelta. Cocer sin parar de mover hasta que espese.
7. Fuera del fuego, añadir la mantequilla en trozos, tapar la superficie con film de cocina y dejar enfriar.
8. Cuando la crema esté fría y muy espesa, colocarla sobre el hojaldre, de forma que quede una capa de unos 2-3 cm de altura.
9. Cubrir de abundante azúcar glas y quemar la superficie con la plancha como si fuera una crema catalana.
10. Servir acompañada de frutas frescas y menta.

CORNETES DE MANZANA CON CREMA DE LIMÓN

Para cuatro personas: ½ kg de masa de hojaldre, azúcar glas para enharinar la mesa, mantequilla para engrasar los canutillos y 1 huevo para pintarlos.

Relleno: 1 bote compota de manzana y azúcar glas.

Crema de limón: 2 huevos, el zumo de 2 limones y la ralladura de 1, 8 cucharadas de azúcar y 4 cucharadas de mantequilla.

1. Enharinar la mesa y el rodillo con el azúcar, estirar el hojaldre hasta dejarlo de menos de 0,5 cm de espesor y cortarlo en tiras.
2. Mojar con el dedo humedecido en agua uno de los bordes y envolver los cornetes engrasados, montando ligeramente la tira húmeda sobre la anterior para que se pegue, sin llegar al borde para poder sacar el molde.
3. Pintarlos de huevo batido y cocerlos en el horno a 200 ºC durante 15 minutos.
4. Retirar con cuidado el molde, llenarlos con la compota de manzana y espolvorearlos de azúcar glas.
5. Crema de limón: batir los huevos en un cazo de fondo grueso con el azúcar y añadir el zumo y la ralladura de limón.
6. Acercar al fuego y, sin parar de mover, continuar hasta que espese, acercando y retirando el cazo del fuego, para que no hierva y se corte la crema.
7. Añadir poco a poco la mantequilla en trocitos y, en cuanto se absorba, cambiar de recipiente para que no siga al calor del cazo y se corte.
8. Servir acompañando o fondeando los platos de los cornetes.

BAYONESA

Para ocho personas: ½ kg de masa de hojaldre congelada, 1 tarro de mermelada de cabello de ángel, 1 vaso de vino de agua, una ralladura de nuez moscada, azúcar glas para enharinar la mesa donde se estire el hojaldre y 1 huevo para pintar el hojaldre.

1. Estirar la mitad de la masa de hojaldre muy fina y forrar una empanadera de 30 x 40 cm, mojada y escurrida, dejando caer el hojaldre que sobre por los bordes.
2. Dar un hervor al cabello de ángel con el agua y la nuez moscada y llenar la empanadera.
3. Estirar el resto del hojaldre muy fino y cubrir la empanadera.
4. Recortar la masa sobrante y doblar los bordes humedecidos con agua para que se peguen.
5. Pinchar la superficie para que salga el vapor y pintarla de huevo batido.
6. Cocerla en el horno a 200 ºC durante 30 minutos. Si se quiere, se pueden hacer unos palitos con la masa sobrante y cruzarlos por la superficie.

CUCURUCHOS DE CREMA

Para cuatro personas: ¼ kg de masa de hojaldre congelada, azúcar glas y aceite para freír.

Crema: ¼ l de leche, 2 huevos, 1 cucharada colmada de maicena, 4 cucharadas de azúcar, ralladura de ½ limón y una pizca de sal.

1. Crema: deshacer los huevos en un cazo de fondo grueso, con el azúcar, la sal y la maicena.
2. Verter encima la leche hirviendo con la ralladura de limón y acercar al fuego.
3. Cocer sin parar de mover hasta que espese, verter la crema en un bol, cubrir la superficie con papel film en contacto y dejar que se enfríe.
4. Cucuruchos: estirar el hojaldre muy fino sobre azúcar glas y cortar tiras de 3 cm de ancho.
5. Enrollarlas desde la punta de los canutillos casi hasta arriba, pegando el borde humedecido en agua.
6. Freírlos en abundante aceite caliente y rellenarlos con la crema.

Lo mismo que cucuruchos, se pueden hacer cañas, que deben su nombre a los trozos de bambú que se cortaban del palo de las escobas que en tiempos eran de bambú. Hoy las hay de hojalata.

LAZOS DE HOJALDRE

Para ocho lazos: ½ kg de masa de hojaldre y azúcar glas.

Baño de albaricoque: ½ lata de mermelada de albaricoque, 3 cucharadas de azúcar y el zumo de ½ limón.

1. Extender las planchas de hojaldre congelado sobre la mesa enharinada con azúcar glas.
2. Pintar la superficie de una con agua y colocar encima la otra capa, presionar para que se unan.
3. Cortar ocho tiras de 2 cm de ancho con un cuchillo muy afilado.
4. Darles una vuelta como cintura a la mitad, colocarlas sobre una placa pastelera mojada y escurrida y pintarlas con el baño de albaricoque.
5. Cocerlas en el horno a 200 °C durante 15-20 minutos.
6. Baño de albaricoque: añadir el azúcar y el zumo de limón a la mermelada de albaricoque, cocerlo y colarlo en un tazón.

HOJALDRE DE PIÑONES

Para ocho personas: 500 gr de masa de hojaldre, azúcar glas y 1 huevo.

Crema pastelera: 4 yemas, 6 cucharadas de azúcar, 1 cucharada de maicena, ½ l de leche y ralladura de limón.

Para cubrir: 50 gr de piñones tostados o fritos.

1. Crema pastelera: batir las yemas con el azúcar y la maicena en un cazo de fondo grueso.
2. Añadir la ralladura y la leche hirviendo, y continuar sin parar de mover a fuego flojo, hasta que espese.
3. Enharinar la mesa con azúcar glas y extender el hojaldre de 0,5 cm de espesor.
4. Mojar y escurrir una bandeja de 30 x 15 cm de largo, poner encima el hojaldre y formar un reborde.
5. Pinchar el fondo para que no suba, pintar el reborde con huevo batido y cocerlo durante 15 minutos en el horno a 200 °C. Rellenar con la crema y espolvorear por encima los piñones.

Se puede hacer en forma de pasteles individuales, pero siempre con un hojaldre extendido muy fino y con poco reborde para que resulte ligero. Es mejor servirlo templado, espolvoreado de azúcar glas y acompañado de nata líquida.

HOJALDRE SORPRESA

Para cuatro personas: 200 gr de masa de hojaldre, 50 gr de azúcar, 2 huevos, 400 gr de *mousse* de yogur y 1 tarrina de frambuesas.

Puré de frambuesas: 100 gr de frambuesas, 4 cucharadas de azúcar y 8 cucharadas de agua.

1. Cortar rectángulos de hojaldre de 15 x 18 cm, pintarlos con huevo batido y espolvorearlos con abundante azúcar.
2. Cocerlos en el horno a 200 ºC durante 7 minutos.
3. Poner la *mousse* de yogur en la manga pastelera.
4. Abrir el hojaldre ya cocido por la mitad, rellenarlo con *mousse* de yogur y bordearlo con frambuesas.
5. Puré de frambuesas: cocer las frambuesas con el agua y el azúcar durante 5 minutos, triturarlas y colar la salsa.
6. Servir el puré alrededor del hojaldre.

MANZANAS CON MORAS

Para cuatro personas: 2 manzanas reineta, ½ kg de masa de hojaldre, 1 huevo batido, ½ lata de mermelada de albaricoque, 100 gr de moras frescas, 4 cucharadas de azúcar glas y un chorreón de zumo de limón.

1. Pelar las manzanas, cortarlas por la mitad y sacar el corazón dejando un hueco redondo.
2. Enharinar la mesa y el rodillo con azúcar glas y extender el hojaldre de 0,5 cm de espesor.
3. Cortar el hojaldre en cuadrados de unos 15 cm de lado, pintar las manzanas por fuera con el huevo y colocar cada una en un cuadrado.
4. Doblar las puntas del hojaldre hacia arriba, apretándolo contra la manzana.
5. Pintar de huevo por fuera, llenar el interior con mermelada y cocerlas en el horno a 250 ºC durante 15 minutos.
6. Triturar las moras con el resto de azúcar glas y el zumo de limón y colar la salsa.

MILHOJAS CON CREMA DE ALMENDRAS

Para cuatro personas: ¼ kg de masa de hojaldre, azúcar glas para extenderlo, 2 huevos, ½ l de leche, 4 cucharadas de azúcar, 1 cucharada de maicena, 1 cucharada de mantequilla, 50 gr de almendras tostadas y molidas y canela molida.

1. Espolvorear la mesa con azúcar glas y extender el hojaldre muy fino.
2. Cortar tres rectángulos iguales y espolvorearlos de azúcar.
3. Colocarlos en una placa pastelera y cocerlos en el horno a 250 ºC durante 10 minutos.
4. Batir los huevos con el azúcar y la maicena en un cazo de fondo grueso, añadir la leche hirviendo y la almendra molida y cocer al baño María sin parar de mover hasta que espese.
5. Fuera del fuego añadir la mantequilla y enfriar.
6. Colocar una capa de hojaldre, cubrirla con una de crema, otra de hojaldre, crema, hojaldre, y espolvorear de manera abundante la superficie con azúcar glas.
7. Poner la canela en un folio doblado y marcar líneas de canela.

MILHOJAS DE CAFÉ

Para ocho personas: 250 gr de masa de hojaldre, 1 huevo y azúcar glas.

Crema de café: 3 huevos, 1 cucharada de maicena, ¼ l de leche, 6 cucharadas de azúcar y 2 cucharadas de Nescafé.

Salsa de café: 1 vaso de azúcar, 1 vaso de agua y 2 cucharadas de Nescafé.

1. Crema de café: batir las yemas con la maicena y tres cucharadas de azúcar en un cazo de fondo grueso.
2. Verter sobre las yemas la leche hirviendo, sin parar de mover.
3. Acercar al fuego moviendo hasta que espese.
4. Añadir el Nescafé, enfriar y agregar las claras montadas a punto de nieve con el resto del azúcar.
5. Extender el hojaldre de 3 cm de espesor, enharinando la mesa con azúcar glas.
6. Cortar discos, ponerlos sobre una placa de horno mojada y escurrida, pintarlos con huevo batido y espolvorearlos de azúcar glas.
7. Cocerlos en el horno a 250 ºC durante 10 minutos, sacarlos y abrirlos por el medio.
8. Rellenar los discos de hojaldre con la crema fría y servirlos con la salsa de café caliente.
9. Salsa de café: disolver el azúcar en el agua, acercarla al fuego y cocer durante 10 minutos hasta conseguir un almíbar.
10. Fuera del fuego incorporar el Nescafé y mover para que se integre.

MILHOJAS DE MANZANA Y ROMERO

Para ocho personas: base: ½ kg de masa de hojaldre y 4 cucharadas de azúcar glas (80 gr).

Relleno: 4 manzanas Granny Smith, 2 ramitas de romero, 1 cucharada de mantequilla (50 gr), 2 cucharadas de azúcar moreno (50 gr), 4 cucharadas de vino de Calvados y 150 gr de nata montada.

Crema pastelera: ½ l de leche, 1 cucharada de maicena (45 gr), 5 yemas de huevo, 130 gr de azúcar y 1 vaina de vainilla.

1. Base: estirar muy fina la masa de hojaldre y taparla con papel sulfurizado o silpat.
2. Colocarla entre dos bandejas de horno para que no suba y cocerla a 160 ºC durante 30 minutos aproximadamente.
3. Relleno: pelar las manzanas, cortarlas en dados y saltearlas con la mantequilla, el azúcar moreno, el Calvados y una rama de romero.
4. Triturarlo y dejar escurrir para que quede casi sólido.
5. Crema pastelera: batir las yemas con el azúcar y la maicena en un cazo de fondo grueso, hasta que blanqueen.
6. Verter encima la leche hirviendo, sin parar de mover, añadir la vainilla y acercar al fuego, moviendo durante unos 5 minutos, hasta que espese.
7. Dejar enfriar la crema y mezclarla con la compota de manzana.
8. Montar la nata, añadirla al preparado anterior, con cuidado para que no se baje, y guardar en la nevera.
9. Cortar el hojaldre en rectángulos individuales de 6 x 8 cm y espolvorearlos de azúcar glas.
10. Cocerlos en el horno a 180 ºC hasta que se caramelicen y dejarlos enfriar.
11. Introducir el relleno en manga pastelera con boquilla rizada y hacer moñitos sobre las planchas, cubrir con otra plancha, poner más relleno y otra plancha.
12. Espolvorear de azúcar glas la última capa.

MILHOJAS AL CARAMELO

Para seis personas: ½ kg de masa de hojaldre y 6 cucharadas de azúcar glas.

Relleno: 150 gr de almendras, 1 vaso de azúcar, ¼ kg de nata líquida, 2 cucharadas de azúcar glas, 3 claras y caramelo líquido.

1. Extender el hojaldre muy fino y cortarlo en rectángulos de unos 15 x 35 cm.
2. Espolvorearlos de azúcar glas y cocerlos en el horno a 220 ºC durante 15-20 minutos.
3. Relleno: picar las almendras y tostarlas en una sartén.
4. Poner el azúcar en un cazo, salpicarla de agua, acercarla al fuego y dejar que se haga caramelo, moviendo para que no se queme.
5. Añadir las almendras y mover con la cuchara de palo.
6. Volcar la almendra caramelizada sobre el mármol y extenderla.
7. En cuanto se solidifique y enfríe, pasar el rodillo y triturarlo para hacer un praliné (también se puede comprar 1 o 2 sobres de praliné).
8. Montar la nata muy fría con el azúcar glas.
9. Batir las claras a punto de nieve, mezclarlas con la nata y añadir la almendra caramelizada triturada o el praliné.
10. Para montar la tarta: poner una capa de hojaldre caramelizado en la fuente y cubrirla con moñitos de la crema del relleno puesta en manga con boquilla lisa ancha.
11. Colocar otra capa de hojaldre y seguir de la misma forma hasta terminar con hojaldre.
12. Se pueden hacer tres capas de hojaldre con dos de relleno.

PALMERAS DE HOJALDRE

Para cuatro personas: ¼ kg de masa de hojaldre congelado, azúcar glas y 1 huevo.

1. Enharinar la mesa con azúcar glas y estirar el hojaldre de 1 cm de grosor (el que se compra en cuatro láminas tiene ya ese espesor).
2. Enrollarlo desde los lados al centro, al mismo tiempo, para que los rulos se encuentren.
3. Pegar los bordes con el dedo humedecido en agua y cortar rebanadas de 3 o 4 cm.
4. Aplastarlas ligeramente con las manos y colocarlas en una placa pastelera mojada y escurrida.
5. Pintarlas de huevo batido, espolvorearlas de azúcar glas y cocerlas en el horno a 250 ºC durante 8-10 minutos, o hasta que se vea que han subido y están doradas.

PANTXINETA

Para seis u ocho personas: 250 gr de masa de hojaldre, 3 cucharadas de almendra fileteada y 1 huevo.

Crema: ½ l de leche, 1 cucharada de maicena, 3 cucharadas de azúcar, 4 yemas y ½ palo de canela.

1. Estirar el hojaldre de 1 cm de grosor, igualar los bordes y pintarlo de huevo.
2. Espolvorearlo de almendra fileteada y cocerlo en el horno a 180 °C durante 20 minutos.
3. Crema: batir las yemas con la maicena disuelta en un poco de leche fría.
4. Hervir el resto de la leche con el azúcar y el palo de canela y verter encima el batido de yemas.
5. Acercar al fuego, batir durante 2 minutos y dejar enfriar.
6. Abrir el hojaldre por la mitad, rellenarlo con la crema, taparlo con la otra capa de hojaldre y espolvorearlo de azúcar glas.

Como casi todos los hojaldres se puede servir templado o caliente, porque siempre está más rico recién hecho que frío, y acompañado de una salsa de chocolate caliente.

PASTELES MILHOJAS

Para ocho personas: 1 paquete de hojaldre congelado y azúcar glas para espolvorear.

Crema: 4 yemas, 8 cucharadas de azúcar, 3 cucharadas de maicena, ½ l de leche, ralladura de 1 limón y 100 gr de mantequilla.

1. Espolvorear la mesa con azúcar glas y estirar el hojaldre con el rodillo hasta dejarlo muy fino.
2. Cortar círculos de unos 10 cm de diámetro, espolvorearlos de azúcar glas y cocerlos en el horno a 200 °C unos 7 minutos.
3. Crema: batir las yemas con el azúcar y la maicena en un cazo de fondo grueso, añadir poco a poco la leche hirviendo con la ralladura de limón y mover a fuego flojo hasta que espese.
4. Retirar, añadir la mantequilla, mezclarla y enfriar en otro recipiente.
5. Cuando los círculos de hojaldre estén fríos, montar los milhojas colocando capas de hojaldre y de crema fría, alternándolas, hasta forma tres capas.
6. Espolvorear de azúcar glas y servir con frutas rojas.

ROSQUILLAS DE ALCALÁ

Para ocho personas: 1 kg de masa de hojaldre y azúcar glas para extenderla.

Baño: 8 cucharadas de agua, 250 gr de azúcar y 6 yemas de huevo.

1. Extender el hojaldre de 1,5 cm de espesor, espolvoreando la mesa y el rodillo con azúcar glas.
2. Cortarlo a la mitad, pintar con agua una capa y colocar encima la otra.
3. Cortar rosquillas con cortapastas de 6 cm de diámetro y sacar del interior con otro de 3 cm.
4. Colocarlas en una placa de horno mojada en agua y escurrida y cocerlas en el horno a 250 ºC durante 20 minutos.
5. Baño: disolver el azúcar en el agua y hacer un almíbar a punto de hebra.
6. Verterlo a hilillo sobre las yemas batidas en un cazo de fondo grueso, sin dejar de mover hasta que espese.
7. Colocar las rosquillas en una rejilla sobre una fuente y bañarlas con la crema de yemas en caliente, recogiendo con cuidado si algo del baño cae de la rejilla a la fuente.
8. Procurar que los lados queden cubiertos y meterlas en el horno apagado unos minutos para que se sequen.

TARTA DE PIÑA

Para ocho personas: ½ kg de masa de hojaldre, 1 lata de piña de ½ kg, 150 gr de mantequilla, 4 huevos, 4 cucharadas de azúcar, 8 cucharadas de nata líquida, 1 huevo para pintar y azúcar glas.

1. Batir los huevos con el azúcar en la batidora hasta que estén muy espumosos.
2. Fuera de la batidora, añadir la mantequilla fundida y mezclada con la nata líquida.
3. Engrasar un molde de porcelana refractario de 24-26 cm de diámetro y llenar con la preparación.
4. Poner encima las rodajas de piña escurridas del líquido de la lata y dejar que se hundan.
5. Estirar la pasta de hojaldre de 0,5 cm de espesor, enharinando la mesa con azúcar glas.
6. Cubrir la tarta con el hojaldre, pegar los bordes a la pared exterior y hacer una chimenea en el centro.
7. Hacer unas hojas con los recortes del hojaldre, para colocarlos de adorno alrededor de la chimenea, pintar con huevo batido y cocer a horno fuerte durante 40 minutos.
8. Servirla caliente o templada y, si se quiere, acompañarla de nata líquida en una jarrita.

TARTITAS DE MANZANA

Para cuatro personas: ¼ kg de masa de hojaldre, azúcar glas, 2 manzanas Golden, 1 cucharada de mantequilla y 1 cucharada de miel.

Helado de canela: 2 yemas, ¼ l de leche, 3 cucharadas de azúcar, 1 palo de canela y 1 cucharadita de canela en polvo.

1. Espolvorear la mesa de azúcar glas y extender el hojaldre de menos de 0,5 cm de espesor.
2. Cortar círculos de 12 cm, pincharlos, espolvorear la superficie de azúcar glas y cocerlos en el horno durante 12 minutos a 250 ºC.
3. Pelar las manzanas, quitar el corazón, cortarlas en láminas finas y colocarlas acaballadas encima del hojaldre.
4. Poner unas bolitas de mantequilla y espolvorear de azúcar glas. Meterlas de nuevo en el horno con el gratinador encendido.
5. Helado de canela: hervir la leche con las canelas. Deshacer las yemas con el azúcar en un cazo de fondo grueso, verter la leche hirviendo y, sin parar de mover, espesar al fuego.
6. Enfriar la crema, guardarla unas horas en la nevera para que esté muy fría y ponerla en la cubeta de la heladora eléctrica.
7. Hacerla funcionar según instrucciones y, cuando se cuaje, guardar el helado en el congelador para que tome más cuerpo.
8. Servir las tartitas calientes o templadas con el helado encima y rociado de miel.

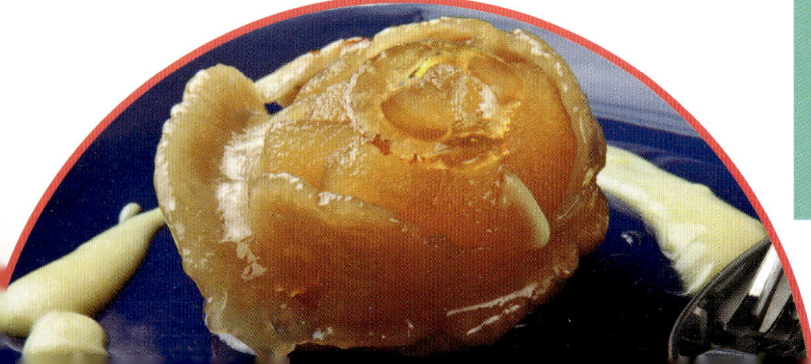

PASTEL DE MELOCOTÓN, YOGUR Y MIEL DE TOMILLO

Para ocho personas: masa: 100 gr de harina, 100 gr de azúcar, 100 gr de mantequilla, 2 huevos y 1 yema.

Relleno: 1 kg de melocotones y ½ kg de azúcar.

Guarnición: 2 yogures griegos, miel de tomillo a voluntad y canela.

1. Mezclar todos los ingredientes de la masa rápidamente.
2. Formar una bola, envolverla en papel film y dejarla reposar en la nevera durante 30 minutos.
3. Relleno: lavar los melocotones, cortarlos en trozos regulares y hacerlos con el azúcar a fuego suave durante 15 minutos (5 minutos en el microondas).
4. Colocarlos en una fuente de horno, cubrirlos con la pasta estirada y cocerlo a 250 ºC durante 30 minutos.
5. Servirlo templado con el yogur, miel y canela.

TARTA ALEMANA DE MORAS

Para ocho personas: masa: 150 gr de mantequilla, 100 gr de azúcar, 1 huevo, 300 gr de harina, 1 pizca de sal, 3 clavos, 1 cucharada de canela, 1 pizca de pimienta, una pizca de laurel, nuez moscada, ralladura de 1 limón y de 1 naranja y 1 cucharadita de anís en grano.

Relleno: 100 gr de moras frescas de temporada, 1 y ½ bote de mermelada de moras (si se quiere hacer en casa: ½ kg de moras, ½ kg de azúcar y un chorreón de zumo de limón) y hojas de menta.

1. Masa: machacar las especias, con el azúcar y las ralladuras de naranja y de limón, mezclarlas con el huevo crudo, añadir la mantequilla y amasar con la harina y la sal.
2. Trabajar poco la masa, para que no esté correosa, y dejarla reposar tapada, 30 minutos en sitio fresco.
3. Separar una cuarta parte de la masa y extender el resto con el rodillo sobre la mesa enharinada, dejándola de 1 cm de grosor.
4. Forrar el fondo y las paredes de un molde engrasado, de los de fondo móvil, de unos 22 cm de diámetro. Rellenar la tartaleta con la mermelada de moras.
5. Extender el resto de la masa del mismo grosor, cortar tiras iguales y formar sobre la tarta un enrejado de tiras de la pasta.
6. Colocar entre el enrejado las moras crudas y cocer en el horno a 180 ºC, 30-35 minutos.

TARTA ARLEQUÍN

Para ocho personas: pasta brisa: 250 gr de harina, 125 gr de mantequilla, 3 cucharadas de azúcar, 1 huevo, 3 cucharadas de agua y una pizca de sal.

Relleno: ½ bote de mermelada de frambuesa, ½ bote de mermelada de albaricoque, ½ bote de mermelada de fresa, ½ bote de mermelada de moras, 50 gr de fresas, 50 gr de frambuesas, moras, mango, piña y las frutas que se desee.

1. Pasta brisa: mezclar la harina con la sal, el azúcar, la mantequilla, el huevo y el agua.
2. Amasar lo más rápidamente posible, formar una bola y dejarla reposar envuelta durante 30 minutos, para que pierda correa.
3. Extenderla de 0,5 cm de grosor y formar un rectángulo. Hacerle unas paredes rizadas bajas y cruzarlos con tiras de pasta para formar separaciones.
4. Pinchar el fondo, pintar los bordes con huevo y cocer durante 10 minutos en el horno a 180 ºC.
5. Relleno: llenar cada rectángulo con mermeladas distintas y cocer en el horno a 175 ºC durante otros 15 minutos. Distribuir las frutas sobre los compartimentos con la mermelada de su sabor.

Para que brillen las frutas y se conserven más tiempo, se puede cocer el sobrante de mermelada de albaricoque con dos cucharadas de *brandy* y una cucharada de agua, colarlo para eliminar la pulpa y bañar las frutas con esta glasa.

TARTA CLÁSICA DE LIMÓN

Para seis personas: masa quebrada: 250 gr de harina, 125 gr de mantequilla, 1 yema, una pizca de sal, 4 cucharadas de agua y 2 cucharadas de azúcar.

Relleno: 4 huevos, 2 yemas, 150 gr de azúcar, 80 gr de mantequilla fundida, el zumo de 2 limones y la ralladura de uno de ellos.

Para adornar: 2 claras y 4 cucharadas de azúcar.

1. Masa quebrada: mezclar rápidamente en un bol, la harina, la mantequilla, la yema, la sal, el agua y el azúcar, hacer una bola, envolverla el plástico de cocina y dejarla reposar.
2. Extender la pasta con el rodillo, forrar un molde de fondo móvil de 22 cm, engrasado y enharinado, pinchar el fondo y cocerlo en el horno a 220 ºC durante 15 minutos.
3. Relleno: batir las yemas, los huevos, el azúcar, la mantequilla, las ralladuras y el zumo, y verter en el molde.
4. Para adornar: montar las claras a punto de nieve con el azúcar hasta que estén muy duras.
5. Llenar la manga pastelera y hacer un enrejado sobre la tarta, espolvorear de azúcar glas.
6. Cocerlo 30 minutos en el horno a 175 ºC, hasta que se dore la superficie.

TARTA DE ALBARICOQUE

Para ocho personas: masa: 125 gr de mantequilla, 3 yemas, 75 gr de azúcar, 200 gr de harina y 1 cucharadita de levadura en polvo.

Mantequilla para engrasar y harina para enharinar el molde.

Relleno: 1 bote de confitura de albaricoque, 3 claras de huevo, 200 gr de azúcar, 250 gr de almendras peladas y molidas y la ralladura de un limón.

1. Masa: trabajar la mantequilla con el azúcar hasta conseguir una pomada, añadir las yemas una a una y, por último, la harina mezclada con la levadura.
2. Engrasar con mantequilla un molde de fondo móvil de 30 cm de diámetro y enharinarlo.
3. Forrar el fondo y las paredes con la masa hecha tortitas, porque no unen.
4. Relleno: batir las claras a punto de nieve con el azúcar, añadir la ralladura de limón y la almendra molida con cuidado de que no se bajen las claras.
5. Poner la confitura en el fondo de la tartaleta.
6. Extender encima de la confitura de albaricoque el merengue de almendra y cocer la tarta en el horno a 175 ºC durante 1 hora.
7. Si se tuesta demasiado, cubrirla con papel.
8. Servirla templada acompañada de un chorrito de nata líquida.

TARTA DE FRUTOS SECOS

Para cuatro personas: 100 gr de orejones, ½ cucharadita de piel de naranja rallada, 2 huevos, 1 yema de huevo, 100 gr de harina, 1 cucharada colmada de azúcar, 1 cucharada de agua, 3 cucharadas de mantequilla, 1 vaso de vino de vino blanco dulce, 1 vaso de vino de miel, 75 gr de almendras crudas, 75 gr de nueces y 1 ½ vasos de vino de nata líquida.

1. Colocar la harina en círculo y en el centro el azúcar, la yema de huevo, el agua, una pizca de sal y dos cucharadas de mantequilla.
2. Amasar con las manos hasta conseguir una masa homogénea y elástica.
3. Darle forma de bola y envolverla en un paño, dejarla reposar 1 hora.
4. Cocer en un cazo a fuego suave la mitad del vino, con la miel, los orejones troceados y la piel de naranja rallada hasta que el vino se evapore.
5. En un bol aparte batir los huevos con el resto del vino, la nata líquida y la mantequilla.
6. Añadir las almendras y las nueces levemente troceadas.
7. Engrasar un molde con mantequilla, extender la masa de 0,5 cm de grosor y forrar el molde, pinchar el fondo con un tenedor para que no suba.
8. Cocerlo en el horno durante 10 minutos a 180 ºC, rellenarla con la crema de orejones y frutos secos y dejar cocer 25 minutos más.
9. Servirla fría.

TARTA DE MANZANA A LA ANTIGUA

Masa quebrada: 150 gr de mantequilla, 300 gr de harina, 2 cucharadas de azúcar, una pizca de sal, ralladura de nuez moscada y 3 cucharadas de agua fría.

Relleno: 6 manzanas Golden, ralladura de nuez moscada, 3 clavos, agua para cubrirlas, 1 cucharada de canela, 3 cucharadas de azúcar y unas gotas de zumo de limón.

Crema pastelera: 3 yemas, 1 cucharada de maicena, 3 cucharadas de azúcar, ¼ l de leche y ralladura de limón.

Glasa: ½ lata de mermelada de albaricoque, ½ copa de *brandy,* 1 cucharada de zumo de limón y 3 cucharadas de azúcar.

1. Masa quebrada: amasar la mantequilla con el azúcar, la sal, la harina, la ralladura de nuez y el agua hasta formar una bola poco trabajada y dejarla reposar.
2. Extender la masa y forrar un molde de porcelana engrasado con mantequilla, pinchar el fondo y cocerlo en horno a 175 ºC, durante 20 minutos.
3. Relleno: pelar y cortar las manzanas en octavos, quitar los corazones y ponerlas a cocer cubiertas de agua con el azúcar, la canela, el clavo, la ralladura y el zumo de limón durante 20 minutos.
4. Crema pastelera: batir en un cazo de fondo grueso las yemas con la maicena y el azúcar y verter sobre ellas la leche hirviendo con la ralladura de limón y mover al fuego hasta que espese.
5. Enfriar la crema y llenar el fondo de la tartaleta.
6. Poner encima los octavos de manzana y cubrir con la glasa de albaricoque.
7. Glasa: cocer en un cazo de fondo grueso la mermelada con el *brandy,* el azúcar y el zumo de limón durante 2 minutos, pasar por el colador de la leche para separar la pulpa y que quede transparente y bañar las manzanas de la tarta.

TARTA DE MANZANA TURGOVIA

Para ocho personas: 100 gr de mantequilla, 225 gr de azúcar, 4 huevos, ralladura y zumo de ½ limón, 150 gr de harina, 4 manzanas reineta, 1 cucharada de levadura en polvo y sal.

1. Batir con las varillas eléctricas las yemas con 150 gr de azúcar hasta que estén muy espumosas, añadir la mantequilla, la ralladura y el zumo de limón y continuar batiendo hasta que la mezcla tome un tono amarillo claro.
2. Montar las claras a punto de nieve con una pizca de sal y añadirlas con cuidado a las yemas, alternando con la harina tamizada con la levadura, siempre con movimiento envolvente para que no se bajen.
3. Engrasar y enharinar un molde de 24 cm de diámetro y llenarlo con la preparación hasta sus ¾ partes.
4. Pelar las manzanas, cortarlas por la mitad, suprimir los corazones y filetear cada mitad sin que se separen las lonchas.
5. Colocar las medias manzanas sobre la crema de bizcocho y espolvorearlas con el azúcar restante.
6. Cocer la tarta en el horno a 175 ºC durante unos 40 minutos y pinchar el centro con una aguja para comprobar que sale limpia.
7. Aumentar el tiempo de cocción unos minutos si fuera necesario.
8. Reposar fuera del horno y desmoldarla dejando las manzanas en la parte superior.
9. Servirla templada acompañada de nata líquida.

TARTA DE *MOUSSE* DE CHOCOLATE

Para diez personas: bizcocho: 4 huevos, 125 gr de azúcar, 125 gr de harina, 25 gr de cacao sin azúcar y mantequilla para engrasar el molde.

Para la *mousse:* 125 gr de chocolate *fondant,* 2 cucharadas de azúcar glas, 2 huevos, 4 cucharadas de leche, ½ l de nata montada con 1 cucharada de azúcar glas.

Para adornar: almendra o praliné picados y virutas de chocolate.

1. Bizcocho: batir los huevos enteros (en la batidora eléctrica de varillas) con el azúcar.
2. Cuando estén de color, amarillo claro y consistentes, añadir poco a poco la harina mezclada con el cacao.
3. Engrasar un molde de 22 cm, llenarlo hasta la mitad, cocerlo a 180 ºC durante 25-30 minutos y cortarlo en tres discos.
4. *Mousse:* fundir el chocolate en la leche.
5. Batir las yemas con el azúcar, añadir el chocolate y después las claras a punto de nieve con el azúcar, con movimiento envolvente.
6. Guardar en la nevera unas horas, para que tome consistencia.
7. Montar la nata líquida, muy fría con el azúcar.
8. Poner una capa muy gruesa de *mousse* sobre el primer disco de bizcocho, cubrir con otra capa de bizcocho y taparla con otra capa gruesa de nata.
9. Cubrir la superficie y las paredes de la tarta del resto de la *mousse.*
10. Espolvorear las paredes de praliné o almendras picadas y la superficie de cacao amargo.
11. Adornarlo con virutas de chocolate.

TARTA DE QUESO ALEMANA

Para ocho personas: masa: 200 gr de harina, 1 huevo, 100 gr de mantequilla, 2 cucharaditas de levadura en polvo, 150 gr de azúcar, 1 sobre de azúcar de vainilla y una pizca de sal.

Relleno: 500 gr de queso Quark (queso cremoso), 3 huevos, 2 cucharadas de maicena, 150 gr de azúcar y ralladura de 1 limón.

1. Masa: mezclar la harina, la levadura, el huevo, el azúcar, el azúcar de vainilla, la mantequilla y la sal y preparar una masa.
2. Forrar un molde engrasado y enharinado de 20-25 cm de diámetro.
3. Batir el queso Quark con los huevos, la maicena, el azúcar y la ralladura de limón y llenar con la masa el molde forrado.
4. Introducirlo en el horno a 200 ºC durante 45 minutos, sin abrir el horno.
5. Introducir una aguja para comprobar que está cocido, desmoldarlo y, cuando esté templado, colocar encima una plantilla para espolvorear azúcar glas y que quede un dibujo.

TARTA DE QUESO CHRISTINE

Para ocho o diez personas: masa: 200 gr de harina, 1 cucharadita de levadura en polvo, 75 gr de azúcar, 1 sobre de azúcar de vainilla, 1 huevo, 100 gr de mantequilla y una pizca de sal.

Relleno: 4 huevos, 150 gr de azúcar, 750 gr de queso Philadelphia, 1 sobre de flan de vainilla, ralladura de limón, ¼ l de leche, 100 gr de pasas y 4 cucharadas de *brandy* para remojarlas.

1. Masa: mezclar la harina, la levadura, el azúcar, el azúcar vainillado, la sal, el huevo entero y la mantequilla.
2. Formar una bola poco amasada, envolverla y dejarla reposar durante 30 minutos en sitio fresco.
3. Forrar las paredes y el fondo de un molde desmontable de 28 x 7 cm.
4. Relleno: separar las claras de las yemas.
5. Batir las yemas con el queso, la mitad del azúcar, la ralladura de limón, el sobre de flan de vainilla y la leche en la batidora eléctrica, batir hasta que se una todo y resulte una masa espumosa, añadir las pasas y el *brandy*.
6. Montar las claras a punto de nieve con el resto del azúcar y unir a la preparación anterior con cuidado de que no se baje. Llenar el molde forrado con la masa e introducirlo en el horno, durante 60-70 minutos a unos 160-170 ºC.
7. Se puede servir espolvoreada de azúcar glas o con mermelada de frutas rojas.

TARTA DE QUESO Y CHOCOLATE

Para ocho personas: masa: 200 gr de galletas de avena, 4 cucharadas de mantequilla y 2 cucharadas de oloroso dulce.

Relleno: ½ kg de queso de Burgos o Villalón, 150 gr de mantequilla, 150 gr de azúcar, el zumo de 1 limón, 6 hojas de gelatina (12 gr) y 100 gr de chocolate *fondant* (2 onzas).

Cobertura: 250 gr de chocolate con leche y 4 ½ cucharadas de aceite de girasol.

1. Masa: pulverizar las galletas con el rodillo, mezclarlas con la mantequilla y el jerez y fondear un molde de 20 x 5 cm, teniendo en cuenta que esta pasta se pone a trocitos porque no une.
2. Cocer a horno medio (180 ºC) durante 10 minutos.
3. Relleno: remojar la gelatina en el zumo de limón y agua (en total como ½ vaso de vino).
4. Batir el queso con la mantequilla y el azúcar y añadir la gelatina fundida al calor y colada. Fundir el chocolate 1,5 minutos en el microondas, y añadirlo a un tercio de la crema de queso.
5. Cuando la base de galletas esté fría, cubrir con la mitad de la crema de queso blanca y meter unos minutos en la nevera.
6. Cuando tome consistencia, cubrir la tarta con la crema de chocolate, guardarla en la nevera y minutos después extender otra capa de crema blanca.
7. Cobertura: fundir en el microondas el chocolate con leche con el aceite y bañar la tarta.

TARTA DE REQUESÓN

Para ocho o diez personas: ½ kg de requesón, 2 huevos, 4 cucharadas de *brandy,* 2 cucharadas de pasas de Corinto, 1 cucharada de maicena para rebozar las pasas y 8 cucharadas de azúcar.

Para caramelizar el molde: 4 cucharadas de azúcar.

Para la pasta del fondo: 15 galletas María, 2 cucharadas de mantequilla, 2 cucharadas de leche y 1 cucharada de azúcar.

1. Triturar el requesón con el azúcar, los huevos y el *brandy* en el que se han puesto las pasas a remojar.
2. Bañar las paredes y el fondo de un molde de 20 cm de diámetro, no desmontable, con caramelo y llenarlo con la mezcla de queso-huevos-azúcar y *brandy.*
3. Dejar caer las pasas rebozadas en maicena y tapar el molde.
4. Colocarlo en el cuerpo bajo de la olla rápida con un vaso de agua, tapar y cuando adquiera vapor bajar el fuego y contar 10 minutos.
5. Apagar el fuego y abrir la olla cuando pierda presión.
6. Triturar las galletas con el azúcar, la mantequilla y la leche hasta formar una masa arenosa para cubrir el molde fuera de la olla y gratinarlo en el horno unos 10 minutos para que la masa quede más crujiente.
7. Cuando esté fría o templada, volcarla y servir.

TARTA DE RUIBARBO

Para ocho personas: 600 gr de ruibarbo, 200 gr de azúcar moreno, 1 cucharadita de azúcar vainillado y 1 cucharada de maicena.

Pasta brisa: 250 gr de harina, 125 gr de mantequilla, 75 gr de azúcar, 2 cucharadas de agua fría y una pizca de sal.

Crema pastelera: ¼ l de leche, 3 yemas de huevo, 4 cucharadas de azúcar, 1 cucharada de maicena y ralladura de limón.

Merengue: 3 claras, 4 cucharadas de azúcar y azúcar glas.

1. Raspar los tallos de ruibarbo para eliminar toda la parte fibrosa y cortarlos en tres a lo largo y luego en trocitos.
2. Mezclar el azúcar moreno con el azúcar vainillado y la maicena y envolver los trocitos de ruibarbo con la mezcla.
3. Dejarlos en un bol durante unos 30 minutos, soltará mucho líquido.
4. Crema pastelera: poner a hervir la leche con la ralladura de limón.
5. Batir las yemas con el azúcar y la maicena, en un cazo de fondo grueso, verter poco a poco la leche caliente, sin parar de mover al fuego, con cuidado de que no hierva para que no se corte.
6. Pasarla a un bol y dejar que se enfríe.
7. Pasta brisa: amasar con la punta de los dedos, la harina, la mantequilla, el azúcar, el agua y la sal.
8. Formar una bola y dejar reposar durante 30 minutos en sitio fresco.
9. Extender la masa con el rodillo en la mesa enharinada y forrar un molde engrasado, de fondo móvil de 26 cm de diámetro.
10. Pinchar el fondo, taparlo con un papel, rellenarlo con garbanzos y cocer al horno a 175 ºC durante 15 minutos.
11. Quitar los garbanzos y el papel y cubrir el fondo con la crema pastelera.
12. Poner encima el ruibarbo escurrido del jugo que habrá soltado y cocer la tarta en el horno a 175 ºC durante 30 minutos.
13. Merengue: montar las claras a punto de nieve con el azúcar
14. Llenar la manga pastelera y formar un enrejado sobre la tarta.
15. Espolvorear de azúcar glas y gratinar en el horno durante unos 15 minutos, aproximadamente, hasta que se dore un poco. Se puede tomar templada o fría.

TARTA DE SANTIAGO

Para ocho personas: masa: 3 cucharadas de aceite, 3 cucharadas de leche, 100 gr de harina, una pizca de sal y 1 cucharada de azúcar.

Relleno: 4 huevos, 200 gr de almendras molidas crudas, 200 gr de azúcar, la piel de 1 limón rallado y 1 cucharadita de canela en polvo.

Azúcar glas para espolvorear.

1. Masa: unir la harina con el azúcar y la sal y mezclar con el aceite y la leche hasta conseguir una masa blanda.
2. Dejarla reposar en sitio fresco para que pierda correa, durante unos 30 minutos.
3. Extender la masa con el rodillo, dejar una capa muy fina y forrar un molde de fondo móvil de 26 cm de diámetro.
4. Relleno: batir los huevos con el azúcar, la ralladura del limón y la canela, hasta que estén muy esponjosos y de color claro.
5. Añadir la almendra con la espátula y poco a poco para que no se bajen los huevos.
6. Rellenar el molde forrado con la masa y cocerla a 170 ºC durante unos 40-45 minutos. Recortar en cartulina una cruz de Santiago o una vieira, ponerla en el centro de la tarta y espolvorear abundantemente con azúcar glas, retirar la cartulina y la silueta de la cruz o la concha quedará en oscuro sobre la tarta.

TARTA DE TRES CHOCOLATES

Para seis u ocho personas: 150 gr de chocolate negro, 150 gr de chocolate con leche, 150 gr de chocolate blanco, 300 gr de azúcar, 3 sobres de cuajada, 1 l de nata líquida y ½ l de leche.

Para fondear: 150 gr de galletas y 90 gr de mantequilla.

Para rematar: virutas de chocolate negro.

1. Para fondear: triturar las galletas con el rodillo (o en la Thermomix 5 segundos en velocidad 10), añadir la mantequilla y volver a triturar unos segundos más, a la misma velocidad.
2. Forrar la base de un molde desmontable de 26 cm de diámetro y aplanar para igualar la capa, guardar en la nevera. Mezclar la nata con la leche y dividirla en tres porciones de ½ l cada una y reservar.
3. Triturar el chocolate negro en la Thermomix, añadir ½ l de nata-leche, 100 gr de azúcar y un sobre de cuajada.
4. Batir en la Thermomix durante 7 minutos a 90 ºC, velocidad 5, verter sobre la galleta y dejar que se enfríe. Cuando se solidifique, hacer lo mismo con el chocolate con leche y después repetir todo con el blanco.
5. Verter en el molde siempre suavemente para que no se formen pompas de aire y dejar endurecer en la nevera.
6. Desmoldar cuando esté cuajado del todo y cubrir con virutas de chocolate hechas con un pelapatatas.

TARTA TATIN

Para ocho personas: relleno: 1 ¼ kg de manzanas Golden, 50 gr de mantequilla en trocitos y 150 gr de azúcar.

Masa quebrada: 150 gr harina, 75 gr de mantequilla, 2 cucharadas de agua fría, 1 cucharada de azúcar y una pizca de sal.

1. Masa quebrada: mezclar la harina con el azúcar y la sal y unir la mantequilla y el agua.
2. Amasar poco con la punta de los dedos, formar una bola, envolverla y dejarla reposar al frío unos 30 minutos. Relleno: poner en un cazo 100 gr de azúcar, salpicada de agua, acercarlo a fuego flojo, hacer caramelo y bañar el fondo de un molde no desmontable de 22 x cm.
3. Pelar, cortar las manzanas en octavos y quitar los corazones.
4. Colocar la manzana apretada en el molde, salpicar el resto de azúcar y mantequilla.
5. Extender la masa de 0,5 cm de grosor, cubrir las manzanas y remeter por los bordes.
6. Cocerlo en el horno a 180 ºC durante 30 minutos y desmoldar volcándolo.
7. Servir caliente y se puede acompañar de nata líquida.

TARTITAS DE MANGO

Para cuatro personas: masa sablé: 250 gr de harina, 125 gr de mantequilla, 1 huevo, una pizca de sal, ½ cucharadita de azúcar y 1 cucharada de agua fría.

Fruta: 2 mangos fileteados, mantequilla y azúcar moreno para espolvorear.

1. Masa quebrada: mezclar la harina, la sal y el azúcar. Cortar la mantequilla en dados y ligarla con la harina ayudándose de las manos.
2. Añadir el huevo batido y el agua, mezclar y amasar poco para que no tome liga y quede una masa fina.
3. Envolverla en film de cocina y guardarla en la nevera durante 30 minutos.
4. Enharinar la mesa y extender la masa con el rodillo, de 0,5 cm de espesor.
5. Cortar círculos de 10 cm de diámetro, para hacer tartitas individuales, y reservarlos en la nevera.
6. Pelar el mango, quitar el hueso y filetearlo en lonchas finas.
7. Disponer las lonchas de mango acaballadas sobre cada galleta, y encima del mango unos trozos de mantequilla, espolvorear de abundante azúcar y hornear a 180 ºC durante 30 minutos.

Estas tartitas, como no son muy dulces, se pueden acompañar de unas natillas o crema inglesa. Están muy buenas servidas templadas con helado mantecado.

TARTITAS DE PISTACHO Y *MOUSSE* DE CHOCOLATE

Para cuatro personas: cremoso de pistacho: 150 gr de nata líquida, 1 cucharada de azúcar, 2 yemas medianas, 2 hojas finas de gelatina (2,5 gr) y 1 cucharadita colmada de pasta de pistacho (o 4 cucharadas de pistachos para molerlos con un chorrito de aceite y hacer pistacho molido).

Mousse de chocolate: 70 gr de nata, 70 gr de leche, 1 yema, 1 cucharada de azúcar, 220 gr nata líquida y 120 gr chocolate al 70% de cacao puro.

Base: 5-6 galletas tipo digestiva de avena y cinta de acetato para forrar los aros.

1. Cremoso de pistacho: hidratar la gelatina en agua fría.
2. Calentar la nata con la pasta de pistacho.
3. Mezclar las yemas con el azúcar y añadir a la nata caliente, cocer a fuego medio moviendo continuamente con la espátula hasta conseguir una crema ligera.
4. Añadir la gelatina, mover para que quede bien disuelta y guardar en la nevera para que tome cuerpo.
5. Cortar las galletas digestivas del tamaño de un aro de emplatar.
6. Forrar el interior de los aros con cinta de acetato, llenar hasta la mitad con la crema de pistacho y guardar en la nevera.
7. *Mousse* de chocolate: calentar la leche.
8. Batir el azúcar con la yema, añadir la leche caliente, acercar al fuego en un cazo de fondo grueso y mover hasta que empiece a espesar.
9. Fundir el chocolate al baño María, o 2 minutos en el microondas, moviendo para que quede como una crema y mezclarlo en caliente con la natilla, en tres veces.
10. Montar la nata y añadirla al chocolate cuando esté casi frío.
11. Cuando el pistacho esté sólido, acabar de llenar los aros con la *mousse* y reservarlo en la nevera.
12. Espolvorear de cacao y adornar con pistachos.

Estas tartitas se pueden hacer en un aro grande, para lo cual hay que crear una base con las galletas trituradas con una cucharada de leche para que ligue.

TARTITAS TATIN CON NATILLAS

Para cuatro personas: 4 manzanas Golden, 50 gr de mantequilla en trocitos, 150 gr de azúcar y 250 gr de pasta quebrada.

1. Hacer caramelo con 100 gr de azúcar, salpicada de agua, y bañar cuatro moldes semiesféricos de flexipan.
2. Extenderlo por el fondo y las paredes.
3. Pelar las manzanas, quitar los corazones y cortarlas en octavos.
4. Colocar los octavos formando una manzana apretada en cada molde y rellenar el centro y los huecos con lo que sobre de manzana.
5. Repartir el resto de azúcar y la mantequilla entre los cuatro moldes.
6. Extender la masa de pasta quebrada de 0,5 cm de grosor, cubrir las manzanas y remeter por los bordes.
7. Hornearlo a 180 ºC durante 30 minutos y desmoldarlo en caliente.
8. Servir con natillas.

BUÑUELOS DE VIENTO

Para ocho personas: ¼ l de agua, 2 cucharadas de mantequilla, 1 pizca de sal, 1 cucharada de azúcar, 125 gr de harina, 4 huevos y aceite abundante para freír.

Crema: ½ l de leche, 3 yemas, 1 cucharada de maicena, 6 cucharadas de azúcar, ralladura de limón y canela o vainilla, al gusto.

1. Poner a hervir el agua con la sal, el azúcar y la mantequilla en un puchero hondo, echar de golpe la harina y mover con la espátula de madera hasta que se forme una bola que se despegue de las paredes.
2. Enfriar la masa ligeramente, para lo cual se puede batir con la minipimer o volcarla sobre el mármol de la mesa.
3. Cuando esté templada, volver a ponerla en el mismo puchero y mezclar los huevos uno a uno, no añadiendo el segundo hasta que no se haya absorbido el anterior.
4. Unir los huevos primero con la cuchara de palo y luego amasando con la mano.
5. Formar con dos cucharas unas bolitas del tamaño de una nuez, e irlas dejando caer holgadas porque doblan de tamaño, en aceite abundante, no demasiado caliente, en una sartén profunda.
6. Primero se van al fondo, luego se inflan, suben y se van dando la vuelta, solas, hasta que se revientan por un lado.
7. Los buñuelos deben quedar dorados, huecos y del doble del tamaño inicial.
8. Cortar con tijeras por donde se reventaron y rellenarlos con la crema, o hacer un agujero en la parte inferior con la boquilla de la manga llena de la crema y rellenarlos.
9. Crema: batir las yemas con el azúcar y la maicena en cazo de fondo grueso.
10. Verter encima la leche hirviendo con la canela o vainilla y la ralladura de limón y, sin parar de mover, acercar al fuego moviendo hasta que espese.
11. Cubrir la superficie con un film de cocina y dejar enfriar, o mover de cuando en cuando para que no forme costra.
12. Rellenar los buñuelos como se ha dicho, con manga o con un corte por donde se reventaron y una cucharilla.

Los buñuelos se fríen muy bien en la freidora eléctrica porque se puede controlar la temperatura. Poner a 150 ºC al empezar y subir a 170 ºC cuando ya estén bien inflados y reventados por un lado, para que se doren.

BUÑUELOS DE FRUTAS CON SALSA DE CHOCOLATE

Para cuatro personas: ½ kg de frutas variadas (manzana, mango, plátano, pera, fresones, etc.), 100 gr de azúcar y 4 cucharadas de ron.

Masa para rebozar: 7 cucharadas de harina, 1 cucharada de aceite, 8 cucharadas de cerveza, 8 cucharadas de agua, 1 clara de huevo y aceite para freír las frutas.

Salsa de chocolate: 100 gr de chocolate y 1 vaso de nata líquida.

1. Pelar y cortar las frutas en trozos regulares, excepto los fresones.
2. Lavar los fresones con su pedúnculo, escurrirlo, quitar el rabito y dejarlos enteros.
3. Poner todas las frutas en un bol, con el ron y el azúcar y dejarlas macerar durante 1 hora en un lugar fresco.
4. Masa: mezclar en un cuenco todos los ingredientes menos la clara y dejar reposar al fresco 1 hora.
5. Montar la clara, añadirla a la crema y mojar una a una las frutas en la masa.
6. Freírlas en el aceite caliente, sacarlas y dejarlas escurrir sobre papel de cocina.
7. Salsa de chocolate: cortar el chocolate en trocitos, añadir la nata y fundirlo en el microondas durante 2 minutos.
8. Cuando haya pasado 1 minuto abrir el microondas y mover la salsa de chocolate.
9. Servir los buñuelos de fruta acompañados de la salsa de chocolate para mojar.

Elegir frutas de cierta consistencia y no excesivamente maduras, para que no se ablanden en la maceración y no suelten líquido en el rebozo de la fritura aclarándolo en exceso.

CAÑAS O CANUTILLOS DE CREMA FRITOS

Para doce personas: masa: 1 vaso de vino blanco, ½ vaso de aceite de oliva, ½ vaso de manteca de cerdo, ½ kg de harina y una pizca de sal.

Crema: 4 yemas, 8 cucharadas de azúcar, 2 cucharadas de maicena, ralladura de limón y 2 vasos de leche.

Para espolvorear: azúcar glas.

1. Crema: batir las yemas con el azúcar en un cazo de fondo grueso (o al baño María).
2. Hervir la leche con la ralladura de limón y verter sobre las yemas, moviendo sobre el fuego suave.
3. Añadir la maicena disuelta en unas cucharadas de leche fría y dejar espesar a fuego suave, moviendo constantemente.
4. Masa: mezclar el vino blanco con el aceite y la manteca, incorporar poco a poco la harina y la sal hasta obtener una masa blanda.
5. Extenderla con el rodillo lo más fina posible, cortar rectángulos, forrar con ellos unos moldes cilíndricos de hojalata y pegar los bordes.
6. Calentar abundante aceite en un sartén y freír las cañas hasta que se doren, retirar los moldes y continuar friendo hasta terminar con la masa.
7. Rellenarlas con la crema puesta en manga con boquilla lisa, porque resulta más fácil y servirlas espolvoreadas de azúcar glas.

CREMA FRITA CON SALSA DE FRAMBUESAS

Para seis personas: pan de *brioche* o de molde sin cortar o cortado muy grueso (hay que hacer cuadrados de 2,5 x 2,5 cm), 1 vaso de azúcar, ½ l de leche, 2 huevos grandes, 1 vaso de nata líquida y aceite para freír.

Salsa de frambuesa: 100 gr de frambuesas, un chorreón de zumo de limón y 4 cucharadas de azúcar.

1. Batir los huevos con la leche, la mitad del azúcar y la nata.
2. Cortar las rebanadas de pan en cuadrados de 2,5 x 2,5 cm, colocarlos en una fuente honda y regarlos con la mezcla (deben quedar flotando), dejarlos 3 horas en la nevera.
3. Cuando se haya absorbido toda la leche, sacarlos y freírlos en el aceite caliente hasta que se doren. Escurrirlos sobre papel de cocina.
4. Colocarlos extendidos, espolvorearlos con el resto del azúcar y, si se quiere, mezclarla con canela molida.
5. Salsa de frambuesa: triturar las frambuesas con el azúcar y el zumo de limón y colarla si no se desea encontrar los granillos de la fruta (es opcional).
6. Servir la crema frita acompañada con la salsa de frambuesas en salsera aparte.

CRESPILLOS DE PUEBLO

Para seis u ocho personas: 4 huevos, 4 cucharadas de azúcar, 4 cucharadas de leche, 8 cucharadas de harina, 1 cucharadita de levadura en polvo y aceite abundante para freír.

1. Batir las yemas con el azúcar en la batidora de varillas, hasta que se forme una crema espumosa y de color claro, añadir la leche y después las claras montadas a punto de nieve.
2. Incorporar la harina tamizada con la levadura, con cuidado de que no se bajen los huevos.
3. Poner el aceite a calentar y meter una cuchara en el aceite muy caliente para que tome temperatura.
4. Coger con esa cuchara una porción de masa e introducirla de nuevo en el aceite hasta que se desprenda y se forme un buñuelo consistente que se da la vuelta solo.

La sartén debe ser profunda y bajar el fuego cuando se meta la cuchara con la masa para que se desprenda y se infle bien. Continuar calentando siempre la cuchara. Si al freírse la pasta se desparrama, hay que añadir harina.

HUESOS DE SAN EXPEDITO

Para ocho personas: 225 gr de harina de fuerza (harina de pan), 1 yema, 1 huevo entero, 4 cucharadas de aceite, 50 gr de azúcar, 1 copa de aguardiente, 1 cucharadita de levadura en polvo, aceite para freír y azúcar glas para espolvorear.

1. Mezclar la levadura con la harina y formar un volcán en la mesa, poner en el centro el huevo y la yema batidos, el aguardiente, el aceite y el azúcar.
2. Amasar con las manos hasta formar una bola, engrasarla con aceite y dejarla reposar 30 minutos sobre la mesa.
3. Tomar trocitos, hacer palos de 5 x 1 cm de grueso y darles un corte a lo largo.
4. Freírlos en aceite no muy fuerte, de pocos en pocos, para que aumenten mucho de tamaño y se revienten por el corte.
5. Sacarlos, escurrirlos y espolvorearlos de azúcar glas cuando todavía estén calientes.

LECHE FRITA

Para seis personas: ½ l de leche, 5 cucharadas de azúcar, 3 yemas, 3 cucharadas de maicena, un palo de canela y ralladura de limón.

Para rebozar: 2 huevos y pan rallado.

Para freír: aceite de oliva abundante (se gastará 1 vaso de vino).

Para rebozar después de fritas: azúcar y canela.

1. Batir en un bol las yemas junto con la maicena disuelta en media taza de leche fría.
2. Hervir el resto de la leche en un cazo, con el palo de canela, la ralladura de limón y el azúcar.
3. Cuando la leche esté a punto de hervir, agregar las yemas con la maicena y espesar al fuego sin dejar de mover durante unos 5 minutos, o hasta que al pasar la cuchara por la pared queda limpia.
4. Verter en una fuente cuadrada y dejar enfriar.
5. Cuando se despegue de las paredes, cortar cuadrados de 4 cm de lado, pasarlos por huevo batido y pan rallado y freírlos en abundante aceite caliente.
6. Recién fritos, rebozarlos con azúcar y canela mezcladas.
7. Servir templada o fría.

PESTIÑOS CON MIEL

Para ocho personas: 300 gr de harina, 9 cucharadas de aceite, 8 cucharadas de zumo de naranja (1 vaso de vino), ralladura de limón, 1 cucharada de anís en grano, 4 cucharadas de vino blanco y canela molida.

Para freír: aceite abundante.

Para regar: 8 cucharadas de miel, 4 cucharadas de agua, sésamo y anís en grano ligeramente tostados.

1. Mezclar en un bol la harina, ralladura de limón, canela y los granos de anís machacados, amasar con el aceite templado, primero con cuchara de palo, hasta que toda la harina quede envuelta.
2. Agregar el vino amasando con las manos y, cuando este se haya absorbido, añadir el zumo de naranja.
3. Hacer una bola, taparla con un paño y dejarla reposar durante 30 minutos en sitio templado.
4. Estirar con el rodillo pequeñas porciones de masa, hasta dejarlas muy finas, cortar rectángulos, doblar las puntas hacia dentro y freírlos en aceite muy caliente.
5. Escurrirlos sobre papel de cocina, colocarlos en los platos o en la fuente y rociarlos con la miel fundida con unas cucharadas de agua para que esté más fluida.
6. Espolvorearlos de sésamo y anís en grano ligeramente tostados ambos y servir.
7. Se pueden acompañar de helado.

ROSQUILLAS DE NARANJA

Para ocho personas: 2 huevos, 4 cucharadas de azúcar, 4 cucharadas de aceite, 2 cucharadas de zumo de naranja, la ralladura de 1 naranja, 1 cucharada de levadura en polvo, 250-300 gr de harina, una pizca de sal y aceite abundante para freír.

Para rebozar: azúcar.

1. Batir los huevos con el azúcar y la ralladura de naranja en la batidora eléctrica durante 15 minutos.
2. Añadir el aceite, el zumo de naranja y por último la harina mezclada con la levadura y la sal.
3. Cuando se consiga una masa blandita, trabajarla con la mano y formar rulos pequeños, unirlos en forma de rosquilla disimulando la unión.
4. Darles un corte circular poco profundo alrededor y freírlas en abundante aceite, no demasiado caliente.
5. Primero se van al fondo, suben y se ensanchan notablemente, por lo que no conviene llenar mucho la sartén.
6. Sacarlas y ponerlas a escurrir sobre papel de cocina.
7. Rebozarlas en azúcar, recién fritas.

Estas rosquillas se conservan bien en una lata y son sanas y deliciosas para desayunar.

ROSQUILLAS DE SEMANA SANTA

Para ocho o diez personas: 3 huevos, ½ vaso de vino de anís, 1 vaso de vino de aceite, la ralladura de la piel de un limón, 50 gr de azúcar (2 cucharadas soperas con colmo), 400-500 gr de harina, aproximadamente y aceite para freírlas.

Almíbar: 2 vasos de agua y 1 vaso de azúcar.

1. Batir los huevos enteros con el azúcar, hasta que tripliquen su tamaño.
2. Añadir el anís, el aceite, la ralladura de limón y el azúcar.
3. Mezclar bien y añadir poco a poco la harina que se necesite para una masa blanda.
4. Enharinarse las manos y formar bolas de igual tamaño, aplastarlas en forma de galletas pequeñas, juntarlas de dos en dos y perforar el centro de ambas para formar una rosquilla.
5. Freírlas en abundante aceite no demasiado caliente, sacarlas, escurrirlas sobre papel de cocina y sumergirlas en el almíbar para que den unos hervores.
6. Almíbar: disolver en un cazo el azúcar en el agua y cocerlo durante 5 minutos.

El aceite para freír las rosquillas no debe estar muy caliente, para que primero se vayan al fondo, luego se inflen y suban a la superficie. Si el aceite estuviera fuerte se dorarían por fuera rápidamente y al formarse costra no se podrían hinchar y quedarían apelmazadas. Con el hervor final en el almíbar quedan más esponjosas.

SACRUSQUINAS

Para ½ kg: 1 vaso de agua, 1 vaso de harina, 1 cucharada colmada de mantequilla, 1 cucharadita de sal, 1 cucharada de azúcar y 4 huevos.

Glasa: 1 clara de huevo, 100 gr de azúcar glas y 1 cucharada de zumo de limón.

1. Hervir el agua con la sal, el azúcar y la mantequilla.
2. Cuando rompa el hervor, añadir la harina de golpe y mover sobre el fuego durante unos minutos, separar y añadir los huevos enteros uno a uno, sin poner el segundo hasta que el primero se haya absorbido por completo.
3. Poner la pasta en manga con boquilla rizada de tamaño mediano y formar unas ruedecitas o rosquillas pequeñas sobre un papel engrasado.
4. Volcarlas de dos en dos en el aceite, ni muy frío ni muy caliente, deben freírse despacio. Cuando todas estén fritas, preparar el baño.
5. Glasa: batir el azúcar con la clara y el chorrito de limón para formar una crema muy blanca.
6. Colocar las sacrusquinas sobre una rejilla y bañarlas con la glasa hasta que queden algo blanquecinas.

El secreto de las sacrusquinas está en la temperatura del aceite para freírlas. Si se hace en freidora debe estar a unos 160 C, pero es conveniente controlar la temperatura según se van haciendo.

FALSO APFELSTRUDEL

Para ocho personas: 1 paquete de pasta brick o de pasta china de gran formato.

Relleno: 3 manzanas Golden grandes, 1 copa de *brandy,* 100 gr de azúcar, 75 gr de pasas, 75 gr de nueces peladas, 50 gr de pan rallado y 2 cucharadas de mantequilla.

1. Poner las pasas a remojo del *brandy.* Freír el pan rallado en la mantequilla y mezclarlo con el azúcar.
2. Colocar por lo menos 4-6 hojas de pasta brick sobre la mesa, formando un rectángulo.
3. Espolvorear la mitad de pan-azúcar sobre los brick sin llegar a los bordes, extender encima las manzanas cortadas en láminas finas, las pasas escurridas y las nueces picadas.
4. Cubrir con el resto de pan-azúcar, enrollarlo, cerrar los extremos y pintarlo de huevo batido.
5. Cocerlo en una placa pastelera a 175 ºC durante 45 minutos.
6. Servirlo caliente o templado con nata líquida.

La receta original está en el capítulo **Bollería.** Esta es una manera muy fácil de hacerla y que da buenos resultados, con las hojas finas de brick.

MILHOJAS DE QUESO Y MEMBRILLO

Para ocho personas: 12 círculos de pasta brick, aceite para untarlas, ¼ kg de nata montada con azúcar, ½ kg de dulce de membrillo, unas cucharadas de agua y azúcar glas.

1. Pintar con mantequilla las hojas de brick por los dos lados y cocerlas en el horno, de dos en dos o de tres en tres, a 180 ºC durante 2-3 minutos cada una o hasta que se doren.
2. Mientras se cuecen unas, ir untando con mantequilla las otras.
3. Cortar el membrillo en trocitos, ponerlos en un cazo, añadir unas cucharadas de agua, acercarlo al fuego y mover hasta que se disuelva y forme una mermelada o jalea que se pueda extender bien, dejar que se enfríe.
4. Poner una hoja de brick en la fuente de servir, pintarla con el membrillo, cubrir encima del membrillo de nata montada, tapar con otra hoja de brick, más membrillo, nata y terminar con brick.
5. Espolvorear la superficie de azúcar glas.

Para que los círculos de pasta brick que se emplean en tartas dulces adquieran más consistencia, se deben espolvorear de azúcar glas antes de hacerlos en el horno, de manera que se caramelizan un poco. Resultan crujientes por un tiempo más prolongado.

PAQUETITOS DE PASTA FILO CON FRUTAS Y DULCE DE LECHE

Para ocho personas: 16 hojas de pasta filo (o pasta china *won ton),* 1 manzana grande, 1 pera, 1 plátano gordo, 100 gr de carne de membrillo, 100 gr de queso fresco y 4 cucharadas de mermelada de albaricoque.

Salsa de dulce de leche: 1 bote de leche condensada, su peso en agua, ½ cucharadita de menta picada, 12 pipas de cardamomo y 1 vaina de vainilla.

1. Pelar la manzana, la pera y el plátano, cortarlos en dados pequeños.
2. Cortar la carne de membrillo y el queso en dados del mismo tamaño.
3. Mezclar las frutas con el membrillo y el queso y ligarlas con la mermelada de albaricoque.
4. Extender las hojas de pasta filo de dos en dos para reforzarlas sobre la mesa, y repartir el relleno en el centro de cada hoja, doblarlas a la mitad y fruncir el borde.
5. Pintar los paquetes con mantequilla por fuera y hacerlos en el horno a 200 ºC, hasta que se doren.
6. Salsa de dulce de leche: cocer el bote de leche condensada al baño María en la olla exprés rápida, durante 30 minutos desde que la olla adquiera presión.
7. Dejar que se enfríe el bote de leche antes de abrirlo. Cocer la menta, el cardamomo y la vainilla en la misma cantidad de agua (que de leche condensada) y, cuando rompa a hervir, tapar, apagar y dejar en infusión 10 minutos. Fundir el dulce de leche con la infusión colada.
8. Servir los paquetes de frutas acompañados de la salsa de dulce de leche en salsera.

PASTELA DE MANZANA

Para seis personas: 6 hojas de pasta brick, ½ kg de manzanas reineta, ralladura y zumo de 1 limón, 3 huevos, 4 cucharadas de azúcar, 1 cucharada rasa de maicena, ½ l de leche, 1 cucharada de pasas remojadas en *brandy,* ¼ kg de nata montada y azúcar glas para espolvorear.

1. Poner las pasas a remojo de agua. Cortar las manzanas en dados y cocerlas tapadas, con el zumo de limón y cuatro cucharadas de agua hasta que estén blandas.
2. Añadir las pasas escurridas y dar otro hervor.
3. Deshacer en un cazo de fondo grueso los huevos con el azúcar, la ralladura y la maicena y verter la leche hirviendo poco a poco.
4. Acercar al fuego, sin parar de mover hasta que espese, pero sin llegar a hervir para que no se corte (se hace muy bien en la Thermomix a 90 ºC).
5. Dejar enfriar la crema con un papel film en contacto con la superficie para evitar que se forme costra.
6. Mezclar la crema fría con las manzanas y las pasas, e incorporar la nata con movimiento envolvente.
7. Pintar las hojas de brick con mantequilla y dorarlas de dos en dos en el horno, a 180 ºC, durante 3 minutos.
8. Poner una hoja de brick sobre la fuente, cubrirla de una capa de crema con manzana y pasas, poner encima otra hoja de pasta brick y continuar hasta terminar con lámina de brick.
9. Espolvorear la pastela de azúcar glas y servir.

PITILLOS DE CABELLO DE ÁNGEL

Para ocho personas: 1 kg de dulce de cabello: 1 calabaza muy madura de las de hacer cabello de ángel (cidra) de aproximadamente 1 kg, el peso de la pulpa de azúcar, la cuarta parte del peso de agua, 1 palo de canela, el zumo de 1 limón y hojas de pasta brick.

1. Golpear la cáscara de la cidra para romperla, sacar la pulpa, cortarla en tozos y quitar las pepitas.
2. Cocerla en la olla a presión con un vaso de agua durante 20 minutos. Cuando se enfríe, escurrirla apretando con las manos para que salgan las hebras.
3. Cocerla de nuevo en la olla durante 7 minutos más y escurrirla en un colador hasta que se seque.
4. Cocer 5 minutos, disolver el azúcar en el agua con el palo de canela y el zumo de limón, añadir la pulpa de calabaza y cocer durante 10 minutos en la olla, hasta que esté tierna.
5. Cortar la pasta filo en rectángulos y si es brick en cuatro cada hoja.
6. Poner en el centro unas cucharadas de dulce de cabello, envolverlos y pintarlos ligeramente con mantequilla.
7. Dorarlos en el horno con el gratinador encendido o freírlos, al gusto.

TARTALETAS DE FRUTAS CON PASTA FILO

Para cuatro personas: 150 gr de cerezas, 2 albaricoques, 1 raja de melón, 12 cuadrados de pasta filo y mantequilla para untarlos.

Salsa de fresas: 150 gr de fresas o frambuesas, 4 cucharadas de azúcar y un chorreón de zumo de limón.

1. Lavar y deshuesar las cerezas y los albaricoques, cortarlos en dados. Cortar por la mitad el melón, quitar los filamentos y las semillas y cortar la pulpa en dados del mismo tamaño que las otras frutas.
2. Espolvorear los dados de fruta con el azúcar y dejar reposar 30 minutos antes de rellenar las tartaletas.
3. Cortar cuadrados iguales de pasta filo, engrasarlos con mantequilla y colocarlos de tres en tres, uno encima de otro, de forma que no coincidan las puntas.
4. Meter estos triples cuadrados dentro de un molde, por ejemplo, de huevos que asomen las puntas.
5. Poner dentro de cada uno, un molde más pequeño para que tomen la forma.
6. Introducirlos en el horno durante 3-4 minutos a 180 ºC, hasta que se doren.
7. Sacar el molde de dentro y dejar que se enfríen.
8. Rellenarlos con las frutas preparadas y regar con salsa de fresas.
9. Salsa: triturar las fresas con el azúcar y el limón.

TRIÁNGULOS DE QUESO, NUEZ Y MIEL

Para ocho personas: 16 rectángulos de pasta filo, 100 gr de queso Idiazábal ahumado, 4 nueces enteras (16 cuartos de nuez), 1 cucharada de miel y mantequilla para untar.

1. Cortar la pasta filo en tiras de 24 x 8 cm, y extenderlas sobre la mesa.
2. Cortar el queso en triángulos pequeños.
3. Poner el queso en un extremo de la pasta y encima del queso colocar un cuarto de nuez picada y una pizca de miel para que envuelva la nuez.
4. Doblar la pasta en forma de triángulo, engrasarla con mantequilla y cocerlos en el horno a 200 ºC, durante 10 minutos o hasta que se dore.

CRÊPES A LA NARANJA

Para cuatro personas: 100 gr de harina, 1 huevo, 3 dl de leche, 1 cucharada de aceite y sal.

Guarnición: 150 gr de mantequilla, 2 naranjas y 200 gr de azúcar glas.

Optativo: 1 cucharadita de curaçao.

1. Colocar todos los ingredientes de las *crêpes* en el vaso de la trituradora, batir durante unos minutos y dejar reposar 1 hora.
2. Engrasar ligeramente con mantequilla una sartén antiadherente de 20 cm de diámetro.
3. Calentarla al fuego y verter en el centro tres cucharadas de la crema, extenderla moviendo la sartén por el mango. Cuando se empiece a despegar por los bordes dar la vuelta y dorar por el otro lado.
4. Continuar hasta acabar la crema, recordando engrasar la sartén entre *crêp* y *crêp* y reservar.
5. Guarnición: rallar la piel de la naranja lavada y exprimir el zumo, mezclarlo con el azúcar glas y la ralladura y añadir unas gotas de curaçao.
6. Derretir la mantequilla sobrante al baño María e incorporar a la mezcla anterior, trabajándola con una espátula de madera.
7. Untar las *crêpes* una a una con esta preparación y doblarlas en cuatro (optativo).
8. Colocarlas en una fuente refractaria, rociarlas con 40 gr de mantequilla fundida y gratinar durante 10 minutos a horno fuerte.
9. Servir muy calientes y adornar con unas medias rodajas de naranja.

CRÊPES DE ALBARICOQUES

Para ocho personas: *crêpes*: 2 huevos, ½ vaso de leche, ½ vaso de harina, 3 cucharaditas de aceite y sal.

Crema pastelera: 2 huevos, ¼ l de leche, ralladura de limón, 4 cucharadas de azúcar, 1 cucharada de maicena y ½ bote de confitura de albaricoque.

Crema de albaricoques frescos: ¼ kg de albaricoques, 4 cucharadas de azúcar y un chorreón de zumo de limón.

1. Mezclar en el vaso de la batidora los ingredientes de las *crêpes,* colarlo a una jarra y dejarla reposar en la nevera durante 30 minutos.
2. Engrasar ligeramente una sartén antiadherente, calentarla y verter en el centro dos cucharadas de la crema.
3. Mover la sartén por el mango para extender la masa, formar las *crêpes* muy finas y dorarlas por los dos lados (o hacerlas en la crepetera).
4. Crema: deshacer las yemas con el azúcar y la maicena en un cazo de fondo grueso.
5. Verter sobre las yemas la leche hirviendo con la ralladura, acercar al fuego y mover hasta que espese. Enfriar y mezclar con la mermelada.
6. Rellenar las *crêpes* con la crema, enrollarlas y servirlas con los albaricoques triturados con el limón y el azúcar.

CRÊPES DE ALMENDRA AL FRANGELICO

Para seis personas: 3 huevos, 1 vaso de leche, 1 vaso de harina escaso, 5 cucharaditas de aceite y sal.

Relleno: ½ l de leche, 3 yemas, 5 cucharadas de azúcar, 4 cucharadas de almendra rallada, 4 cucharadas de Frangelico, la corteza de ½ limón rallada, 1 cucharada de maicena y una pizca de sal.

Para flambear: 2 copas de Frangelico.

1. Batir juntos los ingredientes de las *crêpes,* colar la crema resultante y reposar en la nevera durante 30 minutos.
2. Engrasar una sartén antiadherente, dejar caer dos cucharadas de crema, formar una *crêp* y dorarla de los dos lados.
3. Relleno: poner a cocer la corteza de limón con la leche.
4. Deshacer las yemas con el azúcar en un cazo de fondo grueso, mezclarlas con la almendra y el Frangelico, verter sobre ellas la leche hirviendo, acercar al fuego y mover sin parar.
5. Cuando esté a punto de hervir, añadir la maicena disuelta en un poco de leche fría y mover sobre fuego suave hasta que espese.
6. Rellenar las *crêpes,* enrollarlas y colocarlas en los platos.
7. Calentar el Frangelico, prenderle fuego, regar las *crêpes* y servir.

CRÊPES SUZETTE AL COINTREAU

Para cuatro personas: *crêpes:* 125 gr de harina, 2 huevos, ¼ l de leche, 1 cucharada de mantequilla, 1 cucharadita de azúcar, ralladura de naranja y de limón.

Salsa: 5 cucharadas de azúcar, zumo de 1 naranja y de 1 limón, un chorrito de Cointreau y 125 gr de mantequilla.

1. Masa de *crêpes:* mezclar la harina tamizada, los huevos y la mitad de la leche.
2. Añadir la mantequilla derretida y tostada en sartén y el resto de la leche con el azúcar y la ralladura de ½ limón y ½ naranja.
3. Batir bien y dejar tapado en la nevera durante 30 minutos.
4. Engrasar con un pincel una sartén de 20 cm de diámetro con mantequilla, calentarla a fuego medio-alto y verter la mezcla anterior (½ cazo cada una, para que salgan muy finas).
5. Extender la masa moviendo la sartén y, cuando esté dorada de un lado, dar la vuelta y dorar el otro. Seguir hasta terminar la masa.
6. Salsa: disolver el azúcar con el zumo de naranja y limón, al fuego, y verter un chorrito de Cointreau al gusto. Fuera del fuego sumergir las *crêpes,* una a una en la salsa, sacarlas y doblarlas en forma de paquete.
7. Derretir la mantequilla en el resto de salsa y rociar las *crêpes* con la salsa.

FILLOAS FRITAS

Para seis personas: 1 vaso de leche, 1 vaso de harina, 2 huevos, 2 cucharadas de aceite, 1 pizca de sal y un trozo de tocino, aceite abundante para freír y azúcar para espolvorear.

Crema: 6 yemas de huevo, 8 cucharadas soperas de azúcar, ½ l de leche, ralladura de limón, 100 gr de mantequilla y sal.

1. Batir la leche con los huevos, la harina y la sal y el aceite (se hace muy bien en la batidora), colar para que no lleve grumos ni espuma y dejar reposar 30 minutos en sitio fresco.
2. Pinchar el tocino en un tenedor, pasarlo por una sartén caliente y dejar caer en el centro un par de cucharadas de la mezcla anterior, mover la sartén para que se extienda y forme una capa delgada.
3. Acercar al fuego hasta que los bordes empiecen a despegarse, dar la vuelta y dorar por el otro lado.
4. Ir colocando las filloas en una cacerola y mantenerlas tapadas para que no se resequen.
5. Crema: batir en un cazo de fondo grueso, las yemas con el azúcar, la sal y la ralladura de limón, verter la leche hirviendo y acercar al fuego, sin parar de mover hasta que espese.
6. Añadir a la mezcla anterior la mantequilla, batir con un tenedor y guardarla en la nevera para que se enfríe y tome más consistencia.
7. Colocar en el centro de cada filloa una cucharada de la crema, doblarlas en forma de triángulo y freírlas en abundante aceite caliente.
8. Servirlas calientes o frías, espolvoreadas de azúcar.

Las *crêpes* son muy semejantes, pero se engrasa la sartén con mantequilla en lugar de tocino y son más grandes y menos finas que las filloas, que deben hacer puntillas alrededor.

GOFRES CON SALSA DE CHOCOLATE Y NATA

Para cuatro personas: 375 gr de harina floja, 1-2 tazas de leche tibia (depende de la harina), 1 cucharada de levadura en polvo, 2 huevos, 1 cucharadita de azúcar vainillado, 1 pizca de sal, 200 gr de mantequilla y 225 gr de azúcar.

1. Diluir la levadura con la leche tibia.
2. Mezclar con la harina y añadir los huevos, la sal y el azúcar vainillado, trabajar la mezcla y dejarla reposar unos 30 minutos para que tome cuerpo.
3. Volver a amasar y añadir la mantequilla y el azúcar.
4. Engrasar la gofrera, calentarla a temperatura media y extender la masa en el centro, ayudándose con la espátula.
5. Cerrarla y mantenerla de este modo el tiempo que aconseje el fabricante.
6. Sacar el gofre y proseguir de igual forma hasta terminar con la masa.
7. Servir con salsa de chocolate, mermelada o caramelo.

TARTA DE CASTAÑAS Y CRÊPES

Para seis u ocho personas: *crêpes:* 3 huevos, 1 vaso de leche, 1 vaso de harina escaso, 5 cucharaditas de aceite y sal.

Relleno: 1 bote de crema de dulce de *marron glacé.*

Para bordear la tarta: 2 claras y 4 cucharadas de azúcar.

1. *Crêpes:* mezclar en el vaso de la batidora todos los ingredientes, colar la crema resultante a una jarra y dejarla reposar en la nevera 30 minutos.
2. Engrasar ligeramente una sartén antiadherente y con dos cucharadas de la crema formar las *crêpes* y dorarlas por los dos lados o hacerlas en la crepetera.
3. Montar la tarta con la crema de *marron glacé* entre *crêp* y *crêp,* rematar con azúcar glas y quemar con la plancha.
4. Hacer merengue con las claras y el azúcar y bordearla.

TORTILLAS MEXICANAS RELLENAS DE CREMA PASTELERA

Para cuatro personas: 8 tortillas de maíz (de venta en buenos supermercados), aceite abundante para freírlas y azúcar para rebozar.

Relleno y guarnición: ½ l de leche, 6 yemas, 8 cucharadas de azúcar, 1 cucharada colmada de maicena y ralladura de limón.

1. Relleno y guarnición: batir las yemas, el azúcar y la maicena en un cazo de fondo grueso.
2. Verter la leche hirviendo con la ralladura, mover hasta que espese sin que llegue a hervir y enfriar.
3. Extender las tortillas de maíz sobre la mesa y colocar, en el centro de cada una, una cucharada de crema espesa. Poner otra encima, pegar los bordes con huevo batido y doblarlos un poco.
4. Freír las tortillas rellenas en aceite caliente sin que se abran y escurrirlas sobre papel de cocina.
5. Envolverlas en azúcar lustre y servirlas con algo de la crema del relleno aclarada con nata líquida.

TORTITAS CON CARAMELO Y NATA

Para cuatro personas: 1 huevo, 1 taza de leche, 1 taza de harina, 1 cucharada de azúcar, 2 cucharadas de levadura en polvo, 2 cucharadas de mantequilla derretida, una pizca de sal y mantequilla para engrasar la sartén.

Caramelo: 6 cucharadas de azúcar, el zumo de ½ limón, 1 vaso de vino de agua y 1 vaso de nata montada.

1. Mezclar la harina con la sal, el azúcar y la levadura en polvo, añadir la leche, la yema y la mantequilla.
2. Batir todo junto en la batidora y añadir la clara a punto de nieve, dejar reposar 30 minutos, para que tome cuerpo.
3. Engrasar una sartén o la plancha y dejar caer 2-3 cucharadas juntas.
4. Cuando forme ojos, darle la vuelta, con la sartén engrasada de nuevo y dorar ese lado.
5. Ir colocándolas en una cazuela, tapadas para que no se enfríen.
6. Caramelo: poner el azúcar en un cazo, rociarlo con el zumo de limón y acercarlo al fuego y mover con la cuchara de palo hasta conseguir un caramelo rubio.
7. Fuera del fuego para que no salte, añadir con cuidado el agua.
8. Servir las tortitas con el caramelo y la nata.

CORONA DE *CHOUX*

Para cuatro personas: 3 huevos, 150 gr de harina, ¼ l de agua, 2 cucharadas de mantequilla y una pizca de sal.

Cobertura: 2 cucharadas de mermelada de albaricoque, 50 gr de almendras fileteadas y azúcar glas.

Relleno: ½ kg de nata montada.

1. Poner al fuego en un cazo el agua, la sal y la mantequilla. Cuando rompa el hervor, incorporar la harina de golpe.
2. Mover rápidamente con espátula de madera sobre el fuego, hasta que se desprenda de las paredes.
3. Retirar del fuego y dejar enfriar volcando la masa sobre el mármol de la mesa o en la batidora eléctrica con la mariposa.
4. Añadir los huevos uno a uno (se puede hacer en la batidora), si se hace a mano no añadir el siguiente huevo hasta que el anterior no se haya absorbido.
5. Trabajar hasta obtener una pasta homogénea.
6. Poner la pasta en manga pastelera con boquilla rizada ancha y formar cuatro coronas, sobre una bandeja de pastelería engrasada o sobre un silpat.
7. Cocerlas en el horno a 180 ºC unos 35-40 minutos, hasta que estén bien doradas, sin abrir el horno porque se bajan.
8. Sacarlas y cuando estén frías rellenarlas con la nata.
9. Pintarlas por encima con la mermelada, pegar las almendras y espolvorear de azúcar glas.

PARIS-BREST DE CHOCOLATE

Para ocho personas: 3 huevos, 150 gr de harina, ¼ l de agua, 50 gr de mantequilla, 50 gr de almendras fileteadas y azúcar glas.

Relleno: 3 ½ vasos de vino de nata y 350 gr de chocolate *fondant*.

1. Poner al fuego un cazo con el agua, sal y mantequilla, cuando rompa a hervir fuerte echar la harina de golpe.
2. Mover con espátula de madera hasta que se desprenda de los bordes.
3. Retirar del fuego y dejar enfriar volcando la masa sobre la mesa o metiéndola en la batidora con la mariposa.
4. Añadir los huevos uno a uno, sin mezclar el siguiente hasta que se absorba el anterior (se puede hacer dentro de la batidora con la mariposa).
5. Si se hace a mano, trabajar primero con cuchara y luego con la mano hasta obtener una pasta homogénea.
6. Ponerla en la manga pastelera sin boquilla.
7. Formar círculos de dos dedos de grueso sobre la placa de horno engrasada o sobre un silpat.
8. Pintarlos con huevo batido y cocerlos durante 35 minutos en el horno a 180 ºC.
9. Volver a pintarlos con huevo y cubrirlos con almendras fileteadas para que se doren.
10. Cuando estén fríos, abrirlos y rellenarlos.
11. Relleno: fundir el chocolate troceado con la nata, alisar y dejar enfriar.

GRANDES *ECLAIRES* (RELÁMPAGOS)

Para ocho personas: 3 huevos, 150 gr de harina, ¼ l de agua, 2 cucharadas de mantequilla, una pizca de sal y 1 cucharada de azúcar.

Relleno: 1 tarrina de queso *mascarpone* 2-3 cucharadas de leche, la misma cantidad de nata montada o de merengue (2 claras, 4 cucharadas de azúcar) y 2 fresones gruesos aplastados con azúcar.

Para adornar: láminas de fresón.

1. Hervir el agua con la sal, el azúcar y la mantequilla, en un cazo profundo.
2. Echar la harina de golpe y mover con la espátula de madera hasta que se forme una bola.
3. Enfriarla sobre la mesa de mármol o poner la masa en la batidora con mariposa, batir ½ minuto.
4. Añadir los huevos uno a uno mientras funciona la batidora o incorporarlos a mano, primero con cuchara y después amasando con la mano.
5. No añadir otro huevo mientras no se haya absorbido el primero.
6. Cuando se consiga una pasta homogénea, llenar la manga pastelera con boquilla lisa ancha y formar tiras del tamaño de soletillas grandes, sobre una placa forrada con papel y engrasada o sobre un silpat.
7. Cocerlos en el horno a 180 °C durante 30-40 minutos, sin abrir el horno mientras se hacen.
8. Cuando estén duros, sacarlos y dejarlos enfriar.
9. Relleno: montar las claras con el azúcar hasta conseguir un merengue (si se prefiere en lugar de nata).
10. Batir el queso con algo de leche y añadir el merengue (o la nata) con movimiento envolvente.
11. Rellenar la manga con boquilla lisa y plana con la crema de *mascarpone.*
12. Dar un corte a lo largo a los *eclaires* y poner dentro los fresones aplastados.
13. Rellenar con la crema de *mascarpone*, haciendo ondas con la manga de boquilla lisa y plana.
14. Adornar con láminas de fresón pichadas sobre las ondas de la crema.

PETIT CHOUX CON SALSA DE CHOCOLATE

Para cuatro personas: 3 huevos, 150 gr de harina, ¼ l de agua, 2 cucharadas de mantequilla, una pizca de sal y 1 cucharada de azúcar.

Relleno: ¼ kg de nata montada.

Salsa de chocolate: 100 gr de chocolate *fondant,* 1 vaso de leche y 4 cucharadas de whisky.

1. Hervir el agua con la sal, el azúcar y la mantequilla, en un cazo profundo.
2. Echar la harina de golpe y mover con la espátula de madera.
3. En cuanto se forme una bola que se despega de las paredes, dejarla enfriar sobre el mármol o batirla con las varillas eléctricas.
4. Poner la masa de nuevo en el cazo, añadir los huevos uno a uno y trabajarla primero con cuchara y luego con la mano hasta obtener una pasta lisa.
5. Llenar la manga pastelera y formar moños del tamaño de una nuez gorda sobre una placa forrada con papel y engrasada o sobre un silpat.
6. Ponerlos distanciados unos de otros porque doblan su tamaño.
7. Introducirlos en el horno a 180 ºC durante 30-40 minutos, sin abrir el horno mientras se cuecen porque se bajan.
8. Cuando estén dorados y duros, sacarlos y dejar que se enfríen.
9. Poner la nata en manga, hacer un pequeño agujero en los *choux* por la zona baja y rellenarlos con la nata.
10. Espolvorearlos con azúcar glas y regarlos con la salsa.
11. Salsa: fundir el chocolate cortado en trocitos, con la leche, al baño María o en el microondas.
12. Moverlo para que resulte una salsa homogénea y perfumar con el whisky.

MASA DE PAN RÁPIDA

Para unos 800 gr de masa: 1 vaso y ½ de agua templada, 20 gr de levadura prensada de panadería, 250 gr de harina de fuerza, 250 gr de harina de repostería y 1 cucharadita de sal.

1. Disolver la levadura en la mitad del agua templada.
2. Mezclar la harina de fuerza, la harina de repostería y la sal.
3. Hacer un volcán sobre la mesa con las harinas, e ir mezclando la harina con el agua hasta conseguir una bola (o poner las harinas dentro de la amasadora con la espiral de amasar e ir añadiendo la levadura).
4. Amasar a mano o a máquina hasta que no se pegue a los dedos o a la espiral de la amasadora, y formar una bola.
5. Colocarla en un bol enharinado, hacer un corte en forma de cruz en la superficie, tapar con un paño y meter el bol en una bolsa de plástico.
6. Colocarlo en sitio templado (por ejemplo, el horno que estuvo encendido guarda algo de calor) hasta que doble su tamaño.
7. Romper la masa sobre la mesa enharinada para extraer el aire, amasar y formar panecillos, barras, hogazas o lo que se quiera.
8. Colocarlos en una bandeja de horno engrasada, o en un silpat o papel de hornear.
9. Dar unos cortes a las formas de pan con la punta de un cuchillo afilado, taparlos y dejarlos reposar dentro del mismo horno no frío hasta que doblen su tamaño.
10. Espolvorear de agua la base del horno, si no es de vapor, o colocar una taza con agua dentro.
11. Introducir la bandeja con el pan en el horno a 220 ºC y cocerlos 20-25 minutos, si son pequeños, y 30-40 minutos si son grandes.
12. Sacarlos del horno y colocarlos sobre rejilla para que no se humedezcan.

PAN *BRIOCHE* HECHO EN THERMOMIX

Para ocho personas: 350 gr de harina de fuerza, 100 gr de mantequilla, 15 gr de azúcar, 5 gr de sal, 2 huevos, 2 cubiletes de leche templada y 15 gr de levadura de panadería.

1. Disolver la levadura en la leche templada.
2. Poner todos los ingredientes, menos la harina, en el vaso de la Thermomix y mezclar a velocidad 1 durante 10 segundos.
3. Ir añadiendo poco a poco la harina por el bocal de la tapadera, sin parar de batir.
4. Pasar a la velocidad 2 y ayudarse de la espátula, porque así se pone más dura.
5. Cuando la masa esté mezclada y compacta, llenar hasta la mitad un molde de 35 cm de largo, engrasado.
6. Taparlo con plástico y dejarlo en sitio templado 1 hora.
7. Pasado este tiempo cocerlo en el horno a 180 ºC durante 30 minutos, hasta que acabe de subir del todo.
8. Comprobar que está cocido, pinchando en el centro, y desmoldarlo sobre una rejilla para que se enfríe sin humedecerse.
9. Servirlo en lonchas para desayunos y meriendas.

PAN DE AJO, CEBOLLA Y PEREJIL

Para un molde de 20 cm de largo: 1 vaso de leche, 2 vasos de harina, 1 sobre de levadura Royal, 1 huevo, ½ vaso de azúcar, 1 cucharadita de ajo picado y frito, ½ taza de cebolla frita dorada (se puede comprar frita), 2 cucharadas de perejil picado y 1 cucharadita de sal.

1. Batir el huevo en el vaso de la batidora con el azúcar, la leche y la sal, agregar la harina tamizada con la levadura en polvo hasta conseguir la textura de un puré espeso.
2. Fuera de la batidora, incorporar el ajo y la cebolla, picados y fritos, y el perejil picado.
3. Mover para que se repartan bien.
4. Engrasar un molde de *plum-cake,* forrarlo con papel, engrasarlo y llenarlo hasta las ¾ partes con la preparación.
5. Introducir el molde en el horno a 175 ºC durante 50-60 minutos, o hasta que al pincharlo en el centro salga la aguja limpia.
6. Dejarlo reposar antes de cortarlo en lonchas más o menos finas, al gusto.

PAN DE CENTENO MALTEADO, CEBOLLA Y SOJA

Para un molde de 30 cm de largo: masa de harina de trigo: 2 tazas de harina de trigo de fuerza, ¼ de taza de cebolla frita (comprada), ½ cucharadita de té de sal, 1 cucharadita de azúcar moreno, ¼ l de yogur, 2 huevos pequeños y ½ sobre de levadura en polvo.

Masa de harina de centeno y de soja: 1 ½ tazas de harina de centeno malteado, ½ taza de harina de soja (granos de soja molidos de venta en buenos establecimientos), ¼ taza de cebolla frita (comprada), ½ cucharadita de té de sal, 1 cucharadita de azúcar moreno, ¼ l de yogur, 2 huevos pequeños y ½ sobre de levadura en polvo.

1. Engrasar y forrar un molde de *plum-cake* con papel por todos lados, cortando los ángulos para que el papel no se arrugue, dejar papel colgando por los lados.
2. Masa de harina de trigo: mezclar la levadura con la harina, el azúcar, la sal y la cebolla.
3. Batir los huevos hasta que estén espumosos, mezclarlos con el yogur y añadir poco a poco la harina.
4. Mover primero con cuchara y después con la mano hasta conseguir una masa espesa.
5. Masa de harina de centeno y de soja: mezclar la harina de centeno con la de soja, añadir la levadura, la sal, el azúcar y la cebolla.
6. Batir los huevos hasta que estén espumosos, mezclarlos con el yogur y añadir poco a poco las harinas mezcladas.
7. Mover primero con cuchara y después con la mano hasta conseguir una masa espesa.
8. Llenar el molde con las dos masas, una por cada lado, hasta las ¾ partes.
9. Tapar la superficie con el papel sobrante de los lados y cocerlo en el horno durante 90 minutos a 160 ºC.
10. Comprobar si está cocido, pinchando con una aguja en el centro, sacarlo y desmoldarlo sobre una rejilla para que no se humedezca.

PAN DE FRUTOS SECOS

Para un molde de 20 cm de largo: 1 vaso de leche, 2 vasos de harina, 1 sobre de levadura Royal, 1 huevo, 1 vaso de azúcar, 1 ½ vasos de: pipas de girasol, pasas de Corinto, nueces peladas y picadas (todo mezclado) y 1 copa de *brandy.*

1. Remojar las pasas en el *brandy.* Batir el huevo en el vaso de la batidora con el azúcar y la leche, agregar la harina tamizada con la levadura en polvo hasta conseguir la textura de un puré espeso.
2. Fuera de la batidora, añadir los frutos secos las pasas y su *brandy.*
3. Engrasar un molde de *plum-cake,* forrarlo con papel, engrasarlo y llenarlo hasta las ¾ partes con la preparación.
4. Introducir el molde en el horno a 175 ºC durante 50-60 minutos o hasta que, al pincharlo en el centro, salga la aguja limpia.
5. Dejarlo reposar antes de cortarlo en lonchas más o menos finas, al gusto.

PAN DE FRUTOS ROJOS (MORA, FRAMBUESA Y GROSELLA)

Para ocho personas: 350 gr de harina de fuerza, 100 gr de mantequilla, 3 cucharadas de azúcar, 1 cucharadita de sal, 2 huevos, 1 vaso de moras, frambuesas y grosellas mezcladas, ½ vaso de leche templada y 15 gr de levadura de panadería.

1. Disolver la levadura en la leche templada.
2. Poner todos los ingredientes, menos la harina, en el vaso de la Thermomix y mezclar a velocidad 1 durante 10 segundos.
3. Ir añadiendo poco a poco la harina por el bocal de la tapadera, sin parar de batir.
4. Pasar a la velocidad 2 y ayudarse de la espátula, porque así se pone más dura.
5. Cuando la masa esté mezclada y compacta, llenar hasta la mitad un molde de 35 cm de largo, engrasado.
6. Taparlo con plástico y dejarlo en sitio templado 1 hora.
7. Pasado este tiempo cocerlo en el horno a 180 ºC durante 30 minutos, hasta que acabe de subir del todo.
8. Comprobar que está cocido, pinchando en el centro, y desmoldarlo sobre una rejilla para que se enfríe sin humedecerse.
9. Servirlo en lonchas para desayunos y meriendas.

PAN DE NUECES

Para un molde de 20 cm de largo: 1 vaso de leche, 2 vasos de harina, 1 sobre de levadura Royal, 1 huevo, 1 vaso de azúcar, 1 vaso de nueces peladas y picadas, 1 vaso de pasas de Corinto y 1 copa de *brandy.*

1. Remojar las pasas en el *brandy.*
2. Batir el huevo en el vaso de la batidora con el azúcar y la leche, agregar la harina tamizada con la levadura en polvo hasta conseguir la textura de un puré espeso.
3. Fuera de la batidora, añadir las nueces picadas gruesas, las pasas y su *brandy.*
4. Engrasar un molde de *plum-cake,* forrarlo con papel, engrasarlo y llenarlo hasta las ¾ partes con la preparación.
5. Introducir el molde en el horno a 175 ºC durante 50-60 minutos o hasta que, al pincharlo en el centro, salga la aguja limpia.
6. Dejarlo reposar antes de cortarlo en lonchas más o menos finas, al gusto.

PAN INTEGRAL DE PIPAS DE GIRASOL

Para un molde redondo de 22 cm de diámetro: 2 tazas de harina normal, 1 ½ tazas de harina integral, ½ taza de salvado, 100 gr de pipas peladas, 1 cucharadita de té de sal, 1 cucharadita de azúcar moreno, ½ cucharadita de comino en grano, ½ l de yogur, 3 huevos y 1 sobre de levadura en polvo.

1. Engrasar un molde de redondo, forrarlo con papel por todos lados: el fondo con un círculo de papel de su tamaño y los lados con una banda.
2. Mezclar la harina normal y la integral, el salvado, la sal, el azúcar moreno, el comino en grano y la levadura.
3. Batir los huevos hasta que estén espumosos, mezclarlos con el yogur y las pipas (reservar una cucharada para espolvorear por encima) y añadir poco a poco las harinas mezcladas.
4. Mover primero con cuchara y después con la mano hasta conseguir una masa espesa.
5. Llenar el molde hasta las ¾ partes.
6. Tapar la superficie con papel engrasado e introducirlo en el horno durante 90 minutos a 160 ºC.
7. Pinchar el centro para comprobar que está bien cocido, sacarlo y desmoldarlo sobre una rejilla para que no se humedezca.

PAN MEDIO INTEGRAL

Para un molde de 30 cm de largo: 2 tazas de harina normal, 1 ½ tazas de harina integral, ½ taza de salvado, 1 cucharadita de té de sal, 1 cucharadita de azúcar moreno, ½ cucharadita de comino en grano, ½ l de yogur, 3 huevos y 1 sobre de levadura en polvo.

1. Engrasar y forrar un molde de *plum-cake* con papel por todos lados, cortando los ángulos para que el papel no se arrugue.
2. Mezclar la harina normal, la integral, el salvado, la sal, el azúcar, el comino y la levadura.
3. Batir los huevos hasta que estén espumosos, mezclarlos con el yogur y añadir poco a poco las harinas mezcladas.
4. Mover, primero con cuchara y después con la mano hasta conseguir una masa espesa.
5. Llenar el molde hasta las ¾ partes.
6. Tapar la superficie con el papel sobrante de los lados y cocerlo en el horno 90 minutos a 160 ºC.
7. Comprobar si está cocido en el centro, al pinchar con una aguja, sacarlo y desmoldarlo sobre una rejilla para que no se humedezca.

PANECILLOS VARIADOS

A la masa de pan rápida, en el momento de romper la masa, se le pueden añadir:

1. 150 gr de aceitunas negras picadas finas y algo de tomillo, para panecillos de olivas negras.
2. 150 gr de tomates secos rehidratados, picados finos, y romero picado, para panecillos de tomate.
3. Y, con estas mismas proporciones, incorporar el ingrediente que se desee, como chorizo picado, bacón, etc.

MERENGUES

Consiste en claras de huevo montadas a punto de nieve hasta que adquieran la consistencia de una crema blanca y espesa, a las que se añade azúcar en la proporción de 2 cucharadas de azúcar por clara o, lo que es más exacto, el peso de las claras de azúcar. El merengue puede estar crudo, para incorporarlo a distintas preparaciones y darles ligereza, como es el caso de las *mousses* y bavaresas (véase capítulo **Gelatinas**), o para decorar tartas o postres, gratinado con azúcar glas o no. También se llama merengue a las distintas preparaciones en las que las claras de huevo montadas a punto de nieve con azúcar, van cocidas de diversas formas como es el caso del merengue francés.

Sus aplicaciones se encuentran en los capítulos **Charlotas; Tartas; Yemas, dulces y bombones.**

Merengue francés: son claras frescas y sin restos de yemas, batidas con varillas hasta que la mezcla blanquee y adquiera cuerpo. El azúcar (generalmente 50% de azúcar blanquilla y azúcar glas, o solo azúcar blanquilla) se añade en 2-3 veces, cuando están a medio batir y el resto cuando ya están montadas, pero se sigue batiendo hasta que la crema brille. El merengue queda firme y quebradizo y está listo para emplear en pasteles llamados merengues o en tartas, según se haya horneado.

Merengue italiano: son claras montadas a punto de nieve a las que se añade almíbar en lugar de azúcar. Preparar un almíbar a punto de hebra floja con el peso de claras en azúcar (menos 2 cucharadas) y muy poca cantidad de agua, montar las claras a punto de nieve con las dos cucharadas de azúcar reservadas, añadir el almíbar caliente a chorro fino y continuo, y batir hasta su total absorción. Se utiliza para adornos, gratinados y para hacer los pasteles llamados merengue, porque queda más duro y consistente.

Merengue suizo: este tipo de merengue se suele utilizar en la decoración de tartas, porque se endurece por fuera y dentro queda más blando. Calentar las claras con el azúcar en un bol al baño María batiendo continuamente con varillas, para que no se cuezan las claras, hasta llegar a 50 ºC. En ese momento continuar en batidora con varillas a velocidad alta, hasta que esté frío.

Merengue cocido: prepararlo como se ha indicado con anterioridad en cualquiera de los tres tipos. Ponerlo en manga pastelera, formar montículos, lenguas o planchas sobre las placas pasteleras cubiertas con papel sulfurizado, engrasado y enharinado y cocerlo en el horno a de 100 ºC, durante 3 horas. Dejar enfriar en el horno.

Merengue escalfado o **suspiros:** son claras montadas a punto de nieve con azúcar, escalfadas en forma de óvalos o bolas. Para esto, montar las claras con el azúcar a punto de nieve firme, formar óvalos o bolas del tamaño de un huevo con ayuda de dos cucharas y dejarlas caer en leche casi hirviendo durante 20 o 30 segundos. Sacarlas con la espumadera en cuanto cuajen y escurrirlas sobre un paño. Se utilizan para acompañar natillas y cremas de frutas.

TRUCOS Y CONSEJOS

- Las claras que sobren de una preparación, por ejemplo de hacer tocinillos de cielo, se conservan muy bien en un bote de cristal tapado y congeladas y, una vez congeladas, se pueden utilizar para hacer merengue, con su mismo peso en azúcar.
- Para montar claras es preferible que estén a temperatura ambiente.
- Para que monten con facilidad las claras, se pueden añadir unas gotas de zumo de limón o unos granos de sal gorda al empezar a batir.
- El merengue no debe tomar color en el horno, por eso la temperatura debe ser muy baja, simplemente para que se seque.
- Si el merengue se hace a mano hay que batir las claras con las varillas de alambre durante una media hora.
- Si se hace en la batidora eléctrica, tiene que ser la de varillas ya que, como en el caso de la nata, no montan las claras en la batidora que tiene una hélice en el fondo del vaso.
- Como curiosidad, el merengue queda blanco por la refracción de la luz sobre las burbujas que se crean al batir las claras.

ALASKA DE TURRÓN

Para ocho personas: helado: 1 tableta de turrón de Jijona, 1 yogur natural, 3 cucharadas de azúcar, 2 claras de huevo y 3 vasos de agua de nata líquida.

Bizcochos: 6 tortas de Alcázar de San Juan.

Merengue: 4 claras, 8 cucharadas de azúcar (o el peso de las claras de azúcar) y azúcar glas.

1. Helado de turrón: batir todos los ingredientes juntos en la trituradora hasta conseguir una crema.
2. Engrasar con aceite sin sabor un molde de *plum-cake*, llenarlo con la preparación y guardar en el congelador durante 6-8 horas.
3. Merengue: montar las claras a punto de nieve con el azúcar en la batidora eléctrica de varillas, hasta que estén muy brillantes (unos 15 minutos).
4. Sumergir el molde de helado en agua hirviendo y volcarlo sobre las tortas acaballadas.
5. Cubrir el helado y la base de tortas, con una capa gruesa de merengue, espolvorearlo de azúcar glas e introducirlo en el horno a temperatura fuerte, 200 ºC, con el gratinador encendido durante unos minutos, hasta que se gratine y servir.

FAROFIAS

Para cuatro personas: 3 huevos, 8 cucharadas de azúcar, 1 l de leche, ralladura de limón y 1 cucharada rasa de maicena.

1. Poner a hervir la leche con la ralladura de limón.
2. Separar las claras y batir las yemas con cuatro cucharadas de azúcar y la maicena en un cazo de fondo grueso (o al baño María).
3. Añadir ½ l de la leche hirviendo, mover sobre el fuego y cuando espese sin llegar a hervir, verter en un bol y reservar.
4. Montar las claras a punto de nieve con el resto del azúcar hasta que estén muy brillantes.
5. Mantener el resto de la leche hirviendo y tomar porciones de clara montada dándoles forma entre dos cucharas.
6. Escalfar los montoncitos de claras en la leche con un hervor ligero, durante 2-3 minutos.
7. Darles la vuelta con una espumadera para que se escalfen por los dos lados, sacar esa tanda, escurrirlas sobre un paño o sobre papel de cocina doblado y seguir hasta terminar con las claras montadas.
8. Cuando estén todas, servir las farofias con las natillas y espolvoreadas de canela.

HUEVOS MOL

Para cuatro personas: 6 huevos, 8 cucharadas de azúcar, 1 vaso de agua, la corteza de un limón, 1 copa de oloroso y canela.

1. Disolver seis cucharadas de azúcar en el agua, añadir la corteza de limón y cocerlo durante 5 minutos a fuego vivo hasta conseguir un almíbar ligero.
2. Separar las yemas de las claras, deshacer las yemas en un cazo de fondo grueso y batirlas hasta que estén espumosas.
3. Añadir el almíbar caliente a hilo fino sobre las yemas, sin dejar de batir para que no se corten y agregar el oloroso.
4. Cuajar al fuego sin dejar de batir, lentamente, acercando y separando hasta obtener una crema fina.
5. Repartir en copas de cristal.
6. Montar dos claras a punto de nieve, añadir el azúcar restante y seguir batiendo hasta que el merengue esté firme y brillante.
7. Ponerlo en manga pastelera y cubrir las copas formando el «monte nevado».
8. Espolvorear con canela y servir.

MERENGUES DE CAFÉ

Para seis u ocho personas: 3 claras, 6 cucharadas de azúcar, 4 cucharadas de agua, 1 cucharada colmada de Nescafé, azúcar glas y nata montada.

1. Hacer un almíbar con el agua y el azúcar, y dejarlo cocer 5 minutos.
2. Montar las claras a punto de nieve y, cuando el almíbar tenga el punto de hebra, dejarlo caer a hilillo sobre las claras.
3. Batir hasta que se enfríe, añadir el Nescafé y seguir batiendo hasta que se una bien.
4. Llenar la manga pastelera con boquilla rizada ancha, engrasar una bandeja de horno y formar moñitos separados.
5. Espolvorearlos de azúcar glas y cocerlos en el horno a 60 ºC durante 3 horas.
6. Dejarlos enfriar en el horno y unirlos de dos en dos con nata montada entre ellos.
7. También se pueden servir sin rellenar ni unirlos.

MOLDES DE MERENGUE DE CARAMELO CON *COULIS* DE MANGO

Para cuatro personas: 4 claras, 8 cucharadas de azúcar y mantequilla para untar el molde.

Coulis de mango: 1 mango, 1 vaso de vino de azúcar, 1 vaso de vino de agua, 1 vaso de vino de nata líquida y ralladura de la corteza de ½ limón.

Para rematar: frambuesas, kiwi, piña y mango.

1. *Coulis* de mango: pelar el mango y triturar la pulpa.
2. Disolver el azúcar en el agua, cocer durante 5 minutos, añadir la pulpa de mango, la nata líquida y la ralladura de limón.
3. Dar unos hervores y enfriar.
4. Poner la mitad del azúcar en un cazo, salpicarla de agua y mover al fuego hasta conseguir caramelo claro.
5. Montar las claras a punto de nieve con el resto del azúcar y verter sobre ellas el caramelo a hilillo.
6. Llenar un molde de corona engrasado y cocerlo al baño María en el horno a 175 ºC durante 30 minutos, o hasta que al pincharlo con una aguja salga limpia.
7. Desmoldar el merengue de caramelo templado y servirlo con las natillas y las frutas picadas finas.

PASTEL DE PIÑA MERENGADA

Para ocho personas: 10 claras de huevo, 14 cucharadas de azúcar, 150 gr de mantequilla, 150 gr de harina y 1 bote de mermelada de piña.

1. Batir seis claras a punto de nieve con seis cucharadas de azúcar, empezando a velocidad más lenta con dos cucharadas de azúcar.
2. Añadir el resto del azúcar en dos veces y batir durante 10-15 minutos, hasta que esté muy duro y brillante.
3. Fuera de la batidora, incorporar la mantequilla fundida con cuidado de que no se baje el merengue y, por último, incorporar la harina espolvoreada, con movimiento envolvente.
4. Engrasar con mantequilla un molde desmontable de 26 cm de diámetro, enharinarlo y llenarlo hasta las ¾ partes.
5. Cocer el bizcocho de claras en el horno a 180 ºC durante 20-30 minutos.
6. Desmoldarlo sobre una rejilla y, cuando esté frío, cortarlo en tres capas, rellenarlo con dos capas de la mermelada de piña, terminar con bizcocho y ponerlo en una fuente refractaria.
7. Montar las otras cuatro claras a punto de nieve con ocho cucharadas de azúcar hasta conseguir un merengue muy brillante.
8. Cubrir la tarta haciendo piquitos con el merengue.
9. Meter de nuevo en el horno a 200 ºC durante 15 minutos para que el merengue se endurezca y se dore.

PAULOVA DE FRUTAS DEL BOSQUE

Para cuatro personas: 3 claras de huevo, 6 cucharadas de azúcar o el peso de las claras de azúcar, 1 cucharadita de maicena, 1 cucharadita de vinagre, 250 gr de fresón (o frutas rojas variadas), 250 gr de nata montada y azúcar glas para espolvorear.

Salsa de fresón: 200 gr de fresón, 1 cucharada de zumo de limón y 2 cucharadas de azúcar.

1. Batir las claras a punto de nieve con una cucharada de azúcar y el vinagre.
2. A medio batir añadir el resto del azúcar con la maicena y continuar durante 20 minutos.
3. Poner las claras montadas sobre un silpat procurando que formen un círculo lo más perfecto posible y hacer un hueco en el centro, formando paredes.
4. Espolvorear el merengue de azúcar glas y meter la placa en el horno a 90 ºC durante 1,5 horas y dejarlo enfriar dentro del horno.
5. Montar la nata sin azúcar en la batidora de varillas y guardarla en la nevera para que tome más cuerpo.
6. Cuando esté frío el merengue, rellenar el hueco que queda en el centro con la nata montada.
7. Colocar encima las frutas rojas y regar con la salsa.
8. Salsa de fresón: lavar los fresones sin quitar los pedúnculos, escurrirlos y quitar los rabitos.
9. Ponerlos con el azúcar en un cazo, acercar al fuego, añadir el zumo de limón, dar unos hervores, triturar y colar.

POSTRE DE BATATAS

Para ocho personas: 8 batatas amarillas y grandes, 1 copa de oporto o de oloroso dulce, 8 cucharadas de nata líquida, 12 cucharadas de azúcar, ralladura de limón y 200 gr de nueces picadas.

Para cubrir: 2 claras y 4 cucharadas de azúcar.

1. Pelar las batatas y cocer la pulpa con la ralladura de limón.
2. Escurrirla, pasarla en puré y añadir el azúcar disuelto en el oloroso.
3. Incorporar la nata líquida, batir y añadir las nueces picadas.
4. Llenar una fuente refractaria engrasada.
5. Para cubrir: montar las claras a punto de nieve con el azúcar durante 10 minutos en la batidora de varillas.
6. Cubrir el puré de batata con el merengue y gratinarlo en el horno.
7. Si no se quiere gratinar, cubrirlo de nata.

POSTRE DE MACARON Y MANGO

Para ocho personas: *macaron:* 150 gr de almendra rallada fina, 150 gr de azúcar glas y 55 gr de clara de huevo.

Merengue italiano para el *macaron:* 55 gr de clara de huevo, 50 ml de agua y 150 gr de azúcar.

Relleno del *macaron:* 150 gr de mango (1 mango), 1 cucharada de azúcar, gotas de zumo de limón y 2 hojas de gelatina (4 gr).

Guarnición: 1 mango y menta fresca.

1. *Macaron:* mezclar la almendra rallada y el azúcar glas en la Thermomix, durante 3 segundos, para que quede muy fino.
2. Añadir la clara de huevo, mezclar batiendo y reservar.
3. Merengue italiano: deshacer el azúcar en el agua y cocerlo a borbotón durante 5 minutos, para hacer un almíbar.
4. Montar las claras a punto de nieve, añadir el azúcar y batir 15 minutos.
5. Verter el almíbar caliente a hilillo sobre el merengue y batir hasta que se enfríe.
6. Unir con movimiento envolvente, el merengue con la almendra-azúcar-clara.
7. Llenar la manga con boquilla lisa, formar círculos sobre silpat y hornearlo a 140 ºC durante 12-15 minutos.
8. Relleno: remojar la gelatina en agua fría.
9. Triturar la pulpa del mango con azúcar y el zumo de limón, calentar y, fuera del fuego, añadir la gelatina escurrida, mover hasta que se integre, enfriar y guardar en la nevera.
10. Cuando el relleno tenga consistencia, llenar otra manga pastelera y repartir sobre la mitad de los *macarons.*
11. Tapar con otro y servir con el mango.

Los *macarons* se pueden colorear con unas gotas de colorante vegetal y unas gotas de esencia del color elegido (fresa para el rosa, menta para el verde o mango para el amarillo).

POSTRE DE NARANJA A LAS TRES TEXTURAS

Para cuatro personas: crema: 4 yemas de huevo, 6 cucharadas de azúcar, ½ l de zumo de naranja, una pizca de sal, 3 clavos de olor, 1 cucharada rasa de maicena y 2 cucharadas de mantequilla.

Guarnición: 2 naranjas de mesa, 2 claras a punto de nieve y 4 cucharadas de azúcar.

Juliana de naranja confitada: la piel amarilla de 1 naranja y 4 cucharadas de azúcar.

1. Crema: hervir el zumo de naranja con los clavos y la sal.
2. Batir las yemas con el azúcar en un cazo de fondo grueso hasta que estén muy espumosas, acercarlas al fuego y mover al tiempo que se va añadiendo el zumo de naranja, hasta formar una crema.
3. Separar y acercar al fuego para que no se corten las yemas (o hacerlo al baño María).
4. Añadir a la crema anterior la maicena disuelta en unas cucharadas de agua y continuar moviendo al fuego hasta que espese.
5. Fuera del fuego incorporar la mantequilla y batir hasta que se integre.
6. Guarnición: pelar las naranjas, a lo vino, separar los gajos y quitarles la piel.
7. Montar las claras con el azúcar a punto de merengue.
8. Juliana de naranja confitada: lavar y cortar la piel de la naranja en juliana fina, cocerla en agua con sal, escurrirla y volverla a cocer en agua con el azúcar durante 10 minutos.
9. Llenar las copas con la crema, poner encima los gajos de naranja pelados y el merengue, adornar por encima con la juliana de naranja.

TARTA DE MARRON GLACÉ

Para seis u ocho personas: 10 claras de huevo, 20 cucharadas de azúcar (o el mismo peso de las claras de azúcar), ¾ l de nata montada dulce, 1 lata de puré de castañas dulce y azúcar glas para cubrir.

1. Batir las claras a punto de nieve, añadir poco a poco el azúcar y seguir batiendo hasta que se forme una crema muy brillante y dura (unos 15 minutos en la batidora eléctrica).
2. Engrasar tres moldes desmontables de 22 cm y forrar el fondo de papel engrasado y enharinado.
3. Extender el merengue dejando una capa lisa y de unos 4 cm de grosor (se hace muy bien con una manga pastelera).
4. Espolvorear de azúcar glas y cocer en el horno a 60 ºC, durante 3-4 horas, dejar enfriar en el horno.
5. Colocar una plancha en la fuente, cubrirla con crema de castañas y nata montada.
6. Poner encima otra capa de merengue, cubrirla de crema de castañas y nata montada, encima la tercera capa de merengue y cubrir de azúcar glas.
7. Hacer un enrejado en la superficie con un hierro al rojo, untar el resto de la nata alrededor de la tarta y guardarla en la nevera hasta el momento de servir.

TORRE DE MERENGUE

Para cuatro o seis personas: 6-8 merengues blancos, frutas variadas de temporada: melocotones, fresones, kiwis, ¼ l nata líquida, 4 cucharadas de azúcar glas y mermelada de fresa.

1. Montar la nata, que debe estar muy fría (de la nevera), en el bol de la batidora enfriado con agua y con hielo.
2. Añadir el azúcar glas y con cuidado de que no se haga mantequilla por batir demasiado.
3. Guardar la nata en la nevera para que se endurezca. Lavar los fresones, pelar los melocotones y los kiwis y cortarlos en gajos.
4. Colocar cuatro merengues en una fuente unidos con nata montada.
5. Intercalar frutas y poner otra capa de tres merengues unidos con nata e intercalados con frutas.
6. Rematar con un merengue y regar con mermelada de fresa ligeramente diluida y colada.

TORTILLA ALASKA

Para seis personas: 12 bizcochos de soletilla, 1 vaso mitad de leche mitad de moscatel, 1 tarrina de helado de nata de 1 l, 6 claras, 12 cucharadas de azúcar y 2 cucharadas de *brandy.*

1. Montar las claras a punto de nieve con el azúcar durante 10-15 minutos hasta conseguir un merengue muy brillante y duro.
2. Fondear una fuente refractaria con los bizcochos remojados en la leche-moscatel y colocar encima la tarrina de helado.
3. Cubrir completamente el helado con el merengue, para aislarlo del calor del horno, y espolvorearlo de azúcar glas.
4. Introducir la fuente en el horno a 200 ºC durante 5 minutos, y 2 minutos más a 250 ºC.
5. Calentar el *brandy,* flambearlo mientras se vierte sobre la tortilla Alaska y servir.

PASTAS, GALLETAS Y PASTELITOS

Uno de los primeros pasos de los niños en la cocina ha sido siempre preparar galletas y pastas, por la sencillez de su elaboración con buenos resultados. Lo esencial es que la masa quede fina y todos sus ingredientes bien mezclados, sin que tenga mucha importancia el orden en el que se incorporan.

Hay dos tipos de pastas:

- Las de masa fluida, que precisan de la manga pastelera, de la cuchara o de moldes para darles forma.
- Las de masa compacta, que se pueden amasar con la mano y a las que después se da forma con cortapastas.

GALLETAS DE NATA

Cuando la leche se vendía por litros sin pasteurizar ni envasar, y se cocía en casa, se hacían estas galletas con la nata que, después de hervir la leche, se formaba en la superficie. Había que ir guardando la nata varios días para hacer estas galletas o los bizcochos tipo quesada. Hoy se pueden hacer con el equivalente en nata líquida espesa.

LA TÉCNICA

- Batir la misma cantidad de nata que de azúcar.
- Añadir harina hasta formar una masa blanda.
- Poner cucharadas de masa sobre la placa engrasada, debidamente separadas porque ensanchan.
- Cocerlas en el horno hasta que se doren.
- Desprenderlas de la placa según vayan estando doradas.
- Introducir de nuevo la placa en el horno si algunas quedan poco doradas.

LENGUAS DE GATO

Son unas pastas alargadas y finas que se sirven de merienda o acompañando postres y helados. La masa lleva la misma cantidad de azúcar que de harina y de mantequilla (125 gr de cada ingrediente), algún aroma y 3 claras de huevo a punto de nieve.

LA TÉCNICA

- Mezclar la harina cernida con el azúcar y la mantequilla ablandada.
- Añadir el aroma.
- Incorporar las claras a punto de nieve.
- Llenar la manga pastelera con boquilla lisa ancha.
- Formar lenguas de 5 cm de largo, debidamente separadas, sobre la placa engrasada, porque ensanchan al cocer.
- Cocerlas en el horno a 175 ºC, durante 10 minutos.
- Desprenderlas en caliente, pasando con cuidado un cuchillo afilado por debajo.

TULIPAS

Son pequeños recipientes de pasta de lengua de gato, que se sirven con bolas de helado en el interior, frutos del bosque, *mousses,* etc.

LA TÉCNICA

- Preparar la misma fórmula que las lenguas de gato.
- Dejar caer dos cucharadas de pasta sobre la placa engrasada, debidamente separadas.
- Cocerlas durante 10 minutos.
- En caliente y muy rápido, porque se endurecen, ir colocando una a una sobre un vaso invertido, ajustándolas con la mano para que tomen forma de tulipa.

TEJAS

El éxito de las tejas es que sean muy finas, con la forma y los calados de una peineta de concha. Se conservan mucho tiempo en cajas que cierren herméticamente. Se sirven a la hora del postre y se pueden hacer de almendras, avellanas, corteza fina de naranja o limón confitada y picada. Hay muchas recetas, pero la base es la misma cantidad de azúcar que de avellanas molidas o almendras fileteadas, la décima parte de harina, es decir muy poca, y 3 claras de huevo para 150 gr de harina y de almendras.

LA TÉCNICA

- Batir las claras con el azúcar hasta que estén espumosas.
- Añadir la harina.
- Mezclar.
- Incorporar las almendras fileteadas.
- Depositar montoncitos de pasta sobre la placa engrasada, distanciadas para que no se unan entre sí.
- Aplastarlas con la parte roma de la cuchara para que queden muy finas.
- Cocerlas durante 10 minutos en el horno a 175 ºC.
- Despegarlas inmediatamente, porque se endurecen.
- Colocarlas rápidamente sobre el rollo de amasar, antes de que endurezcan, para darles forma de teja.

PASTAS DE TÉ

Hay mucha variedad de recetas de pastas para el té, así como una gran diversidad de maneras de decorarlas. Como se conservan largo tiempo, en cajas cerradas, separadas las capas por hojas de papel, se suele hacer una cantidad relativamente grande, dándoles formas y decoraciones diferentes. La base de la pasta son 500 gr de harina, 300 gr de mantequilla, 300 gr de azúcar, 4 huevos y 2 cucharadas de agua de azahar.

LA TÉCNICA

- Cerner la harina junto con el azúcar sobre la mesa en forma de círculo.
- Cortar la mantequilla, que debe estar muy fría, en dados.
- Deshacerla dentro de la harina, ayudados primero de una cuerna y después con las manos (tiene que quedar como una arena gruesa).
- Hacer un volcán con esta arena.
- Poner en el centro el resto de ingredientes.
- Mezclarlos entre sí.
- Atraer la harina sobre ellos.
- Amasarla hasta que esté muy fina.
- Formar una bola.
- Dejarla reposar en sitio fresco durante 1 hora.
- Aplanarla con el rodillo hasta dejarla con un grosor de 1 cm.
- Cortar diversas formas con cortapastas de estrella, óvalo, corazón, etc.

- Colocarlas sobre la placa humedecida y escurrida o sobre una hoja de silpat o papel sulfurizado.
- Pintarlas con huevo batido.
- Cocerlas en el horno a 175 ºC, durante 15 minutos.
- Adornar al sacarlas del horno.

CÓMO ABRILLANTARLAS Y ADORNARLAS

- Disolver 1 cucharada de azúcar en 3 cucharadas de leche.
- Dar un hervor.
- Pintar las pastas recién sacadas del horno con la leche y el azúcar.
- Pegar una almendra tostada, una avellana, piñones o lo que se desee.
- Fundir chocolate sin nada de agua.
- Añadir una pizca de mantequilla para que deslice mejor.
- Pintar la pasta entera o solo la mitad con el chocolate.
- Cocer unas cucharadas de mermelada de albaricoque con la mitad de azúcar.
- Colar para obtener una glasa.
- Pintar la pasta entera o la mitad con esta glasa.
- Emplear cualquier glasa de las que se explican en baños para glasear.
- Si las pintamos solo con huevo, lo pasaremos primero por un colador para que el dorado quede más uniforme.

PANELLETS

Son pequeños mazapanes, especialidad de Cataluña, hechos con un mazapán muy fino (véase Mazapán en el capítulo Dulces navideños) que se perfuman con limón, vainilla, y van recubiertos de piñones, etc. Se suelen tomar por el día de Todos los Santos.

LA TÉCNICA

- Preparar el mazapán.
- Formar bolas de mazapán del tamaño de una nuez grande.
- Pasarlas por azúcar granulado, piñones o dulce de yema.
- Colocarlas en una placa engrasada y espolvoreada con harina.
- Hornear a 175 ºC, de 8 a 10 minutos.

ROSQUILLAS

Son pastas de masa más o menos esponjosa, con forma de aro, que en unas ocasiones se cuecen en el horno y en otras se fríen en aceite de oliva.

LA TÉCNICA

- La masa se prepara con harina, azúcar, mantequilla o aceite de oliva, huevos y algún aguardiente, licor o vino.
- En ocasiones se amasa con las manos y se forman tiritas cuyas puntas se unen en forma de aro, en otras recetas se extiende la masa y se cortan dos círculos concéntricos de distinto tamaño, lo que da lugar al anillo de masa.

- Algunas fórmulas llevan levadura o polvos de gaseosa, otras no llevan más que las claras de los huevos para subir.
- También varía la temperatura del horno o la del aceite al freírlas y el baño con el que se rematan después de hechas, por lo que al ser tantas y tan variadas las recetas, no se puede dar una norma general y consideramos mejor seguir las instrucciones en cada caso.

COOKIES

Es el término anglosajón para denominar a las galletas. Actualmente, cuando se habla de *cookies* nos referimos a las típicas galletas americanas grandes e irregulares que suelen ir salpicadas de gotas de chocolate negro o blanco, pasas o frutos secos. La base es mantequilla, azúcar moreno y blanco, huevo, harina y levadura en polvo.

LA TÉCNICA

- Batir la mantequilla hasta que esté pomada.
- Añadir poco a poco, y mientras se sigue batiendo, el azúcar moreno y blanco.
- Incorporar el huevo.
- Espolvorear la harina junto con la levadura.
- Dejar enfriar la masa durante media hora en la nevera.
- Hacer montoncitos con la masa sobre la bandeja de horno, con silpat o forrada de papel sulfurizado.
- Es importante dejar separación entre uno y otro porque con el calor la masa se va a expandir.
- Hornear a 180 ºC durante 15 minutos.
- Dejar templar en la bandeja y sacar a rejilla.

BROWNIE

Para ocho o diez personas: 4 huevos, 2 cucharadas de *brandy,* 2 cucharaditas de extracto de vainilla, 200 gr de mantequilla, 240 gr de chocolate *fondant,* 2 tazas de azúcar, 2 ½ tazas de harina y 100 gr de nueces picadas.

Para cubrir: 125 gr de chocolate *fondant,* 2 cucharadas de mantequilla y nueces.

1. Batir los huevos con el *brandy* y la vainilla y el azúcar, sin que resulten muy espumosos.
2. Fundir la mantequilla con el chocolate al baño María o en el microondas, separar del fuego y enfriar moviendo la mezcla.
3. Añadir el chocolate fundido con la mantequilla a los huevos y después la harina espolvoreada, a la velocidad mínima, e incorporar a mano las nueces picadas.
4. Engrasar un molde rectangular de unos 33 x 23 cm. Forrarlo con papel engrasado, llenarlo con la mezcla y cocerlo en el horno a 175 ºC durante 30 minutos.
5. Para cubrir: fundir el chocolate con la mantequilla.
6. Volcar el *brownie* frío, cubrirlo con el chocolate y cortarlo en trozos iguales. Adornar cada trozo con media nuez.

LENGUAS DE GATO

Para ocho personas: 150 gr de harina, 150 gr de azúcar, 150 gr de mantequilla, 3 claras de huevo y vainilla en polvo.

1. Mezclar la harina y el azúcar en un bol y añadir la vainilla.
2. Batir la mantequilla, que debe estar a la temperatura ambiente, en pomada, moviéndola con cuchara de palo, unirla con la harina y el azúcar.
3. Montar las claras de huevo a punto de nieve fuerte y añadir a la mezcla, con cuidado de que no se bajen.
4. Cuando todo esté bien unido, sin removerlo mucho, solo trabajándolo con movimiento envolvente de arriba abajo, llenar la manga pastelera con una boquilla pequeña lisa.
5. Engrasar una placa de pastelero con mantequilla y marcar líneas paralelas separadas unos 6-7 cm que es el largo que deseamos para las lenguas.
6. Formar como pitillos de pasta de lengua de gato entre las líneas paralelas, separadas unas de otras 5 cm, porque en el horno ensanchan, y alternándolas en cada línea para que no se junten por los extremos.
7. Introducir la placa en el horno a 225 ºC para que al estar el horno fuerte se cuezan pero se ensanchen lo menos posible.
8. Cuando comiencen a colorearse, sacarlas del horno, y separarlas de la placa.

PASTAS AL MINUTO

Para seis u ocho personas: 2 huevos, 150 gr de azúcar, 180 gr de harina, 1 cucharadita de levadura en polvo, 2 cucharadas de leche, 50 gr de mantequilla, 50 gr de pasas de Corinto, 2 cucharadas de ron y huevo batido para pintarlas.

1. Batir los huevos con el azúcar y la leche, cuando esté el batido muy esponjoso añadir la harina con la levadura, tamizadas, y la mantequilla algo blanda.
2. Hacer una masa fina que no se pegue a las manos, aunque esté blanda, e incorporar las pasas remojadas en el ron, escurridas y espolvoreadas de harina.
3. Coger pequeñas porciones y hacer unas bolitas, aplastarlas de forma redonda.
4. Pintarlas con huevo y cocerlas en el horno a 180 ºC durante unos 10-15 minutos.

PASTAS DE TÉ

Para 1 kg de pastas aproximadamente: ½ kg de harina, 350 gr de mantequilla, 100 gr de azúcar glas y 1 yema de huevo.

Para decorar: huevo batido, azúcar glas y clara de huevo para hacer glasa blanca o coloreada de albaricoque o fresa, frutos secos.

Relleno: mermelada.

1. Batir la mantequilla en pomada, añadir el azúcar glas, la yema y después la harina tamizada poco a poco hasta poder amasar con las manos y formar una bola, envolverla en plástico de cocina y guardarla en la nevera 1 hora.
2. Extender la masa con el rodillo de 1 cm de espesor.
3. Cortar las pastas con moldes y poner en una media nuez o una avellana, rellenar otras de dos en dos con mermelada, haciendo un pequeño orificio en la de arriba.
4. Colocarlas en una placa pastelera, engrasada y enharinada, pintarlas con huevo batido y cocerlas 15 minutos a 180 °C.
5. Cuando estén cocidas, decorarlas de forma variada según las indicaciones siguientes:
   - Glasa blanca: batir una clara con azúcar glas hasta que espese y pintar algunas de las pastas.
   - La glasa se puede colorear con mermelada de albaricoque o de frutas rojas, a la que se habrá dado un hervor con unas cucharadas de agua y se habrá colado después.
   - Pintar de huevo batido simplemente antes de cocerlas para que quedan brillantes.
   - Sin pintar, se cubren de azúcar glas después de horneadas.
   - Pintarlas con chocolate fundido.
6. Hacer dos pastas idénticas y quitarle un redondel a una de ellas, rellenar con mermelada y unirlas como un bocadillo, de forma que la mermelada asome por el agujerito.
7. Antes de meterlas en el horno, poner en unas una avellana y en otras media almendra o nuez.

PASTAS DE BURGOS

Para unos ¾ kg: 200 gr de harina, 2 claras, 80 gr de azúcar, 200 gr de mantequilla y 160 gr de almendra molida.

1. Triturar el azúcar con la almendra en la batidora hasta que todo esté con textura de polvo, mezclarlo con las claras y batir hasta que resulte espumoso.
2. Unir la mantequilla y luego la harina.
3. Cuando quede una masa fina y ligera, llenar la manga pastelera con boquilla lisa por un lado y estriada por arriba. Formar en un silpat pastas alargadas y algo gruesas, todas del mismo tamaño.
4. Cocerlas en el horno a 180 °C durante 7-8 minutos hasta que se vayan dorando, sacarlas y espolvorearlas de azúcar glas todavía en caliente.
5. Se conservan varios días.

La almendra se puede sustituir por coco rallado.

TEJAS DE ALMENDRA

Para seis u ocho personas: 3 claras de huevo, 150 gr de azúcar, 15 gr de harina, 100 gr de almendras fileteadas y 50 gr de almendras laminadas.

1. Batir las claras de huevo con el azúcar en la batidora de varillas, hasta que estén muy espumosas.
2. Fuera de la batidora, añadir la harina a mano y, cuando se integre, las almendras fileteadas.
3. Hacer montoncitos de masa separados, en una placa pastelera engrasada, extenderlos con una cuchara, espolvorear de almendra fileteada y cocerlos 10 minutos a 175 ºC.
4. Sacarlos, despegarlos rápidamente y en caliente, porque si se enfrían se endurecen, ir colocándolos sobre el rodillo de amasar o sobre una botella, para que tomen forma de teja y dejar que se enfríen.

TEJAS DE ALMENDRA CON CREMOSO DE ALBARICOQUE

Para cuatro personas: tejas de almendra: 2 claras de huevo, 1 huevo, 125 gr de azúcar glas, 35 gr de harina y 140 gr de almendras fileteadas.

Cremoso de albaricoque: 1 vaso de puré de albaricoque (en temporada triturar ½ kg de albaricoques), 1 huevo, 2 yemas de huevo, 4 cucharadas de azúcar y 60 gr de mantequilla.

1. Tejas: mezclar el huevo con las claras, añadir la harina y el azúcar glas e incorporar por último las almendras fileteadas.
2. Colocar sobre la bandeja de horno papel sulfurizado y con cortapastas redondo dibujar círculos.
3. Verter media cucharada de la preparación dentro de cada círculo.
4. Extender la masa sobre el círculo y con un tenedor aplanar bien para que quede muy fino.
5. Introducir en el horno a 180 ºC durante unos 5 minutos hasta que estén tostadas.
6. Sacar del horno y, todavía blandas, poner sobre rodillo para dar forma redondeada.
7. Una vez endurecidas pasar a un plato.
8. Cremoso de albaricoque: batir el huevo y las yemas.
9. Templar el puré de albaricoque en un cazo y añadir el huevo y las yemas, batidos con el azúcar.
10. Mantener al fuego removiendo con espátula suavemente hasta obtener una textura cremosa.
11. Fuera del fuego añadir la mantequilla en dados y remover hasta que se derrita.

PREPARADOS Y AUXILIARES

ALMÍBAR

Se llama almíbar, sirope o jarabe a una mezcla de agua con azúcar o miel, cocida hasta que tiene el punto deseado. Para saber el punto hay dos procedimientos: el pesajarabes o el sistema manual. Se emplea para emborrachar pasteles y bizcochos y como base de otras preparaciones. Cada uso requiere una consistencia especial del almíbar.

LA TÉCNICA

- Poner en un cazo muy limpio 50% de agua y de azúcar.
- Disolver el azúcar.
- Acercar al fuego.
- Hervir hasta conseguir el punto deseado.

CONTROL DEL ALMÍBAR CON PESAJARABES

El pesajarabes o densímetro es una barra de vidrio o plástico semejante a un termómetro, con una ampolla inferior que debe flotar, más o menos, en el almíbar. Cuanto más denso el jarabe menos se hunde la ampolla y la superficie del líquido queda en la numeración situada más baja en dicha barra, que corresponde a una graduación más alta.

- Preparar un frasco de cristal alto y estrecho.
- Llenarlo con el almíbar hirviendo.
- Introducir el pesajarabes que debe flotar libremente.
- Comprobar a qué numeración corresponde la superficie del almíbar.

CONTROL DEL ALMÍBAR SIN PESAJARABES

El almíbar según va cociendo va adquiriendo más grados. Estos son de menos a más:

- Sirope o punto de napar: equivale de 18 a 25 ºC del pesajarabes; si se toma una gota entre los dedos, se ponen pegajosos; si se sumerge una espumadera, se forma una peliculilla que tapa o napa los agujeros; se emplea para endulzar frutas frescas, bañar bizcochos, etc.
- Hebra fina: 29 ºC del pesajarabes; mojarse los dedos en agua fría; introducirlos instantáneamente en el almíbar; apretarlos y separarlos; se formará una hebra fina o floja.
- Hebra gruesa: 30 ºC del pesajarabes; repetir la operación anterior; el hilillo será más consistente.
- Perlita: 33 ºC del pesajarabes; es cuando el almíbar, al hervir a borbotones, forma burbujas en forma de perlitas redondas; al hacer la prueba de los dedos, el hilillo ha de ofrecer mayor resistencia aún.
- Gran perla: 35 ºC del pesajarabes; al hervir forma burbujas más gruesas que saltan en forma de perlas gordas; el hilillo no se rompe aunque se separen mucho los dedos; si se moja la espumadera, y se sopla a través de los agujeros, se forman pompas como globitos.

- Bola blanda: 37 ºC del pesajarabes; meter los dedos en agua fría, después en el jarabe y de nuevo en agua fría; el almíbar al enfriarse queda pegado a los dedos y se puede hacer una bolita blanda.
- Bola dura: 38 ºC del pesajarabes; la bola que se forma como en el caso anterior es mucho más dura; si se sopla a través de los agujeros de la espumadera se forman globos alargados y blancos.
- Escarchado: 39 ºC del pesajarabes; formar la bola como en casos anteriores; comprobar que se pega a los dientes al morderla.
- Quebradizo: 40 ºC del pesajarabes; está a punto de hacerse caramelo; si se muerde la bola se rompe sin pegarse; si se deja caer sobre el mármol, hace un ruido seco y no se pega.

TRUCOS Y CONSEJOS

- Para hacer un almíbar limpio, es mejor emplear azúcar en cuadradillo.
- Siempre se debe disolver el azúcar en el agua antes de acercarlo al fuego.
- Limpiar los bordes del cazo mientras se hace, porque el almíbar salta al hervir y lo que se pega a las paredes se va solidificando, toma color y lo puede estropear.
- Espumar si fuera necesario.
- Emplear un cazo y una cuchara reservados para repostería.

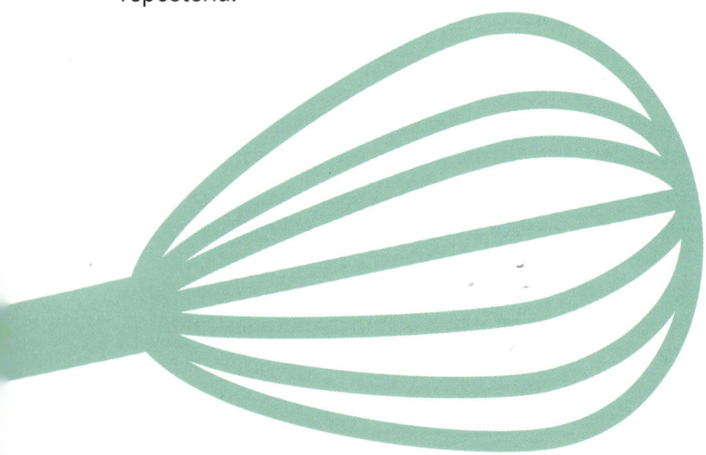

ALMÍBAR

AZÚCAR VAINILLADO

Hoy se compra el azúcar vainillado en cualquier establecimiento, pero se puede hacer en casa de una manera muy sencilla y así aprovechar las vainas de vainilla usadas.

LA TÉCNICA

- Cortar en trozos pequeños un vaina de vainilla usada, que estará abierta y sin semillas.
- Machacarla en un mortero junto con azúcar hasta que todo esté reducido a polvo.
- Para hacerlo en la Thermomix hay que emplear un mínimo de una taza de azúcar y dos palos de vainilla, y triturar durante 1 minuto a máxima velocidad.

AZÚCAR AROMATIZADO

Para aromatizar azúcar con naranja o limón, hay que tener en cuenta que el aroma está en la corteza de las frutas, no en el zumo.

LA TÉCNICA

- Frotar terrones de azúcar por la corteza del limón o la naranja.
- Dejar secar porque quedarán un poco húmedos.
- Triturar en la Thermomix o una trituradora al máximo de potencia.

AZÚCAR GLAS

Es azúcar refinado, molido y pasado por el tamiz, que se emplea en repostería, pastelería y, por su particularidad de disolverse en líquidos fríos, también en coctelería.

El que se vende se mezcla a veces con almidón para impedir la formación de grumos por la humedad, y se utiliza en confitería y repostería para preparar el *fondant* y para espolvorear sobre pasteles.

Con azúcar glas se pueden hacer dibujos sobre tartas o bizcochos oscuros.

LA TÉCNICA

- Colocar una plantilla de papel agujereado (de venta en tiendas especializadas) sobre un bizcocho.
- Espolvorear el azúcar glas ayudándose de un colador.
- Retirar la plantilla de papel.

ADORNOS CON AZÚCAR

Se puede emplear azúcar glas o azúcar lustre, también llamada azúcar blanquilla.

El azúcar blanquilla o lustre es una sustancia cristalina, generalmente blanca, muy soluble en agua y de sabor muy dulce, que se encuentra en el jugo de muchas plantas y se extrae especialmente de la caña dulce y de la remolacha. Se emplea en alimentación como edulcorante nutritivo y normalmente se presenta en polvo de cristales pequeños.

Como adorno se emplea para rebozar rosquillas y picatostes, a los que se adhiere mejor si están recién fritos.

FRUTAS ACRISTALADAS

Son centros de frutas y hojas naturales rebozados en azúcar blanquilla, que sirven como un decorativo y comestible centro de mesa.

LA TÉCNICA

- Quitar el polvo a las frutas con un paño, sin mojarlas.
- Batir 1 o 2 claras de huevo hasta que se licuen.
- Elegir un frutero ovalado, redondo o de tres pisos en vertical, según se destine a centro de mesa o sea para adornar un *buffet.*
- Probar la distribución de las frutas antes de empezar para ir sobre seguro.
- Pintar una a una con la clara de huevo, ayudándose de un pincel.
- Rebozarlas en azúcar y colocarlas en su lugar del frutero, intercalando entre ellas hojas, pintadas también y rebozadas en azúcar.
- Una vez colocadas, no moverlas de su sitio, porque se pegarán entre sí dando más consistencia al centro.
- Al secar toman un color más opaco.
- Duran de dos a tres semanas y se pueden comer después.

CARAMELO

Se emplea para bañar moldes para flanes y budines y también como salsa. Se puede hacer directamente en el molde o en un cazo aparte, y bañar luego el fondo y las paredes del molde.

LA TÉCNICA

- Poner 2 cucharadas colmadas de azúcar en el molde.
- Salpicarlas con unas gotas de agua o zumo de limón.
- Acercar el molde al fuego.
- Vigilar que se haga por igual, moviendo el molde.
- Bañar las paredes.

CARAMELO LÍQUIDO

Se utiliza como salsa o acompañante de muchos postres y, cuando está muy oscuro, para dar color a algunas salsas, con cuidado de que no se endulcen. También sirve para acentuar el sabor de algunas sopas.

LA TÉCNICA

- Poner 300 gr de azúcar en un cazo.
- Salpicar con una cucharada de agua, zumo de limón o vinagre.
- Acercar al fuego hasta que se haga un caramelo claro.
- Añadir 1 dl (8 cucharadas de agua), fuera del fuego con cuidado porque salta.
- Acercar de nuevo al fuego y dar unos hervores.

ADORNOS CON CARAMELO

Son dibujos o hilos de caramelo para rematar pasteles, tartas y suspiros o merengue.

CARAMELO HILADO

Son hilos finísimos de caramelo que se emplean para cubrir y adornar postres y tartas, como, por ejemplo, en *Saint-Honoré*. Se debe hacer en una habitación donde no haya humedad ni ninguna cazuela con caldo o agua hirviendo, porque se desharía. Al colocarlo sobre una crema hay que poner un soporte para que no roce la zona húmeda.

LA TÉCNICA

- Hacer un caramelo clarito con 200 gr de azúcar, 8 cucharadas de agua y unas gotas de zumo de limón.
- Colocar sobre la mesa cuatro palitos o brochetas de unos 30 cm, pinchados en un corcho plano o en patatas.
- Dejar reposar el caramelo 3-4 minutos.
- Mojar dos tenedores en el caramelo y hacer un zigzag sobre los palitos.
- Juntarlos y separarlos para que formen hilillos.
- Repetir la operación hasta terminar con el caramelo.
- Calentarlo de cuando en cuando sin que se oscurezca.

PEINETAS Y ENREJADOS

Son dibujos que se hacen con el caramelo caliente, no muy tostado, y una cucharilla. Se trata de dejar caer sobre papel sulfurizado, o silpat, hilillos de caramelo haciendo dibujos con la forma deseada, por ejemplo, peinetas para clavar en postres, motivos geométricos o no, para poner sobre tartas, etc. Para hacer dibujos se emplea un azúcar llamado isomalt, de venta en tiendas especializadas, porque mantiene más seco el caramelo y dura más sin deshacerse.

LA TÉCNICA

- Preparar un caramelo rubio.
- Mantenerlo al baño María para que no se queme ni se endurezca.
- Pintar con mantequilla las puntas de una hoja de papel vegetal para que se adhiera a la encimera y evitar que se mueva.
- Mojar una cucharilla pequeña en el caramelo.
- Ir dejando caer un chorrito fino dando la forma deseada.
- Procurar que la trama esté siempre unida para que no se rompa.
- Dejar que se enfríe.
- Despegarlo con cuidado.
- Si se desea, dibujar el motivo en el papel con lápiz y seguir el dibujo con el hilillo de caramelo.
- Hacerlo siempre en sitio bien seco.
- Colocarlo sobre el postre en zona seca o sobre un bizcocho de soletilla.

GLASEADO

Es una técnica culinaria que consiste en bañar alimentos con una sustancia brillante, a menudo dulce, para dar más vistosidad y un mejor acabado. Existen diferentes tipos de glaseados: de fruta, de chocolate, con gelatinas, etc.

Mientras que las coberturas son un recubrimiento de la superficie del preparado con una crema densa y opaca, el glaseado es más brillante y ligero. Ambas técnicas son muy similares.

GLASEADO DE FRUTAS

Los más utilizados son los de albaricoque, naranja, fresa y manzana, este último tiene la ventaja de que es incoloro.

Son mermeladas a las que se añade azúcar y algún licor y hierven hasta que adquieren el punto necesario, para pasarlas luego por el chino o un colador fino, de forma que se quede fuera la pulpa y resulte un almíbar casi transparente. Se emplean para cubrir los pasteles y tartas antes del baño cobertura y también para abrillantar frutas como en el caso de la tarta de manzana.

LA TÉCNICA

- Cocer la mermelada.
- Añadir la mitad de cantidad de mermelada de agua.
- Incorporar, si se desea, una cucharada de *brandy,* de ron o de *kirsch.*
- Cocer hasta que, al dejar caer una gota en un plato, se cuaje al enfriarse.
- Colar.
- No se deben endurecer porque entonces no se extienden bien.

GLASEADO CON PURÉ DE FRUTAS

Este glaseado es más opaco y espeso y se suele utilizar en tartas de fruta o de queso, a las que comunica un agradable y ligero sabor. Se trata de un puré de frutas al que se añade azúcar y pectina para que espese y tenga la consistencia adecuada para cubrir la tarta.

LA TÉCNICA

- Calentar el puré de fruta (500 gr de la fruta que se desee) en un cazo con agua (50 gr).
- Antes de que llegue a los 40 ºC, añadir azúcar (25 gr) mezclada con pectina NH (10 gr, es la pectina que se emplea con la fruta).
- Remover con varillas.
- Hervir hasta que tenga la consistencia deseada, semejante a una natilla espesa.
- Colar y templar a 35 ºC.
- Glasear la tarta con la técnica de la espátula.

GLASEADO DE CHOCOLATE

Se emplea para cubrir tartas y bizcochos. Hay tres tipos:

1. CHOCOLATE Y NATA

Consiste en una crema de chocolate, *ganache* en francés, a base de chocolate 70% de cacao y nata. En ocasiones, junto con el chocolate, se derrite una pasta de glaseado o *pâte à glacer* que se vende en establecimientos especializados en productos de pastelería. Este producto se utiliza para los glaseados, ya que sustituye parte de la manteca de cacao por aceite vegetal. La ventaja es que ablanda la crema o *ganache*.

LA TÉCNICA

- Calentar 1 vaso de vino de nata (135 gr) con 1 vaso de vino de almíbar (110 gr).
- Derretir al baño María o en microondas 275 gr de pasta de glaseado o *pâte à glacer* comprada y 60 gr de chocolate 70%.
- Hacer una crema de chocolate o *ganache* añadiendo en tres veces la nata sobre el chocolate y removiendo con espátula hasta que se integre todo.
- Templar el glaseado a 32-35 ºC y bañar la tarta.
- Pasar una espátula metálica en horizontal a ras de la superficie de la tarta, muy rápidamente, para que quede un glaseado fino y bien repartido.

Es muy importante la temperatura del glaseado, ya que si está muy caliente puede derretir la tarta, y si está demasiado frío no tendrá la consistencia necesaria para cubrir la tarta. También hay que tener en cuenta la superficie de la tarta, debe estar bien lisa, sin hondonada, para que al glasear no queden burbujas. Este es un glaseado típico de la tarta Sacher por ejemplo.

2. CHOCOLATE Y ACEITE

Es un glaseado hecho con aceite.

LA TÉCNICA

- Derretir al baño María chocolate 70% (105 gr) con pasta glaseado o *pâte à glacer* (270 gr).
- Templar a 40 ºC.
- Añadir el aceite frío (45 ml).
- Remover con espátula para que quede bien integrado.
- Templar a 30 ºC.
- Bañar la tarta y emplear la misma técnica del acabado con la espátula.

El resultado es una capa muy fina de chocolate que endurece rápidamente y deja notar un ligero crujido al cortar.

Cuando el glaseado esté endurecido, se puede rematar la tarta con escritura o dibujo. Verter el glaseado sobrante en un cucurucho de papel vegetal, con el extremo muy fino, hecho por nosotros mismos, con buen pulso y de manera continua realizar el dibujo o escritura. Hoy venden biberones y jeringas con boquillas muy finas que sustituyen al cucurucho.

3. CHOCOLATE CON GELATINA

Este glaseado resulta brillante, casi como un espejo, y al llevar bastante cantidad de gelatina tiene una gran consistencia. Se suele utilizar en tartas realizadas con un acabado de *mousse* y que son previamente congeladas. Al verter el glaseado a la temperatura adecuada, el frío de la tarta hace que la gelatina se active rápidamente. Es conveniente pasar inmediatamente una espátula alargada en sentido horizontal a la tarta y a ras, para que quede una capa fina y no gruesa, que sería desagradable al gusto.

LA TÉCNICA

- Hidratar 12 gr de gelatina en 75 ml de agua.
- Mezclar con varillas en un cazo agua (50 ml), nata (225 gr), azúcar (315 gr) y cacao en polvo (105 gr).
- Al principio es una pasta muy espesa, pero a medida que se va calentando se hace más fluida.
- Llevar esta mezcla a ebullición hasta 102 ºC, siempre moviendo con varillas ya que es muy fácil que se pegue al fondo.
- Retirar del fuego y añadir rápidamente la gelatina junto con su agua de hidratación.
- Templar a 35-36 ºC y glasear.
- Si la glasa ha quedado un poco espesa, se puede aclarar con un poco de agua y mover para que se integre bien.
- Rematar con la técnica de la espátula.

Como hemos dicho en los glaseados anteriores es importante respetar las temperaturas de glaseado.

GLASEADO BLANCO O COLOREADO A BASE DE GELATINA

Se utiliza la misma técnica que el glaseado de chocolate con gelatina. Son glaseados muy brillantes y consistentes. Se suelen utilizar en tartas con sabores de frutas.

LA TÉCNICA

- Hidratar la gelatina (10 gr) en agua (60 ml).
- Calentar nata en un cazo (300 gr), con el azúcar (300 gr) y la glucosa (100 gr) de venta en establecimientos especializados.
- Cocer en otro cazo, a la vez, leche (150 ml), azúcar (75 gr) y maicena (25 gr).
- Mezclar con varillas para que no se pegue al fondo y mover hasta que esté muy espeso.
- Verter en tres veces sobre la pasta de maicena la mezcla de leche caliente.
- Mover continuamente con varillas para que se vaya integrando.
- Apartar del fuego y añadir la gelatina con su agua de hidratación.
- Disolver en este momento media cucharadita de óxido de titanio (que va a hacer que el blanco sea más puro) u otro colorante alimentario.
- Templar a 30 ºC y glasear según la técnica de la espátula de los glaseados anteriores.

GLASA DE AZÚCAR

Para bañar rosquillas.

LA TÉCNICA

- Disolver azúcar en un poco de agua.
- Añadir un perfume (gotas de limón, menta, etc.).
- Mover con la cuchara.
- Bañar las rosquillas o pastas.
- Secar en el horno a fuego suave.

GLASA REAL

Para cubrir tartas y pasteles.

LA TÉCNICA

- Poner en un tazón una clara de huevo, unas gotas de zumo de limón y 125 gr de azúcar glas.
- Mover con una cuchara hasta que tenga el aspecto de una crema muy espesa y muy blanca.

GLASA BLANCA

Para bañar rosquillas y bizcochos.

LA TÉCNICA

- Disolver 250 gr de azúcar en 4 cucharadas de agua.
- Añadir 2 claras simplemente rotas.
- Batir.
- Acercar al fuego sin parar de mover.
- Añadir el zumo de ½ limón.
- Cocer hasta que espese y blanquee.

GLASA DE CAFÉ

Para cubrir pasteles, relámpagos y tartas.

LA TÉCNICA

- Disolver 1 cucharada de café soluble en 2 de agua.
- Añadir 150 gr de azúcar.
- Mover hasta que se disuelva.
- Calentar al baño María moviendo con la espátula hasta conseguir una crema lisa y espesa.

GLASA DE CACAO

El mismo procedimiento que la glasa de café, con 1 cucharada de cacao amargo en lugar de café soluble.

COBERTURA

Son preparados con cierta densidad, generalmente opacos, que sirven para cubrir pastelillos, dulces o tartas. Hay muchas variedades.

COBERTURA DE ALMÍBAR

Es un almíbar con consistencia para que blanquee al secarse, que se emplea para cubrir bizcochos o pasteles.

LA TÉCNICA

- Hacer un almíbar a punto de bola blanda.
- Batirlo rápidamente fuera del fuego hasta que blanquee.
- Bañar inmediatamente las piezas porque se endurece enseguida.

COBERTURA DE CARAMELO

Se emplea para relámpagos, *choux,* bocaditos, *Saint-Honoré,* etc.

LA TÉCNICA

- Poner al fuego 300 gr de azúcar con 5 cucharadas de agua y unas gotas de zumo de limón.
- Hervir moviendo hasta que se haga caramelo claro.
- Poner el cazo sobre una vasija con agua fría para que el caramelo no siga tomando color.

COBERTURA BLANCA CON CLARA DE HUEVO

Para cubrir tartas, pastas, rosquillas y pasteles.

LA TÉCNICA

- Hacer ¼ l de almíbar a punto de bola blanda.
- Batir una clara a punto de nieve.
- Agregar el almíbar.
- Batir hasta que esté muy espeso.
- Bañar lo que se desee.

COBERTURA BLANCA SENCILLA

Es la más fácil de hacer, se emplea sobre todo para pasteles y bizcochos de desayuno.

LA TÉCNICA

- Deshacer una clara sin llegar a batirla.
- Añadir azúcar glas hasta que tome consistencia.
- Emplear y dejar que se seque.

BRILLOS INDUSTRIALES

En la actualidad existe en el mercado un producto que proporciona brillo a las tartas y pasteles ya sea en frío o en caliente. Son preparados a base de agua, azúcar, glucosa y gelificantes. El inconveniente de estos brillos es que suelen venderse en cantidades grandes y en establecimientos especializados.

LA TÉCNICA

- Brillo caliente: templarlo en un cazo con el agua que indique el fabricante para licuarlo; emplear un pincel para pintar frutas y repostería en general, como bizcochos, *croissants,* napolitanas, etc.
- Brillo frío: tiene aspecto gelatinoso; extenderlo sobre la superficie con una espátula metálica; alisarlo hasta conseguir un acabado sin arrugas y brillante; especial para tartas, tartaletas, *mousses,* canapés dulces o salados, etc.

PREPARADOS CON YEMA

Se pueden emplear para cubrir tartas o bizcochos y para rellenar pasteles, huesos de santo, etc.

YEMA BLANDA

Para cubrir tartas, pasteles, la capuchina, etc.

LA TÉCNICA

- Hacer un almíbar a punto de hebra con 125 gr de azúcar y 4 cucharadas de agua.
- Batir 3 yemas en un cazo de fondo grueso.
- Verter el almíbar a hilillo.
- Mover sobre el fuego hasta que espese ligeramente.
- Cubrir la tarta.

YEMA DURA

Para rellenos de *panellets,* huesos de santo, pasteles, yemas, etc.

LA TÉCNICA

- Disolver 300 gr de azúcar con 4 cucharadas de agua.
- Hervir durante 3 minutos.
- Añadir 1 cucharadita de glucosa.
- Cocer hasta que tenga punto de bola (38 ºC en el pesajarabes).
- Deshacer las yemas en un cazo de fondo grueso.
- Verter el almíbar a hilillo.
- Acercar al fuego.
- Cocer sin parar de mover hasta que se separe de las paredes.
- Verter sobre el mármol o en plato grande para que se enfríe.

HUEVO HILADO

Se emplea para acompañar fiambres y algunos postres. Para hacerlo es preciso contar con un embudo de 5 bocas finitas, llamado «hilador», que se adquiere en tiendas especializadas y de un almíbar ya utilizado, porque la primera vez que se emplea, el huevo hilado no queda bien.

LA TÉCNICA

El huevo hilado no se puede hacer con un almíbar limpio, es decir, que no haya sido utilizado.

Para que el almíbar resulte como ya utilizado:

- Preparar un almíbar con 1 kg de azúcar y 1 l de agua a punto de hebra (28 ºC).
- Retirar el cazo del fuego.
- Verter a hilillo 3 yemas batidas con una pizca de agua.
- Acercar al fuego y dar un hervor de 1 minuto.
- Cuando se ponga espumoso y suban a la superficie las yemas, recogerlas con la espumadera.
- Utilizarlas en un relleno de pastel o similar.

Una vez preparado el almíbar, proceder de la siguiente forma:

- Templar un tazón o bol con agua caliente.
- Secarlo.
- Separar 12 yemas sin nada de clara.
- Deshacerlas en el bol con la cuchara de palo.
- Pasarlas por un colador, sin presionarlas ni revolverlas.
- Poner el almíbar al fuego.
- Llenar el hilador con las yemas, sujetando los orificios con la palma izquierda.
- Cuando el almíbar hierva, colocar el hilador a unos 15 cm del líquido.
- Retirar la mano izquierda para que las yemas caigan a hilillo sobre el almíbar.
- Mover el hilador lentamente, y en forma de círculo, para que salgan los hilos.
- Cocer durante 3 minutos.
- Separar el almíbar del fuego.
- Sacar la madeja entera.
- Sumergirla en un baño de agua fría durante 1 minuto.
- Ponerla a escurrir sobre papel de cocina.

SALSAS Y COULIS

Las salsas son el acompañamiento indispensable para los helados y algunas tartas y postres que, de esta forma, quedan redondeados. Hay unas salsas que se sirven calientes y otras frías. En caliente suelen ser las natillas o crema inglesa, la crema de caramelo, de chocolate, café y de frutas en compota o mermelada. Frías se sirven las llamadas *coulis* de frutas, es decir, frutas frescas pasadas por la trituradora con azúcar y zumo de limón, coladas o no.

SALSAS QUE SE PUEDEN SERVIR FRÍAS O CALIENTES

- Natillas o crema inglesa (véase capítulo **Cremas**).
- Salsa de caramelo: hacer un caramelo líquido (véase Caramelo, capítulo **Preparados auxiliares**) y servirlo caliente acompañando con tortitas, helados, tartas y postres.
- Crema de caramelo. Hay dos procedimientos:
  1. Hacer un caramelo líquido y añadir nata líquida.
  2. Hacer caramelo con 2-3 cucharadas de azúcar, hervir sobre ellas la leche y hacer unas natillas con color tostado y sabor a caramelo.
- Crema de chocolate: fundir chocolate *fondant* con nata líquida hasta conseguir la consistencia deseada.
- Salsa de chocolate: hacer un almíbar con 8 cucharadas de azúcar y 8 cucharadas de agua a punto de hebra floja, añadir 4 cucharadas de cacao amargo y mover sobre el fuego hasta que se deshaga.
- Crema de café: hacer una natilla, incorporar en caliente 2 cucharadas de café soluble y rematar con nata líquida.
- Salsa de café: hacer un almíbar a punto de hebra floja con 1 vaso de vino de azúcar y 1 vaso de agua, añadir 2 cucharadas de café soluble y mover para que se deshaga bien.
- Salsa de mermelada de fresa o frambuesa: cocer media lata de mermelada con media lata de agua y pasar por el chino o colador fino o no, al gusto.
- Nata líquida: servida en jarrita pequeña. Se emplea para acompañar tartas templadas de chocolate, manzana, etc.
- *Coulis* o salsa de frutas frescas: lavar 100 gr de la fruta elegida, pasarla con 2 cucharadas de azúcar y un chorreón de zumo de limón, colar o no, al gusto porque en ocasiones puede ser agradable el granillo del kiwi, de la frambuesa, de la fresa o de la fruta de la pasión o maracuyá.
- Salsa de menta: hacer una infusión con hojas de menta fresca, dejarla reposar 20 minutos, colarla, añadir la misma cantidad de azúcar que de líquido, hervir durante 5 minutos y añadir una copa de Pippermint.
- Salsa de naranja: exprimir el zumo de 3 naranjas, cocerlo con la misma cantidad de azúcar durante 5 minutos, cortar la piel amarilla de una naranja en tiritas, darles un hervor de 5 minutos en agua con sal, escurrirlas, cocerlas en el almíbar durante 3 minutos, disolver una cucharadita de maicena en unas cucharadas de agua, añadir a la salsa y dar unos hervores.

SOUFFLÉS Y MOUSSES

SOUFFLÉS

Son preparaciones cuyo ingrediente básico son las claras de huevo montadas a punto de nieve, incorporadas a una crema base y cocidas en el horno. Por efecto del calor, el aire contenido en las claras hace subir la masa, que se cuaja una vez que ha subido y sobrepasa las paredes del molde. El aire introducido en la masa le aporta ligereza.

LA TÉCNICA

SOUFFLÉ DE HORNO

- Preparar una crema pastelera aromatizada.
- Dejarla enfriar tapada con papel film al contacto para que no se forme nata.
- Montar las claras a punto de nieve con azúcar.
- Mezclar una cucharada sopera y colmada de crema por cada clara montada.
- Es importante que al mezclar no se bajen las claras, para ello mezclar primero con varillas algo de crema pastelera con un poco de claras montadas.
- Añadir esta mezcla al resto de claras montadas, ya con espátula, y con movimiento envolvente.
- Mezclar el resto de la crema pastelera.
- Con esto hemos conseguido que las dos texturas sean más parecidas en el momento de mezclarlas y los movimientos sean más envolventes.
- Engrasar un molde de *soufflé* del tamaño adecuado, hasta los bordes casi por fuera.
- Espolvorear el interior con azúcar blanquilla.
- Llenar hasta las ¾ partes con la preparación.
- Introducir en el horno a 225 ºC durante 10 minutos.
- Sin abrir el horno, bajar la temperatura a 190 ºC.
- Mantener en el horno de 10 a 35 minutos, según el tamaño y lo que indique la receta.
- Al final de la cocción, cuando esté dorado, se puede abrir el horno y poner, rápidamente, una nuez de mantequilla encima, para que brille.
- Dejar el *soufflé* en el horno entreabierto y servir inmediatamente.

FALSO SOUFFLÉ O SOUFFLÉ FRÍO

Es una crema pastelera o de frutas a la que se añaden claras montadas a punto de nieve y nata montada y se congela como un *biscuit,* o se enfría en la nevera, en cuyo caso hay que añadirle gelatina.

Elegir y seguir una receta, porque las formas de hacerlo son muy variadas.

Preparar el molde de la siguiente forma:

- Cortar un papel tipo cartulina fina, folio doble o tira de acetato, del tamaño de la circunferencia del molde.
- Pintar con clara de huevo el exterior del molde para que se pegue la cartulina.
- Sujetar la cartulina por fuera del molde con bramante, de manera que sobresalga de las paredes del molde por lo menos 5 cm.
- Engrasarlo por dentro y espolvorearlo de azúcar.
- Congelar o enfriar en caso de que lleve gelatina.
- Para servirlo, cortar el bramante.
- Quitar el papel exterior.
- Espolvorear la superficie de azúcar glas.

TRUCOS Y CONSEJOS

- La crema, aromatizada con chocolate, vainilla, café, etc., se debe hacer de víspera (siempre tapado con papel film al contacto para que no se forme nata), para que esté fría y haya espesado.
- La proporción, si se hace al momento, es de una cucharada de harina y una yema por clara de huevo.
- El molde debe estar engrasado con mantequilla y espolvoreado con azúcar.
- Cuidar de que los bordes queden debidamente engrasados hasta el final, para que no se agarre la masa y deje de subir por un lado.
- El molde de *soufflé* es de paredes rectas y verticales.
- No se debe llenar más de las ¾ partes de su capacidad.
- El horno debe estar cerca de los 220 ºC, al principio, y bajarlo a 175 ºC cuando el *soufflé* haya subido.
- No abrir el horno jamás.

MOUSSES

Son un postre de origen francés que consiste en una espuma de diferentes sabores, que tiene como base una natilla o crema y a la que se añade nata montada o claras a punto de nieve, para introducir pequeñas burbujas de aire y conseguir una textura esponjosa.

Las más conocidas son las *mousses* de chocolate y la de frutas, aunque también se hacen *mousses* saladas como las de hortalizas o pescado.

La diferencia entre una *mousse* y una crema se debe precisamente a su textura, que llega a tener relieve y consistencia, es decir que no se extiende en la copa o plato, gracias a las claras batidas a punto de nieve que se mezclan con la crema base de la que se parte. El término francés *mousse* significa «espuma» en español.

Es importante tener en cuenta que las *mousses* caseras se basan en huevo crudo (las yemas cocinadas ligeramente), con lo que hay que tener precaución de consumirla pronto y mantenerla refrigerada.

LA TÉCNICA

- Hacer una crema base con yemas, azúcar, leche y mantequilla.
- Esta crema puede ser una natilla cocida o simplemente una emulsión de ingredientes.
- Añadir el ingrediente principal (café, praliné, vainilla).
- En el caso del *mousse* de chocolate negro, se empieza por batir la mantequilla con las yemas y el azúcar.
- En lugar de crema base se puede emplear un puré de frutas azucarado.
- Enfriar la crema base antes de incorporar la nata.
- Montar la nata sin azúcar.
- Montar las claras a punto de nieve con una pizca de sal.

- Añadir 2 cucharadas de azúcar por cada clara.
- Mezclar con cuidado la nata a la crema base y, en último lugar, las claras a punto de merengue.
- Mezclar siempre con movimiento envolvente.
- Mantener en la nevera hasta el momento de servir.
- En algunas recetas se emplea gelatina neutra disuelta o *agar-agar* para dar más consistencia.

TRUCOS Y CONSEJOS

- En la crema base sin cocción, emplear azúcar glas para que no se note el granillo.
- Dejar enfriar bien la crema antes de unir la nata para que no se funda.
- Hacer la mezcla siempre con movimiento envolvente para evitar que se baje la nata o las claras montadas.
- Una vez rematada la *mousse,* guardarla en la nevera, sobre todo si lleva la crema base sin cocer y las claras montadas.
- Hay *mousses* que solo llevan nata montada y otras solo claras en merengue.
- En la *mousse* de chocolate se empieza por fundir el chocolate con la mantequilla al baño María o en el microondas.
- En ocasiones, en lugar de azúcar se añade almíbar caliente a las yemas montadas para cuajarlas.
- Esta técnica se debe hacer en batidora para que se unan muy rápidamente y no se cuajen.
- Las claras se deben montar a velocidad no demasiado alta pero constante, porque si la velocidad es alta al principio las burbujas son más grandes pero luego se bajan.
- Las *mousses* se pueden emplear como postre en copa o fuente grande y también como relleno de tartaletas, pasteles y tartas.

COPA DE *MOUSSE* DE LIMÓN CON FRAMBUESA

Para cuatro personas: 1 bote de leche evaporada, la misma cantidad de azúcar que de leche evaporada, menos 2 cm (se mide con el mismo bote), el zumo de 2 limones y la ralladura de 1, la ralladura del otro limón para espolvorear, 1 tarrina de frambuesas y menta fresca.

1. Guardar el bote de leche evaporada en la nevera durante 8 horas antes de emplearlo.
2. Lavar los limones, rallar la cáscara, exprimir el zumo de los dos y colarlo.
3. Enfriar el bol de la batidora con hielo y agua.
4. Secar el bol por dentro y batir la leche evaporada hasta que doble su volumen.
5. Añadir el zumo de limón y la ralladura y seguir batiendo, e incorporar poco a poco el azúcar.
6. Fondear las copas con frambuesas, llenarlas con la *mousse* en forma de copete y espolvorearlas con la ralladura del otro limón.
7. Adornar con menta y guardar en la nevera hasta el momento de servir.

ESPUMA DE CIRUELA

Para cuatro personas: 400 gr de ciruelas claudias, 300 gr de azúcar, 2 clavos, unas ralladura de nuez moscada, ralladura y zumo de ½ limón, 6 hojas de gelatina finitas (10 gr), 2 claras de huevo y 1 naranja.

1. Poner las hojas de gelatina a remojo de agua fría.
2. Lavar las ciruelas y ponerlas a cocer con el azúcar, el clavo, la ralladura, el zumo de limón y la nuez moscada.
3. Cocer durante 30 minutos y pasar la mermelada por el chino.
4. Reservar un vaso de vino de mermelada.
5. Escurrir las hojas de gelatina y fundirlas en dos o tres cucharadas de agua acercándolo al fuego, sin que hierva.
6. Colarlas sobre la mermelada de ciruela, unir bien mezclándolo con la cuchara de madera.
7. Batir las claras a punto de nieve y unir a la mezcla anterior, moviendo de arriba abajo con cuidado.
8. Llenar un molde de flan y guardar en la nevera hasta que se cuaje.
9. Añadir el zumo de naranja a la mermelada reservada y servir esta salsa acompañando la espuma.

MOUSSE DE ARROZ CON LECHE

Para cuatro personas: 3 cucharadas de arroz, ¾ l de leche, 4 cucharadas de azúcar, 1 ½ cucharadas de leche en polvo, 1 palo de canela, piel de limón, 1 ½ hojas de gelatina, 250 gr de nata montada, 200 gr de frambuesas, 1 copita de *kirch* y 2 cucharadas de azúcar.

1. Cocer el arroz cubierto de agua con sal durante 5 minutos.
2. Disolver la leche en polvo en la leche hirviendo, añadir la mitad al arroz, unir el limón y la canela y dejar cocer a fuego lento.
3. Mover mientras cuece.
4. Añadir poco a poco el resto de la leche, siempre sin parar de mover a fuego flojo, e incorporar al final el azúcar para evitar que se pegue.
5. Retirar la canela y el limón, separar unas cucharadas y triturar el resto.
6. Añadir en caliente, la gelatina remojada y escurrida y el arroz reservado, mover, enfriar, añadir la nata montada y cuajar.
7. Macerar las frambuesas con el *kirch* y el azúcar y servirlas con la *mousse* en copas.

MOUSSE DE CARAMELO

Para seis personas: 8 cucharadas de azúcar, 1 vaso de leche, 4 huevos, 1 cucharada rasa de maicena, 1 vaso de nata líquida, 2 cucharadas de azúcar glas y 4 cucharadas de azúcar.

1. Poner las ocho cucharadas de azúcar en un cazo, salpicarlas de agua y acercar al fuego hasta que se forme caramelo.
2. Calentar la leche y verterla sobre el caramelo, con cuidado de no quemarse porque salta.
3. Cocer hasta que todo el caramelo se funda con la leche.
4. Batir las yemas en un cazo de fondo grueso con la maicena, verter poco a poco la leche acaramelada hirviendo y mover sobre el fuego hasta que espese.
5. Montar la nata con las dos cucharadas de azúcar glas y mezclarla con la crema cuando esté fría.
6. Montar las claras con el azúcar hasta formar un merengue duro.
7. Añadir con cuidado este merengue a la crema con la nata, con movimiento envolvente para que no se baje.
8. Guardar esta crema espumosa en la nevera hasta el momento de servir.

MOUSSE DE CHOCOLATE A LA NARANJA

Para cuatro personas: 175 gr de chocolate sin leche, 30 gr de mantequilla, 4 huevos, 80 gr de azúcar glas, 1 copita de zumo de naranja y ralladura de naranja.

Guarnición: juliana de piel de naranja cocida en agua con sal.

1. Fundir el chocolate y la mantequilla en un cazo de fondo grueso, si no hay hacerlo al baño María o en el microondas durante 2 minutos.
2. Pasarlo a un bol y añadir las yemas una a una, después el azúcar, el zumo y la ralladura de naranja.
3. Mezclar todo bien.
4. Batir las claras a punto de nieve, incorporarlas a la crema con movimiento envolvente y guardarla en la nevera unas horas.

Para hacer la *mousse* de chocolate es preciso emplear azúcar glas, porque no se deshacen los granillos y resulta desagradable.

MOUSSE DE CHOCOLATE CON GALLETAS DE MENTA

Para cuatro personas: *mousse* de chocolate: 150 gr de chocolate 70% de cacao, 160 gr de nata líquida, 3 yemas de huevo, 3 claras de huevo, 6 cucharadas de azúcar glas y 6 hojas finas de gelatina.

Galletas de menta: 100 gr de mantequilla, 100 gr de clara de huevo, las hojas blanqueadas de 1 ramillete de menta fresca, 1 cucharada de Pippermint, 80 gr de harina y 100 gr de azúcar glas.

1. Galletas de menta: mezclar la mantequilla y el azúcar glas, añadir las hojas de menta fresca, blanqueadas y trituradas con la cucharada de Pippermint.
2. Incorporar poco a poco la clara intercalada con la harina hasta terminar.
3. Extender la masa ayudándose de una cuchara, sobre un silpat o papel vegetal.
4. Formar cuadrados de 10 cm de diámetro y cocer en horno a 150 °C durante 5 minutos.
5. *Mousse* de chocolate: remojar la gelatina en agua fría y escurrirla.
6. Fundir el chocolate al baño María y añadir la nata caliente.
7. Agregar la gelatina, escurrida, y mover hasta que se incorpore.
8. Dejar templar y añadir una a una las yemas de huevo.
9. Montar las claras con el azúcar e incorporar a la mezcla de chocolate, con movimiento envolvente para que no se bajen las claras.
10. Llenar cuatro copas grandes de Martini, dejarlas enfriar en la nevera y servir con las galletas pinchadas encima.

MOUSSE DE CHOCOLATE Y DULCE DE LECHE

Para seis u ocho personas: 1 tableta de chocolate amargo de 200 gr, 200 gr de mantequilla, ½ kg de dulce de leche y 400 gr de nata líquida.

Para acompañar: helado de leche merengada.

1. Cortar el chocolate en trocitos y fundirlo al baño María o en el microondas.
2. Incorporar la mantequilla, mover hasta que se integre y dejar enfriar.
3. Añadir a la crema de chocolate y mantequilla, el dulce de leche cucharada a cucharada, mover para que se mezcle y continuar hasta terminar.
4. Montar la nata muy fría y añadirla a la mezcla anterior con movimiento envolvente.
5. Guardar en la nevera y servir con el helado.

MOUSSE DE FRESÓN

Para cuatro personas: ½ kg de fresones, 150 gr de azúcar, 4 claras y 1 vaso de nata líquida.

1. Lavar los fresones, quitar los pedúnculos y triturarlos en la Thermomix con el azúcar.
2. Montar la nata muy fría con dos cucharadas de azúcar, reservar cuatro cucharadas y unir el resto a la crema de fresón.
3. Batir las claras a punto de nieve y unir con cuidado de que no se bajen a la crema de fresón.
4. Llenar las copas o cuencos hasta algo más de la mitad y guardarlos en la nevera.
5. Si se quiere, poner la nata reservada en una manga con boquilla o simplemente emplear una cuchara.
6. Adornar cada copa con un moñito de nata, un fresón en abanico y menta fresca.

Las *mousses* que llevan claras montadas a punto de nieve no se deben guardar mucho tiempo porque pueden soltar líquido. Deben estar muy duras como merengue brillante.

MOUSSE DE HIGOS

Para cuatro personas: 3 huevos, 4 cucharadas de azúcar, ½ kg de higos, 1 vaso de nata montada y 4 cucharadas de miel.

Salsa de chocolate: 100 gr de chocolate y 1 vaso de vino de nata líquida.

1. Lavar y picar los higos en trozos muy pequeños.
2. Batir los huevos con el azúcar hasta que estén muy espumosos y mezclarlos con los higos.
3. Añadir la miel templada para que esté más fluida y después la nata montada.
4. Mover con cuidado para que se una y conseguir una crema de color uniforme y textura homogénea.
5. Llenar un molde rectangular, engrasado con aceite sin sabor y taparlo con papel film de cocina.
6. Congelarlo durante 8 horas, desmoldarlo y espolvorear la superficie con cacao amargo.
7. Salsa: fundir el chocolate con la nata líquida y mover hasta que forme una salsa un poco espesa.

MOUSSE DE LIMA

Para cuatro personas: 4 yogures naturales tipo griego, 1 bote de leche condensada pequeño, 1 vaso de zumo de lima, ralladura y juliana de la piel de la lima para decorar y gajos de naranja o de mandarina en almíbar.

1. Exprimir las limas.
2. Poner en un bol los yogures, la leche condensada, el zumo de lima y batir con las varillas hasta que espese un poco.
3. Guardar en la nevera unas horas para que tome más cuerpo.
4. Llenar hasta algo más de la mitad unas copas grandes de cóctel.
5. Si la mandarina o naranja es fresca, cocer los gajos en almíbar (hay latas de gajos de mandarina).
6. Adornar con ralladura y juliana de lima y un gajo de naranja o mandarina en almíbar.

MOUSSE DE LIMÓN

Para cuatro personas: 1 bote de leche evaporada, 1 bote de azúcar, el zumo de 2 limones y la ralladura de 1, 4 cucharadas de ron y bizcochos de soletilla.

Para adornar: granillo de chocolate.

1. Guardar el bote de leche evaporada en la nevera durante 8 horas antes de emplearlo.
2. Lavar los limones, rallar la cáscara de uno, exprimir el zumo de los dos y colarlo.
3. Enfriar el bol de la batidora de varillas con agua y hielo, secarlo por dentro y batir la leche evaporada hasta que doble su volumen.
4. Añadir el zumo de limón y la ralladura y seguir batiendo, e incorporar poco a poco el azúcar.
5. Guardarlo en la nevera hasta el momento de servir.
6. Fondear la fuente o rodear las copas en las que se va a servir con los bizcochos de soletilla remojados en ron (o solo en almíbar si lo van a tomar niños).
7. Verter la *mousse* y servir con granillo de chocolate.

MOUSSE LIGERA DE PERA Y MANZANA

Para cuatro o seis personas: 400 gr de manzanas, 400 gr de peras, 1 naranja, 10 gr de gelatina, 2 claras de huevo, 4 cucharadas de azúcar para las claras y 2 cucharadas para la juliana.

1. Lavar la naranja, exprimir el zumo y cortar la piel de color, en juliana sin nada de la piel blanca.
2. Pelar las manzanas y las peras y cortarlas en trozos, ponerlas en un cazo con el zumo de naranja y 4 cucharadas de agua y cocerlas tapadas 15 minutos.
3. Poner la gelatina a remojo de agua fría para que se ablande.
4. Triturar las peras y manzanas con su jugo, añadir la gelatina escurrida mientras se continúa batiendo y dejar enfriar.
5. Montar las claras a punto de nieve, añadir el azúcar y batir hasta que esté muy brillante.
6. Mezclar las claras con la crema de frutas, con cuidado para que no pierda volumen.
7. Cocer la juliana de naranja en agua con sal unos minutos, escurrirla y cocerla con el agua y el azúcar.
8. Servir la *mousse* en copas con la juliana de naranja y hojas de menta.

MUG DE CHOCOLATE Y MENTA

Para una taza: 4 cucharadas de harina, 2 cucharadas de azúcar, 2 cucharadas de cacao puro, ½ cucharada de postre de levadura en polvo, 1 huevo, 3 cucharadas de leche, 3 cucharadas de aceite de girasol, ½ cucharadita de postre de Pippermint y 1 cucharada de almendras picadas, pero no molidas.

1. Mezclar en la misma taza de servirlo, la harina, el azúcar, la levadura en polvo y el cacao.
2. Utilizar para ello una varilla pequeña.
3. Añadir el huevo batido.
4. Mezclar la leche con el Pippermint y el aceite.
5. Incorporar a los ingredientes de la taza y cuidar de que no haya ningún grumo de harina.
6. Añadir las almendras picadas y mezclar.
7. Introducir la taza en el microondas a potencia máxima durante 3 minutos o 15 minutos en el horno 180 ºC.
8. Servir en la misma taza.

COULANT DE CHOCOLATE

Para cuatro personas: 4 huevos, 125 gr de azúcar, 120 gr de chocolate para postres, 100 gr de mantequilla y 50 gr de harina.

1. Montar los huevos con el azúcar hasta que estén muy espumosos.
2. Fundir la mantequilla con el chocolate al baño María o en el microondas y cuando esté tibio incorporarlo a los huevos batidos.
3. Fuera de la batidora, añadir en forma de lluvia la harina y mezclar con cuidado para que no se baje.
4. Llenar moldes de huevos poches (ramequines) engrasados con mantequilla y espolvoreados de azúcar.
5. Cocerlos en el horno a 215 ºC durante 4-5 minutos, hasta que suban como un *soufflé* que debe quedar líquido por dentro.
6. Servir inmediatamente acompañado de helado mantecado y adornar con hojitas de menta.

FONDANT DE CHOCOLATE CON PICOTAS

Para cuatro personas: 200 gr de chocolate 70%, 200 gr de mantequilla, 150 gr de azúcar, 4 huevos, 160 gr de harina y 5 gr de levadura en polvo.

Coulis de picotas: 300 gr de picotas del Jerte para hacer 150 gr de puré de cereza, 1 cucharada de azúcar (30 gr), 6 gr de maicena y 2 gr de gelatina.

1. *Coulis* de picotas: deshuesar las picotas y hacer con ellas un puré fino.
2. Hidratar la gelatina en agua.
3. Calentar un poco el puré de cereza en un cazo.
4. Mezclar el azúcar con la maicena y añadir al puré, acercarlo al fuego y mover con varillas hasta que espese.
5. Retirarlo del fuego y añadir la gelatina escurrida.
6. Rellenar unos moldes de silicona con forma de semiesfera y congelarlos.
7. *Fondant* de chocolate: batir los huevos con el azúcar, añadir la harina y la levadura.
8. Fundir la mantequilla con el chocolate y añadirlo a la mezcla anterior, mezclar bien con las varillas.
9. Llenar los ramequines (moldes individuales de huevos o *soufflé*), engrasados con mantequilla, hasta la mitad.
10. Poner en el centro el *coulis* congelado y terminar de llenar el molde.
11. Introducirlo en el horno a 180 ºC durante 8 minutos.
12. Servir inmediatamente porque se baja con mucha facilidad.

FRESONES GRATINADOS

Para seis u ocho personas: ¾ kg de fresones, el zumo de 2 naranjas, la ralladura de ½ naranja, 2 cucharadas de azúcar y 1 cucharada de canela.

Para cubrir: 3 huevos, 6 cucharadas de azúcar y 1 cucharada de harina.

1. Lavar los fresones, suprimir los pedúnculos y cortarlos en rodajas.
2. Colocarlos en una fuente honda, cubrirlos con el azúcar mezclado con la canela, el zumo y la ralladura de la naranja.
3. Dejar en maceración en la nevera durante 2 horas.
4. Batir los huevos con el azúcar en la batidora eléctrica hasta que estén muy espumosos y de color amarillo muy claro.
5. Incorporar a mano la harina con cuidado de que no se bajen los huevos.
6. Colocar los fresones con su jugo en un recipiente de horno.
7. Verter encima de los fresones y su jugo la crema de huevos e introducir la fuente en el horno a 175 ºC, durante unos 10-15 minutos.
8. Servirlos inmediatamente.
9. También se pueden hacer en platos individuales.

MANZANAS *SOUFFLÉ*

Para cuatro personas: 4 manzanas Golden, 1 cucharadita de zumo de limón, 1 cucharada de mantequilla, 1 cucharadita de canela, 8 cucharadas de azúcar y 3 huevos.

Guarnición: 2 manzanas, 2 cucharadas de mantequilla, 2 cucharadas de azúcar, la ralladura y el zumo de ½ limón.

1. Cortar la tapa superior de las manzanas, vaciarlas dejando 1 cm de pulpa junto a la piel, y rociarlas con zumo de limón para que no se oscurezcan.
2. Picar la pulpa, cocerla 5 minutos con una cucharada de agua y triturarla.
3. Añadir a la mezcla anterior la mantequilla, la canela, la mitad del azúcar y las yemas de huevo.
4. Montar las claras a punto de nieve e incorporarlas al puré, rellenar las manzanas con copete y colocarlas en una fuente engrasada.
5. Meter la fuente en el horno a 190 ºC durante unos 20-25 minutos o hasta que suban y se doren.
6. Servir las manzanas con su guarnición.
7. Guarnición: pelar y cortar en gajos las manzanas y dorarlos en la mantequilla con el azúcar, la ralladura y el zumo de limón.

NARANJAS *SOUFFLÉ*

Para cuatro personas: 2 naranjas grandes e iguales, 3 huevos, 6 cucharadas de azúcar y 1 cucharada de maicena.

1. Achatar con el cuchillo los polos de las naranjas para que se sujeten de pie y cortarlas por la mitad.
2. Exprimir el zumo y separar la pulpa con cuidado de no agujerear la piel.
3. Batir las yemas con la mitad del azúcar y la maicena en un cazo de fondo grueso.
4. Añadir el zumo y batir sobre el fuego hasta que espese. Pasar la crema a otro recipiente y dejar enfriar.
5. Montar las claras a punto de nieve con el resto de azúcar.
6. Mezclar la mitad del merengue con la crema de naranja y llenar las medias naranjas.
7. Cubrirlas con el resto de merengue, espolvorear de azúcar glas y gratinar en el horno.

SOUFFLÉS DE CHOCOLATE CON SALSA DE NARANJA

Para cuatro personas: 185 gr de chocolate *fondant,* 150 gr de mantequilla, 35 gr de cacao en polvo, 6 huevos, 225 gr de azúcar y 3 claras.

Salsa de naranja: 1 vaso de vino de zumo de naranja, 1 vaso de vino de azúcar, 1 copa de Cointreau y 1 cucharadita de maicena.

1. Fundir el chocolate al baño María, añadir la mantequilla reblandecida y el cacao en polvo.
2. Batir las yemas con el azúcar e incorporar las claras montadas a punto de nieve y después el chocolate a temperatura ambiente, mezclar suavemente con una espátula hasta que todo esté bien incorporado.
3. Engrasar con mantequilla unos moldes individuales de soufflé (ramequines) y llenar hasta la mitad con la preparación.
4. Meterlos al horno a 180 ºC durante 11 minutos.
5. Sacarlos y, con el extremo de una cuchara, bajarlos ligeramente.
6. Dejarlos enfriar y repartir encima la crema restante sin llegar hasta el borde.
7. Meter de nuevo al horno durante 6 minutos.
8. Sacarlos, darles un corte en la superficie y verter un chorreón de salsa de naranja.
9. Salsa de naranja: disolver el azúcar en el zumo de naranja, acercar al fuego y cocerlo durante 5 minutos para hacer un almíbar, añadir la maicena disuelta en agua y el Cointreau.

SOUFFLÉ DE FRESONES

Para cuatro personas: 4 cucharadas de crema pastelera fría y consistente, 4 huevos, 4 cucharadas de azúcar glas, 400 gr de fresones, mantequilla y azúcar para untar el molde.

1. Montar las claras a punto de nieve no muy fuerte, añadiendo el azúcar en dos o tres veces.
2. Batir la crema pastelera con las yemas y añadir con movimiento envolvente las claras montadas.
3. Untar moldes de *soufflé* con mantequilla, espolvorearlos de azúcar y verter una base de crema, encima fresones en lonchas, crema, más fresones y terminar con crema casi hasta el borde.
4. Introducir los moldes en el horno previamente calentado a 180 ºC durante 15 minutos.
5. Cuando suban y se agrieten, sacarlos, espolvorear de azúcar glas y servir inmediatamente.

Se puede hacer en un molde grande, de *soufflé* de 20 cm de diámetro, engrasado con mantequilla y espolvoreado de azúcar y cocerlo en el horno, a la misma temperatura, 180 ºC, durante 25 minutos o en moldes pequeños de los huevos poché (ramequines) en cuyo caso necesitan 12 minutos de horno.

SOUFFLÉ DE HIGOS CON SALSA DE NUEZ

Para ocho personas: 1 kg de higos secos, un chorreón de zumo de limón, 200 gr de azúcar, ½ l de nata líquida, 4 cucharadas de azúcar glas y 3 claras.

Salsa: 100 gr de nueces trituradas, 4 cucharadas de azúcar, 1 vaso de agua, 3 yemas y 4 cucharadas de nata líquida.

1. Poner en un bol los higos a remojo de agua durante 12 horas.
2. Alargar por fuera las paredes de un molde de *soufflé* con papel de folio doble, sujeto con papel celo, de manera que sobresalga 5 cm del borde.
3. Triturar los higos con el azúcar y el limón.
4. Montar la nata con el azúcar glas a punto de nieve.
5. Mezclar la nata con el puré de higos y después las claras, siempre con movimiento envolvente para que no se baje.
6. Llenar el molde hasta el borde del papel y guardarlo en el congelador.
7. Servir el *soufflé* con la salsa.
8. Salsa: cocer el azúcar con el agua durante 5 minutos y verter sobre las yemas deshechas en un cazo de fondo grueso, moviendo sin parar sobre el fuego.
9. Cuando espese añadir las nueces y, por último, la nata líquida.

SOUFFLÉ HELADO DE ALBARICOQUE

Para cuatro personas: 1 kg de albaricoques (se puede sustituir por frambuesas, piña, melocotón, etc., o por una lata de mermelada de la fruta deseada), zumo de limón, 2 vasos de azúcar, ½ kg de nata montada, 3 claras y 3 cucharadas de azúcar.

Para adornar: virutas de chocolate.

1. Alargar las paredes de un molde de *soufflé* añadiéndole por fuera una tira de papel sulfurizado, de manera que sobresalga 5 cm y sujetarlo con celo para que no se mueva.
2. Lavar los albaricoques, quitar el hueso y cocerlos con el azúcar y el zumo de limón, 45 minutos, hasta que se haga una mermelada.
3. Montar las claras a punto de nieve con el azúcar.
4. Mezclar la mermelada de albaricoque con la nata y las claras montadas, llenar el molde y guardar en el congelador unas 8 horas.
5. Una vez congelado, retirar el papel y cubrirlo de virutas de chocolate.

SOUFFLÉ HELADO DE CAFÉ

Para cuatro personas: 3 huevos, 3 cucharadas de azúcar, 1 cucharada de Nescafé, 6 hojas finitas de gelatina (10 gr), 3 cucharadas de agua fría, ¼ kg de nata líquida y 2 cucharadas de ron.

Praliné: 4 cucharadas de azúcar y 50 gr de almendras picada gruesa.

1. Praliné: hacer un caramelo claro con el azúcar, añadir las almendras, mezclarlas y cuando esté muy líquido extenderlo sobre el mármol.
2. En cuanto se enfríe, pasar el rodillo por encima para que quede un granulado grueso.
3. Remojar la gelatina en agua fría, unos 30 minutos.
4. Alargar por el exterior, con cartulina o una tira de plástico, unos 8 cm las paredes de un molde de *soufflé* de 15 cm de diámetro, sujetarlo con celo o con cuerda.
5. Batir las yemas con el azúcar hasta que estén muy espumosas, añadir el Nescafé disuelto en el ron y batir.
6. Escurrir la gelatina y fundirla en unas cucharadas de agua hirviendo.
7. Incorporar la gelatina colada a la mezcla anterior y añadir la nata montada, mezclar e incorporar las claras a punto de nieve con cuidado de que no se bajen.
8. Llenar el molde hasta el borde de las paredes alargadas, procurando que quede una forma muy redondeada, como si fuera el propio molde, guardar en la nevera hasta que esté duro.
9. Quitar el papel, espolvorear con el praliné y servir.

SOUFFLÉ HELADO DE FRAMBUESA

Para cuatro personas: 1 tarrina de frambuesas (se puede sustituir por albaricoques, fresas, piña, melocotón, etc., o por una lata de mermelada de la fruta deseada. En el caso de mermelada poner la mitad de azúcar), un chorreón de zumo de limón, 2 vasos de azúcar, ½ kg de nata montada, 3 claras y 3 cucharadas de azúcar.

1. Alargar las paredes de un molde de *soufflé* añadiéndole por el exterior una tira de papel sulfurizado, de manera que sobresalga 5 cm del borde y sujetarlo con celo para que no se mueva.

2. Lavar las frambuesas (o la fruta que sea) y ponerla a cocer con el azúcar y el zumo de limón, durante unos 45 minutos, hasta que se haga una mermelada.

3. Montar las claras a punto de nieve con el azúcar.

4. Mezclar la mermelada de frambuesa con la nata y las claras montadas, llenar el molde y guardar en el congelador durante unas 8 horas.

5. Una vez bien congelado, retirar el papel y servirlo espolvorearlo de azúcar glas o canela.

TARTAS

Comprenden un universo de posibilidades casi ilimitado ya que permiten combinar distintos tipos de masas con una amplia variedad de rellenos y coberturas. Sin embargo, existen algunas fórmulas clásicas que no podemos dejar de mencionar en este capítulo para que cada uno añada las variantes que desee.

DE BIZCOCHO

Consiste en un bizcocho cortado en capas horizontales, que se rellena al gusto y se decora con un glaseado, nata o, simplemente, dibujos de azúcar glas hechos con ayuda de una plantilla.

LA TÉCNICA

- Preparar un bizcocho tipo genovesa.
- Darle la vuelta (la base presenta siempre una superficie más lisa).
- Marcar las divisiones en 3 o 4 capas.
- Cortar con ayuda de un hilo o un cuchillo afilado.
- Preparar el relleno deseado (nata, crema, mermelada, etc.).
- Preparar un almíbar con o sin licor para emborrachar las capas de bizcocho.
- Colocar una capa sobre papel sulfurizado o sobre una rejilla de montar tartas.
- Es muy útil montarla sobre un aro del mismo tamaño que el bizcocho para que no se desmorone.
- Humedecer la primera capa con el almíbar ligeramente.
- Cubrir con una capa de relleno y alisar.
- Montar el siguiente disco de bizcocho.
- Mojar con almíbar y cubrir con el relleno.
- Cubrir con el tercer disco de bizcocho.
- Pintar la superficie con una glasa.
- Cubrir con el baño de cobertura (chocolate, nata, etc.).
- Cubrir los laterales.
- Espolvorear, si se desea, de almendra picada o fileteada tostada.
- Son clásicas de este tipo de tarta la Fresier, la de moka o la Sacher.

DE BIZCOCHO

- Milhojas: capas de hojaldre ya cocidas, superpuestas con nata y crema.
- Tarta de frutas frescas: base de hojaldre pasta brisa o quebrada, cocida, cubierta con crema pastelera y frutas frescas bañadas con glasa de manzana para abrillantarlas.
- Tarta de manzana: base de hojaldre, pasta brisa o quebrada, cruda, cubierta de láminas de manzana, espolvoreada de azúcar y cocido todo junto.

LA TÉCNICA DEL MILHOJAS

- Extender la masa de hojaldre (véase capítulo Masas) dejándola con un grosor de 0,5 cm.
- Utilizar azúcar glas en lugar de harina para enharinar la mesa y el rollo.
- Cortar uno o varios rectángulos de masa.
- Colocarlos sobre la placa pastelera húmeda.
- Pintarlos de huevo batido.
- Cocerlos en el horno precalentado a 200 ºC.
- Sacarlos del horno y dejar enfriar.
- Colocarlos superpuestos con crema pastelera, de limón, catalana, etc., entre las capas.

OTRA TÉCNICA

- Cortar la masa de hojaldre en rectángulos.
- Colocar los rectángulos sobre una bandeja con silpat y cubrirlos con hoja de papel sulfurizado.
- Poner encima otra bandeja de horno para evitar que suba el hojaldre.
- Hornearlos a 210 ºC, hasta que esté bien cocido, unos 20 minutos.
- 5 minutos antes de sacar el hojaldre, quitar la bandeja de horno de encima y espolvorear de azúcar glas.
- Introducir otra vez en el horno para que se caramelicen los rectángulos de hojaldre (vigilar para que no se quemen).
- Sacarlos y rellenarlos formando capas.

LA TÉCNICA DE LA TARTA DE FRUTAS FRESCAS

Seguir los mismos pasos con los siguientes cambios:

- Cubrir los bordes de un rectángulo de hojaldre con tiras de hojaldre de 2 cm de ancho, para formar paredes.
- Pintar todo el hojaldre con huevo.
- Pinchar con un tenedor el centro para evitar que suba.
- Terminar de igual forma que las planchas de hojaldre.
- Una vez frío, llenar el centro de frutas de temporada colocadas de forma artística.
- Cubrirlas con glasa de manzana para abrillantarlas y al mismo tiempo prolongar su vida.

LA TÉCNICA DE LA TARTA DE MANZANA

- Seguir los mismos pasos que para la tarta de frutas frescas.
- Llenar con láminas de manzana el centro de la base de hojaldre crudo.
- Espolvorear de azúcar y canela (opcional).
- Cocer en el horno.
- Bañar la manzana con glasa de albaricoque.

La tarta *Saint-Honoré* es un clásico que está otra vez de moda. Tiene una base de hojaldre, pinchado para que no suba, y bien tostado para que quede crujiente. Sobre la base lleva un cordón de pasta *choux* que se cuece al tiempo que el hojaldre. Otra variante es, una vez cocida la base de hojaldre, rodearla de los *choux* ya hechos y pegarlos con caramelo. Rellenar el interior con crema pastelera o *chantilly*. Decorar con *chantilly* (véase apartado Masas para pasta *choux* y pasta de buñuelos de viento).

DE PASTA BRICK O PASTA FILO

Son pastas finas como el papel, de las que ya se ha hablado e incluso se da la fórmula (véase apartado Masas de pasta brick y pasta filo). Están preparadas a base de harina, aceite, agua y una pizca de sal. Son masas muy crujientes que se hornean pintadas con mantequilla o bien se fríen en aceite caliente. Es una alternativa ligera a pastas quebradas y a hojaldres.

Con la pasta brick o filo se hacen múltiples preparaciones:

- Tartas de planchas superpuestas doradas con mantequilla en el horno y rellenas como los clásicos milhojas.
- Empanadas de varias hojas superpuestas con relleno de compota.
- Recubriendo tartas de frutas tipo *pie.*
- Tartas de frutas.
- Siempre va todo pintado con mantequilla y horneado a 180 ºC durante 40 minutos.
- El falso *strudel.*
- Pequeños pasteles triangulares o en forma de rollo como *petits fours,* con distintos rellenos de frutas, chocolates o frutos secos.
- Cigarrillos, saquitos o lo que la imaginación dicte.
- Tener en cuenta que si el relleno es húmedo precisa de varias vueltas o capas de pasta, porque se ablandará con la humedad.

DE FRUTAS

Son muy variadas:

- Tartaleta de masa quebrada, cocida en vacío (véase Masa Quebrada en el apartado Masas para fondear) y rellena de frutas.
- Planchas de hojaldre sobre las que se dispone la fruta cortada en gajos finos y se hornea brevemente.
- Frutas en molde de porcelana, cubiertas de hojaldre o de una masa semejante al bizcocho y cocidas después.
- Bizcochos cuatro cuartos.
- Tartas de fruta volcada, como la tarta Tatin o la de piña, que consisten en manzanas o piñas caramelizadas en el fondo de un molde, cubiertas de una masa, cocida y volcada.

DE QUESO

Existen dos clases de tartas de queso, las que se cuecen en el horno y las que no precisan cocción ya que incluyen gelatina como soporte. También son distintos los quesos que se utilizan en cada variedad y las bases sobre las que se soportan, que pueden ser de pasta quebrada o de galletas. Todas las que se hornean llevan además del queso, azúcar, huevos y algo de harina para estabilizar el resto de los ingredientes, incluido el aroma elegido.

TARTA DE QUESO AL HORNO

Son pasteles grandes tipo *pie.*

LA TÉCNICA

- Preparar una base de pasta brisa o quebrada.
- Fondear el molde engrasado.
- Batir los huevos con el resto de los ingredientes hasta que esponjen.
- Verter en el molde.
- Cocer a la temperatura que indique la receta.
- Espolvorear de azúcar glas.

TARTA DE QUESO SIN COCIÓN

Son moldes cuajados a base de gelatina con formato de tarta.

LA TÉCNICA

- Poner la gelatina a remojo en agua fría.
- Hacer una base de galletas trituradas y amasadas con mantequilla fundida.
- Forrar la base del molde con la masa de galletas.

- Enfriar.
- Triturar el queso con la nata y el azúcar.
- Añadir el aroma deseado.
- Fundir la gelatina en unas cucharadas de agua o zumo.
- Incorporar a la crema de queso.
- Verter la crema de queso en el molde.
- Enfriar varias horas en la nevera.
- Decorar al gusto.

DE MERENGUE

En estas tartas la masa o pasta se sustituye por el merengue.

Se pueden hacer de varias formas:

- Charlotas (véase capítulo **Charlotas**): consiste en círculos de merengue cocido a baja temperatura, relleno y rodeado de lenguas de merengue.
- Pavlova: es una corona de merengue cocida al horno y rellena de nata, decorada con abundantes fresas y frutos rojos.
- Cestillos: pueden ser grandes o pequeños. Es una plancha de merengue con barandilla, que después de cocer se rellena con crema de mantequilla, moka, nata con fresas, etc.
- Ruso de Bilbao: son planchas rectangulares de merengue, rellenas de nata o crema de mantequilla, cubiertas de azúcar glas.
- Ruso de Madrid: consiste en dos capas finas de una clase de bizcocho hecho con 4 claras, 4 cucharadas de almendra molida y 4 cucharadas de maicena, entre las cuales hay una crema pastelera espesa.
- Otro ruso: al merengue básico se le añade almendra molida y se rellena con crema de mantequilla y almendras fileteadas.

PIE Y *CRUMBLE* INGLESES

Son tartaletas rellenas, unas veces tapadas y otras descubiertas, con compotas o picadillos de frutas, generalmente cocidas. También se llaman *pies* a las tartas en las que el relleno se coloca directamente sobre la fuente de hornear, se cubre la superficie con masa de hojaldre o quebrada y se le hace un agujero con un tubo de cartulina o cerámica en el centro para permitir la salida del vapor que se genera por la cocción del relleno.

LA TÉCNICA DEL *PIE*

- Estirar el hojaldre o masa sablé.
- Cortar a la medida del borde de una fuente de horno.
- Limpiar y trocear las frutas.
- Disponerlas en el fondo de la fuente de hornear.
- Espolvorear con abundante azúcar, canela y ralladura de limón.
- Cubrir con la masa.
- Mojar los bordes de la fuente para que se adhiera bien.
- Cortar en el centro de la masa un círculo de 1 cm de diámetro, para ello nos podemos ayudar de una boquilla lisa.
- Introducir en él un rulo de cartulina o la misma boquilla pinchada.
- Pintar el hojaldre con huevo batido.
- Hornear a fuego medio.
- Servir templado en el mismo molde.
- Acompañar de nata líquida.

LA TÉCNICA DEL *CRUMBLE*

- Llenar un molde de las frutas que indique la receta con sus ingredientes (azúcar, zumo y ralladura de naranja, canela, frutos secos, etc.).
- Cocer o no la fruta en el horno, según indique la receta.
- Hacer una mezcla de harina, mantequilla cortada en dados fríos y azúcar blanco o moreno.
- Desmigarla entre las manos.
- Cubrir la fruta.
- Hornear hasta que quede una costra crujiente por encima y la fruta de dentro blanda.
- El más tradicional es el *crumble* de manzana, pero se puede hacer de cualquier fruta que sea un poco ácida, piña, ruibarbo, frutos del bosque, etc.
- Servir caliente, recién sacado del horno.
- Acompañar de algo fresco como una bola de helado.

TARTA DE MONTAJE INVERTIDO

Son tartas espectaculares para ocasiones especiales. Se trata de una sucesión de capas superpuestas de distintas cremas, que necesitan de un tiempo entre una y otra para que vayan cuajando y no se mezclen los ingredientes. No tienen demasiada dificultad pero precisan de una elaboración cuidada que requiere paciencia para dejarlas un tiempo determinado y volver a tomarlas varias veces.

En ellas se utilizan distintas técnicas y procesos, es importante seguir una receta y respetar las proporciones, las temperaturas y los tiempos de asentamiento. Admiten un sinfín de combinaciones de *mousses* de distintos sabores como chocolates, frutas, esencias como azahar, *coulis, biscuits,* cremosos, etc. Se pueden emplear distintos tipos de bizcocho y cubrirlas con glaseados muy variados.

LA TÉCNICA

- Hacer una masa de bizcocho.
- Verterla sobre una bandeja de horno con silpat.
- Extenderla muy fina pasando a ras una espátula metálica ancha agarrada con las dos manos.
- Cocerla en el horno durante 10 minutos a 180 ºC.
- Utilizar dos aros altos: uno de 18 y otro de 16 cm.
- Cortar la base de bizcocho con el aro de 16 cm.
- Recubrir el aro por dentro de un papel acetato de la misma altura que el aro y meter el bizcocho dentro.

ELABORAR UN CRUJIENTE

- Mezclar chocolate fundido con leche y barquillo aplastado hasta que quede una pasta compacta.
- Extender esta pasta encima del bizcocho.
- Introducir en el congelador.

- Elaborar un cremoso con una base de crema inglesa y el sabor deseado (ralladura de naranja, vainilla, pistacho, chocolate derretido, etc.).
- Cuando todavía esté caliente añadir una hoja de gelatina remojada y escurrida.
- Templar el cremoso y verter sobre el bizcocho y el crujiente que ya estarán casi congelados.
- Introducir en el congelador.
- Hacer una *mousse* con base de crema inglesa a la que se añade chocolate fundido (ganache).
- Dejar templar y añadir nata montada.
- Colocar el aro de 18 cm, forrado por dentro con papel acetato en bandeja sobre silpat.
- Llenar con la *mousse* hasta ⅓ y encamisar (cubrir) bien todos los bordes.
- Desmoldar el aro de 16 cm, con bizcocho-crujiente-cremoso sobre la *mousse* de manera que quede por fuera el bizcocho (retirar si ha rebosado algo de *mousse).*
- Aplanar bien con la espátula alisando.
- Congelar.
- Para hacerlo con exactitud seguir las cantidades de la receta.
- Cubrirlo con el glaseado que varía según la receta.
- Desmoldar la tarta del aro de 18 cm, dándole la vuelta y cuando el glaseado esté a 35 ºC rociar la tarta.
- Es muy importante la temperatura del glaseado, ya que si está más caliente de lo debido se derretirá la *mousse* y si es una temperatura más baja, el glaseado estará espeso y no llegará a cubrir la tarta.

APFELSTRUDEL

Para cuatro personas: masa 200 gr de harina, 3 cucharadas de aceite, 3 pellizcos de sal, 1 cucharadita de azúcar y 1 vaso de agua aproximadamente.

Relleno: 3 manzanas Golden grandes, 3 cucharadas de pasas, 1 copa de *brandy,* 100 gr de azúcar, 75 gr de nueces peladas, 50 gr de pan rallado, y 1 huevo para pintar.

1. Poner las pasas a remojo del *brandy.*
2. Masa: amasar la harina con el aceite, la sal, la cucharadita de azúcar y el agua templada (la que admita), trabajar bien la pasta sobre el mármol y extenderla con el rodillo hasta dejarla muy fina.
3. Colocarla sobre un paño grande enharinado (una sabanilla), para que no se pegue, y extenderla de nuevo para que se afine más.
4. Freír en un poco de aceite el pan rallado, mezclarlo con el azúcar, y espolvorear la mitad sobre el centro de la masa.
5. Colocar las manzanas en láminas finas, las pasas escurridas y las nueces picadas, cubrir con el resto de azúcar-pan.
6. Enrollarlo, cerrar los extremos, pintarlo de huevo batido y cocerlo en una bandeja de horno a 175 ºC durante 45 minutos.

Esta receta es la del auténtico *apfelstrudel* cuyo truco es una masa muy fina, en la que se envuelven manzanas y pasas en forma de rollo.

BRAZO DE GITANO DE FRUTAS

Para seis u ocho personas: 4 huevos, 4 cucharadas de azúcar, 4 cucharadas de harina y ralladura de limón.

Relleno: ½ kg de nata montada, 3 kiwis, 3 naranjas y 250 gr de fresón.

Cobertura: ¼ kg de nata montada, unos fresones y chocolate fundido.

Salsa: 250 gr de frambuesas, 4 cucharadas de azúcar glas y 1 chorreón de zumo de limón.

1. Batir los huevos enteros en la batidora de varillas con el azúcar y la ralladura de limón unos 10 minutos.
2. Añadir la harina a mano en forma de lluvia y extender la masa en una bandeja cubierta de papel engrasado, cocer en el horno a 175 °C durante 7-8 minutos.
3. Volcar el bizcocho sobre un paño húmedo espolvoreado de azúcar y enrollarlo sin el papel y en caliente para que tome la forma mientras se enfría.
4. Desenrollarlo, rellenarlo con una capa fina de nata y poner encima filas de frutas peladas y fileteadas.
5. Enrollarlo, envolverlo en papel de aluminio y guardarlo en la nevera unas horas.
6. Cortar los extremos en bisel, cubrir la superficie con nata (si se quiere puesta en manga con boquilla) y adornar con medios fresones, con sus hojitas o menta fresca en el centro, y adornos de chocolate fundido.
7. Salsa: triturar las frambuesas con el azúcar y el limón.
8. Servirlo acompañado de la salsa.

BRAZO DE GITANO RELLENO DE CREMA

Para seis u ocho personas: 3 huevos, 3 cucharadas de azúcar, 2 cucharadas soperas de harina, 1 cucharada sopera de maicena y la cáscara rallada de 1 limón.

Relleno: ½ l de leche, 3 yemas, 6 cucharadas de azúcar, 1 cucharada de maicena, ralladura de piel de limón, una pizca de sal y azúcar glas para espolvorear.

1. Montar los huevos enteros con el azúcar y la ralladura de limón, en la batidora de varillas, hasta que estén muy espumosas, unos 15 minutos.
2. Incorporar a mano con movimiento envolvente, la harina y la maicena tamizadas juntas.
3. Cubrir una empanadera con papel engrasado y extender la preparación de forma rectangular. Cocerlo en el horno a 180 °C durante 7-8 minutos.
4. Volcarlo sobre un paño húmedo espolvoreado de azúcar y rellenarlo cuando esté frío.
5. Relleno: batir las yemas, el azúcar, la sal y la maicena, añadir la leche hirviendo con la ralladura y mover al fuego hasta que espese, sin hervir.
6. Cuando esté relleno y envuelto de nuevo, cubrirlo de azúcar glas y quemarlo.

BRAZO DE GITANO RELLENO DE MERMELADA

Para seis u ocho personas: 3 huevos, 3 cucharadas de azúcar, 2 cucharadas soperas de harina, 1 cucharada sopera de maicena y la cáscara rallada de un limón.

Relleno: ½ bote de confitura de fresa, ½ bote de mermelada de albaricoque, ½ bote de mermelada de grosella y azúcar glas.

1. Montar los huevos con el azúcar y la ralladura, en la batidora de varillas, hasta que estén muy espumosas.
2. Incorporar a mano con movimiento envolvente, la harina y la maicena tamizadas juntas.
3. Cubrir una empanadera con papel engrasado y extender la preparación de forma rectangular, cocerlo en el horno a 180 °C durante 7-8 minutos.
4. Volcarlo sobre un paño húmedo espolvoreado de azúcar y enrollarlo.
5. Cuando esté frío, colocar las tres mermeladas a rayas, enrollarlo de nuevo y guardarlo en la nevera unas horas.
6. Desenvolverlo, igualar los bordes, espolvorearlo de azúcar glas y quemarlo.

Para que en cada trozo aparezcan las tres mermeladas, las rayas hay que hacerlas paralelas al extremo por el que se va a enrollar. Se debe guardar envuelto en la nevera unas horas, para que se empape bien de las mermeladas.

CRUMBLE DE MANGO

Para seis personas: 2 mangos (mejor mangas que son más sabrosas), 150 gr de harina, 75 gr de mantequilla, 120 gr de azúcar moreno, 100 gr de pasas de Corinto, ron añejo para remojar las pasas y canela molida.

1. Pelar los mangos, cortarlos en dados y reservarlos.
2. Mezclar la harina con el azúcar y después con la mantequilla ablandada.
3. Unir con los dedos y, si estuviera muy graso, añadir un poco más de harina.
4. Poner las pasas a remojo del ron, 20 segundos en el microondas.
5. Engrasar una fuente de horno y colocar dentro los dados de mango, las pasas con el ron y salpicar de canela molida.
6. Repartir la pasta que hemos hecho desmigada por encima y cocer en el horno a 180 °C durante 25-30 minutos o hasta que se dore la superficie.
7. Servir, si se desea, con helado de vainilla.

CAPUCHINA

Para ocho personas: 12 yemas, 3 huevos enteros, 2 cucharadas de maicena, 3 tazas de té de azúcar, 3 tazas de té de agua y la corteza de 1 limón.

Baño: 3 yemas, 4 cucharadas de agua y 125 gr de azúcar.

Borde: 2 claras, 4 cucharadas de azúcar y 1 cucharada de Nescafé.

Para cubrir: azúcar glas.

1. Montar las doce yemas y los tres huevos durante 15 minutos en la batidora eléctrica de montar claras.
2. Bajar la velocidad 1 o al mínimo, y añadir espolvoreada la maicena, mover despacio pocos minutos hasta que se integre.
3. Engrasar un molde de 26 cm, no desmontable, forrar el fondo con un disco de papel engrasado y llenarlo con la crema.
4. Cocer en el horno al baño María a 180 ºC durante 15 minutos.
5. Disolver el azúcar en el agua, añadir la corteza de limón y cocerlo 15 minutos.
6. Sacar el molde del horno, pinchar la capuchina sin llegar al fondo y bañarla en caliente con el almíbar.
7. Dejar unas horas para que se absorba bien todo el líquido y volcarla en la fuente.
8. Baño: cocer el azúcar en el agua 5 minutos a fuego vivo y verter sobre las yemas deshechas en un cazo de fondo grueso.
9. Acercar al fuego sin parar de mover hasta que espese.
10. Rápidamente, para que no siga espesando y se pegue a las paredes del cazo, verter en espiral sobre la tarta para que al extenderse la cubra.
11. Espolvorear de azúcar glas y hacer un enrejado con el canto de la plancha de quemar.
12. Borde: montar las claras con un poco de azúcar y velocidad baja al principio.
13. Subir la velocidad y añadir el resto del azúcar.
14. Batir unos 5 minutos hasta que estén muy brillantes.
15. Unir a mano el Nescafé, llenar la manga pastelera y bordear la tarta.

CRUMBLE DE MANZANA

Para seis personas: 3 manzanas, 150 gr de harina, 75 gr de mantequilla, 120 gr de azúcar, 100 gr de pasas de Corinto, ron para remojar las pasas y canela molida.

1. Cortar las manzanas en dados y reservarlas. Mezclar la harina, con el azúcar y después con la mantequilla ablandada.
2. Unir con los dedos y, si estuviera muy graso, añadir un poco más de harina.
3. Poner las pasas a remojo del ron durante 20 segundos en el microondas.
4. Engrasar una fuente de horno y colocar dentro los dados de manzana, las pasas con el ron y salpicar de canela molida.
5. Repartir la pasta en migas, que hemos hecho, por encima y cocer en el horno a 180 ºC durante 25-30 minutos o hasta que se dore la superficie.
6. Servir, si se desea, con helado de vainilla.

GATÓ

Para cuatro personas: 6 huevos, 200 gr de azúcar, 200 gr de almendra molida, 2 cucharadas de harina, ralladura de limón y canela en polvo.

1. Si se utiliza batidora eléctrica, mezclar a velocidad media los huevos enteros con el azúcar, la ralladura de limón y la canela (si es a mano, batir las yemas con el azúcar y añadir por último las claras a punto de nieve).
2. Cuando estén muy espumosos, y resulte una crema muy clara de color, mezclar la harina con la almendra molida, unir a la crema de huevos fuera de la batidora con la espátula y con movimiento envolvente para que no se bajen las claras.
3. Engrasar con mantequilla un molde de 26 cm de diámetro y llenar con la preparación en sus ¾ partes.
4. Cocer en la mitad del horno a 180 ºC durante unos 45 minutos.
5. Comprobar el punto y servirlo espolvoreado de azúcar glas.

Este gató se suele servir acompañado de helado de almendras. Sirve de desayuno o merienda, lo mismo que de postre.

MARQUESA DE CHOCOLATE Y CAFÉ

Para ocho personas: 100 gr de chocolate negro, 1 taza de café muy fuerte (se puede hacer con Nescafé), 80 gr de mantequilla más 20 gr para engrasar los moldes, 4 huevos, 4 cucharadas de harina, 50 gr de azúcar glas y 1 cucharada de cacao en polvo.

1. Engrasar con mantequilla ocho moldes de porcelana de los que se usan para huevos (ramequines), espolvorearlos por dentro con azúcar glas y reservarlos en la nevera.
2. Calentar el horno a 150 ºC, fundir el chocolate con la mantequilla en el microondas o al baño María.
3. Mezclar el chocolate con las yemas, el café, el Nescafé y la harina, y añadir poco a poco las claras a punto de nieve.
4. Llenar los moldes hasta las ¾ partes, dejarlos 1 hora en la nevera y al momento de servir, cocerlos 15 minutos en el horno a 150 ºC.
5. Servirlos calientes, enteros o desmoldados, con helado de vainilla, espolvoreado de cacao (el interior debe estar aún líquido).

PASTEL RUSO DE MADRID

Para ocho personas: 4 claras, 4 cucharadas de azúcar, 4 cucharadas de almendra cruda molida, 2 cucharadas de maicena y 1 cucharadita de levadura en polvo.

Crema pastelera: 4 yemas, 6 cucharadas de azúcar, ralladura de limón, ½ l de leche, 2 cucharadas de maicena y 100 gr de mantequilla.

1. Crema: batir las yemas, con el azúcar, la maicena y la ralladura, en un cazo de fondo grueso, añadir la leche hirviendo sin parar de mover al fuego hasta que espese, añadir la mantequilla y dejar enfriar.
2. Batir las claras a punto de nieve con el azúcar hasta que estén muy duras y resulte una crema brillante, fuera de la batidora, incorporar con movimiento envolvente la maicena con la levadura y la almendra.
3. Extenderlo en un molde de 50 x 40 cm con papel, engrasado y enharinado, y cocerlo a 175 ºC, durante 30 minutos.
4. Cortarlo por la mitad. Poner en una de las partes una buena capa de crema espesa (al estar fría se quedará como pasta de croquetas).
5. Cubrir con la otra capa y espolvorear la superficie de azúcar glas.
6. Marcar unas estrías en el azúcar glas con el reverso de un cuchillo largo.

QUESADA ASUN

Para seis personas: 150 gr de queso de Burgos, 4 huevos, 2 vasos de leche, 2 yogures naturales, 1 vaso de azúcar, ralladura de 1 limón, 1 vaso de harina, 1 vaso de nata líquida, una pizca de sal y mantequilla para engrasar la fuente.

1. Lavar el limón y rallar la corteza. Batir los huevos en la batidora de varillas hasta que estén muy espumosos (o batir las claras a mano y añadir las claras a punto de nieve).
2. Triturar el queso con el azúcar, añadir la nata, la leche y los yogures, batir bien e incorporar los huevos batidos.
3. Añadir, por último, la harina mezclada con la pizca de sal, con movimientos envolventes para que no se bajen los huevos.
4. Embadurnar un molde rectangular de 5-7 cm de profundo con mantequilla y harina.
5. Llenar con la preparación y cocerla en el horno a 175 °C durante 90 minutos.
6. Pinchar para comprobar el punto y, si se tuesta la superficie, cubrirla con un papel engrasado.
7. Servir templada acompañada de nata líquida.

STREUSSEL (PASTEL ALEMÁN) DE MEMBRILLO

Para seis u ocho personas: compota de membrillo: ½ kg de membrillo, agua abundante para cocerlos, 1 palo de canela, 300 gr de azúcar y 1 vaso del agua de cocer los membrillos colada.

Bizcocho: 375 gr de harina, 2 cucharaditas de levadura en polvo (un sobre de levadura Royal), 125 gr de azúcar, 1 chorrito de ron, 1 pizca de sal, 200 gr de mantequilla y 1 huevo.

Streussel: 350 gr de harina, 175 gr de azúcar, una pizca de vainilla o azúcar vainillado, canela molida, 2 cucharadas de agua y 200 gr de mantequilla derretida.

1. Compota de membrillo: cocer los membrillos lavados y enteros con el agua y el palo de canela, en la olla a presión durante 15 minutos.
2. Escurrirlos, pelarlos y cortarlos en dados, cocerlos de nuevo con el azúcar y el vaso de agua durante 10 minutos.
3. Bizcocho: batir todos los ingredientes juntos en la Thermomix y extender la masa en una fuente refractaria rectangular engrasada.
4. Cubrirla con la compota de membrillo y poner encima el *streussel* antes de introducirla en el horno.
5. *Streussel:* mezclar con los dedos los ingredientes hasta formar una masa grumosa y cubrir el membrillo.
6. Introducir en el horno a 180 °C unos 40 minutos, hasta que se dore la superficie.
7. Servir templado en el mismo recipiente acompañado de nata líquida.

TARTA AMERICANA DE ZANAHORIAS

Para seis personas: 1 taza de harina, 1 taza de azúcar, 1 cucharadita de levadura en polvo, 1 cucharadita de bicarbonato de soda, ½ cucharadita de sal, ½ cucharadita de canela, ½ cucharadita de azúcar vainillado, 2/3 de taza de aceite, 1 ½ tazas de zanahoria rallada, 1 taza de nueces picadas y 2 huevos.

Baño: 1 taza de queso Philadelphia o *ricotta,* ¾ taza de azúcar glas, 1 cucharadita de ralladura de limón, 1 cucharadita de vainilla y 1 cucharadita de licor Cointreau.

1. Batir los huevos con el aceite, añadir la zanahoria y las nueces.
2. Mezclar en otro bol la harina, el azúcar, la levadura, el bicarbonato, la sal, la canela y el azúcar vainillado.
3. Ir añadiendo a los huevos-zanahoria-aceite la mezcla de harina-azúcar y mezclar sin batir.
4. Engrasar y enharinar un molde desmontable de 24 cm de diámetro y llenarlo con la crema de bizcocho.
5. Cocerlo en el horno a 180 ºC durante 50 minutos aproximadamente.
6. Baño: batir el queso con el azúcar glas, la ralladura de limón, la vainilla y el licor.
7. Desmoldar el bizcocho y cubrirlo con la crema de queso.

TARTA DE CHOCOLATE

Para diez o doce personas: bizcocho: 125 gr de chocolate Nestlé Postres, 3 cucharadas de leche, 125 gr de mantequilla, 3 huevos, 125 gr de azúcar, 60 gr de almendra molida y 50 gr de harina.

Baño: 75 gr de chocolate cobertura, 3 cucharadas soperas de azúcar, 40 gr de mantequilla y 1 vaso de agua.

1. Bizcocho: fundir chocolate al baño María con la leche, añadir la mantequilla y mover hasta que se funda.
2. Incorporar las yemas una a una moviendo para que no se cuajen, ya que está caliente.
3. Añadir el azúcar, la almendra y al final la harina tamizada.
4. Montar las claras a punto de nieve e incorporarlas a la masa con movimiento envolvente para que no se bajen.
5. Engrasar y forrar con papel un molde rectangular, llenarlo hasta las ¾ partes y cocerlo en el horno a 150 ºC durante 20 minutos.
6. Desmoldar y dejarlo enfriar en rejilla.
7. Baño: disolver el azúcar en el agua y fundir el chocolate a fuego medio, mover para que no se pegue, y cocer hasta que al inclinar el cazo se despegue de las paredes, añadir la mantequilla y cubrir el pastel.

TARTA DE CHOCOLATE CON GALLETAS

Para ocho personas: 400 gr de galletas rectangulares o cuadradas, 250 gr de chocolate *fondant,* 150 gr de mantequilla, 2 huevos, 1 vaso de leche, 2 cucharadas de *brandy* y 150 gr de azúcar glas.

1. Fundir el chocolate con dos cucharadas de leche al baño María o en el microondas, sin dejar que hierva.
2. Batir la mantequilla con el azúcar en la batidora, hasta conseguir una crema espumosa, añadir las yemas y, por último, el chocolate fundido.
3. Batir las claras a punto de nieve y unirlas con movimientos envolventes a la crema de chocolate fría.
4. Calentar ligeramente la leche, añadir el *brandy* y mojar rápidamente las galletas.
5. Colocar una primera capa de galletas sobre una fuente alargada.
6. Cubrir las galletas con una capa uniforme de la crema de chocolate, extenderla bien, colocar sucesivamente galletas y chocolate, terminando con chocolate.
7. Espolvorear con virutas de chocolate.

TARTA DE CHOCOLATE LÍQUIDO

Para ocho o diez personas: 200 gr de mantequilla, 250 gr de azúcar, 200 gr de almendras picadas, 50 gr de harina, 2 tabletas de chocolate negro (43% de cacao) y 6 huevos.

1. Fundir el chocolate y, todavía caliente, añadir la mantequilla en trozos y mover hasta que se integre.
2. Batir los huevos con el azúcar 15 minutos en la batidora de varillas y añadir a mano el chocolate con la mantequilla.
3. Siempre con cuidado de que no se baje la mezcla anterior, incorporar la harina tamizada con la almendra.
4. Engrasar un molde de 24 cm de diámetro, forrar la base con papel, engrasarlo, enharinarlo y llenarlo hasta las ¾ partes.
5. Cocerlo en el horno a 200 ºC durante los primeros 10 minutos, subir el horno a 250 ºC y cocerlo 4-5 minutos más.
6. Dejar la tarta enfriar en el horno con la puerta entreabierta y servirla templada con nata líquida.
7. Esta tarta debe quedar líquida por dentro.

TARTA DE CHOCOLATE PARA NIÑOS

Para ocho personas: bizcocho: 250 gr de mantequilla blanda, 200 gr de azúcar, 5 huevos, 250 gr de harina, ½ sobre de levadura, ½ cucharada sopera de café soluble y 1 cucharada sopera de cacao puro en polvo sin azúcar.

Cobertura de chocolate: 150 gr de chocolate postres Nestlé, 150 gr de nata para montar y 20 gr de mantequilla.

Para decorar: Lacasitos.

1. Batir la mantequilla blanda con el azúcar hasta que doble su volumen, batir los huevos en un bol y añadir al batido de mantequilla y azúcar.
2. Tamizar la harina con el cacao, el café soluble y la levadura e incorporar esta mezcla a la de huevos, hasta que la crema sea homogénea y sin grumos.
3. Cobertura de chocolate: calentar la nata y añadir la mantequilla y el chocolate en trozos, mover hasta que se funda y el chocolate esté totalmente derretido, dejar enfriar.
4. Cubrir la tarta con una capa del chocolate, dejar enfriar y volver a cubrirlo con una capa más gruesa, hasta terminarlo.
5. Antes de que se endurezca del todo, colocar los Lacasitos combinando los colores al gusto.

La misma receta con Thermomix

1. Poner en el vaso de la Thermomix la mantequilla cortada en trocitos y el azúcar, colocar la mariposa y programar 4 minutos a 37 ºC de temperatura, en la velocidad 3 ½.
2. Cuando doble su volumen, añadir los huevos de uno en uno por el bocal.
3. Cuando se termine el tiempo añadir la harina, la levadura, el cacao en polvo y el café soluble y triturar durante 15 segundos a velocidad 6.
4. Verter la preparación en un molde redondo desmontable, engrasado y enharinado.
5. Hornear durante 25-30 minutos a 180 ºC, hasta que el centro esté firme y al meter una aguja en el centro salga limpia.
6. Cobertura de chocolate: poner en el vaso de la Thermomix la nata y la mantequilla, programar 6 minutos a velocidad 2 y a 90 ºC.
7. Cuando haya alcanzado la temperatura, echar el chocolate troceado por el bocal y triturar durante 40 segundos a velocidad 3, o hasta que el chocolate esté totalmente fundido.
8. Verter la cobertura en un bol y dejar entibiar.
9. Cubrir la tarta con una capa del chocolate, dejar enfriar y volver a cubrirlo con una capa más gruesa, hasta terminarlo.
10. Antes de que se endurezca del todo, colocar los Lacasitos combinando los colores al gusto.

TARTA DE CHOCOLATE Y NARANJA

Para ocho personas: bizcocho: 4 huevos, 4 cucharadas de azúcar, 3 cucharadas de aceite de oliva, ralladura de ½ naranja, 3 cucharadas de harina (75 gr) y 1 cucharada de cacao amargo en polvo (25 gr).

Almíbar: 2 vasos de azúcar, 2 vasos de agua y 1 naranja.

Crema: 3 yemas, 1 vaso de vino del almíbar anterior, ralladura de naranja y 175 gr de mantequilla.

1. Bizcocho: batir los huevos enteros con el azúcar y la ralladura de naranja, en batidora de varillas, durante 10 minutos.
2. Añadir el aceite e incorporar a mano la harina con el cacao, espolvoreada con cuidado para que no se bajen los huevos.
3. Llenar un molde desmontable de 20 cm de diámetro, engrasado y enharinado. e introducirlo en el horno a 180 ºC durante 40-45 minutos.
4. Almíbar: lavar la piel de la naranja y cortar lo amarillo en juliana fina.
5. Darle un hervor de 5 minutos en agua con sal, escurrirla y cocerla a borbotón con el agua, el azúcar y el zumo de naranja, durante 5 minutos.
6. Sacarla y dejar cocer el almíbar hasta que llegue a punto de hebra floja.
7. Cortar el bizcocho en dos capas y empaparlo en el almíbar.
8. Crema: batir las yemas hasta que estén muy espumosas.
9. Añadir a hilo el almíbar hasta que se integre, enfriar.
10. Batir la mantequilla en pomada y unirla a la crema de yemas.
11. Poner la crema en la manga pastelera y rellenar y cubrir el bizcocho.
12. Adornar la superficie con algo más de la crema de la manga y con la juliana de naranja.

TARTA DE DULCE DE LECHE

Para doce personas: 1 bizcocho cortado en tres capas (comprado), 200 gr de azúcar, 1 ½ vasos de vino de agua y 1 vaso de vino de *brandy.*

Relleno y cobertura: 1 bote de dulce de leche, 1 vaso de vino de leche, ½ taza de nueces picadas y 200 gr de chocolate negro.

1. Disolver el azúcar en el agua, cocerlo durante 5 minutos y añadir el *brandy.*
2. Relleno: mezclar el dulce de leche con la leche para que esté más fluido y añadir las nueces.
3. Poner una capa de bizcocho, bañarla con el almíbar caliente y cubrir con el dulce de leche con nueces.
4. Poner la otra capa de bizcocho, volver a bañarlo y cubrirlo de dulce de leche con nueces.
5. Tapar con la otra capa de bizcocho, bañarla con el almíbar, cubrirlo con el resto de dulce de leche para emparejar las imperfecciones y guardarlo unas horas en la nevera.
6. Tener el chocolate en sitio templado, para que no esté demasiado duro, y hacer con la guillotina o con el aparato de pelar patatas virutas anchas y grandes, guardarlas un momento en la nevera para que no se ablanden, cubrir la tarta y espolvorearla de azúcar glas.

TARTA DE FRESONES

Para ocho o diez personas: bizcocho: 6 huevos, 6 cucharadas de azúcar, 6 cucharadas de harina, la ralladura de 1 limón o 1 bizcocho comprado de 24 cm de diámetro, ¾ kg de nata montada, 1 kg de fresones, 1 paquete de gelatina Royal de fresa, 2 vasos de agua, 1 vaso de azúcar y 1 copa de jerez.

1. Bizcocho: batir los huevos con el azúcar y la ralladura en la batidora de varillas hasta que estén muy espumosos y añadir a mano y poco a poco la harina.
2. Engrasar con mantequilla, enharinar un molde de 24 cm de diámetro y llenarlo con la mezcla anterior hasta las ¾ partes, cocerlo en el horno a 175 °C unos 25-30 minutos.
3. Cuando se enfríe, cortarlo en tres discos.
4. Hacer un almíbar con el agua y el azúcar, añadir el jerez y bañar el primer disco de tarta que se coloca en la fuente de servir.
5. Lavar los fresones, suprimir los pedúnculos y cortarlos en rodajitas.
6. Cubrir la capa de bizcocho con otra de nata y colocar encima rodajitas de fresones.
7. Tapar con otro disco, bañarlo con almíbar y continuar de la misma forma hasta terminar el bizcocho.
8. Cubrir la superficie y los costados con nata y medios fresones.
9. Preparar la gelatina con ½ vaso menos de agua de la que pide, enfriarlo en la nevera y, cuando tenga consistencia de clara de huevo, bañar los fresones de la superficie.

TARTA DE FRUTAS DE INVIERNO

Para seis personas: ½ kg de peras, ½ kg de manzanas, 1 limón, 1 naranja, 50 gr (4 cucharadas) de nueces peladas y picadas y 2 cucharadas de azúcar.

Para cubrir: 2 huevos, 100 gr de mantequilla, 100 gr de azúcar, 100 gr de harina, 1 cucharadita de levadura Royal y 2 cucharadas de leche.

1. Pelar las manzanas y las peras y cortarlas en rodajas, colocarlas en una fuente de porcelana refractaria de unos 24 cm de diámetro y añadir la ralladura de la piel de la naranja y del limón (lavados) y el zumo de ambos.
2. Espolvorear con las cucharadas de azúcar y las de nueces picadas, no trituradas.
3. Tapar con papel de plata o engrasado y meter la fuente en el horno a 200 °C, unos 20 minutos, hasta que esté blanda la fruta.
4. Para cubrir: batir los huevos enteros con el azúcar, en la batidora eléctrica, hasta que estén muy espumosos.
5. Añadir a mano, con movimiento envolvente, la mantequilla, la leche y, por último, espolvorear y mezclar la harina mezclada con la levadura en polvo, con cuidado de que no se bajen los huevos.
6. Verter esta crema por encima de la fruta cocida y volver a introducir en el horno a temperatura más fuerte los 10 primeros minutos y luego algo más suave.
7. Pinchar para comprobar que la aguja sale limpia.
8. Servir fría o templada, espolvoreada de azúcar glas y acompañada (si está templada y se quiere) de nata líquida.

TARTA DE MANZANA Y QUESO

Para cuatro personas: 4 manzanas Golden, 4 cucharadas de azúcar, 4 cucharadas de queso rallado y 4 cucharadas de nata líquida.

Salsa para acompañar hecha con grosellas, frambuesas o mermelada.

1. Quitar el corazón de las manzanas, cortarlas en rodajas finas, colocar una capa en el fondo de aros o en molde de porcelana.
2. Espolvorearlos con azúcar y queso y seguir colocando capas hasta terminar con azúcar y queso.
3. Regar con la nata líquida.
4. Poner encima una bolita de mantequilla y meterlos en el horno hasta que se doren.
5. Sacarlos, quitar el aro y regar con la salsa.

TARTA MOKA

Para ocho personas: 1 bizcocho comprado, cortado en tres capas.

Almíbar de café: 1 vaso de agua, 1 vaso de azúcar y 3 cucharadas de café soluble.

Crema moka: 4 yemas de huevo, 8 cucharadas de azúcar (220 gr), 70 gr de agua, 350 gr de mantequilla y 3 cucharadas de café soluble.

Para decorar: almendras fileteadas.

1. Almíbar de café: disolver el azúcar en el agua y hacer hervir a fuego fuerte durante 5 minutos.
2. Disolver el café soluble en el almíbar.
3. Tostar las almendras fileteadas en una sartén antiadherente.
4. Crema moka: montar las yemas en la batidora de varillas hasta que estén espumosas y de color claro.
5. Disolver el azúcar en el agua y cocerlo 5 minutos a fuego fuerte.
6. Dejar que se temple el almíbar anterior antes de verterlo sobre las yemas a hilillo, a velocidad baja.
7. En cuanto esté integrado, subir la velocidad y seguir batiendo hasta que consiga estar a temperatura ambiente.
8. Añadir la mantequilla en pomada a la mezcla de yemas y almíbar.
9. Empapar los discos de bizcocho con el almíbar de café.
10. Poner dentro de un aro un disco de bizcocho empapado, cubrirlo con una capa de crema moka, otra capa de bizcocho empapado, más crema moka, bizcocho y terminar con crema moka.
11. Aplanar con la espátula metálica agarrada con las dos manos por los extremos para lograr una superficie lisa.
12. Guardar la tarta en la nevera para que se endurezca.
13. Quitar el aro, untar de crema moka los costados y pegar almendras fileteadas y tostadas con la palma de la mano.

TARTA DE PIÑA

Para seis personas: caramelizado: 100 gr de mantequilla y 150 gr de azúcar moreno.

Relleno: 1 taza de azúcar blanca, 1 taza de harina, 1 cucharadita de levadura en polvo, 4 cucharadas de zumo de piña, 4 huevos y 1 bote de piña al natural.

1. Fundir la mantequilla en el molde y añadir el azúcar moreno, mezclarlo y dejarlo al fuego hasta que se caramelice.
2. Bañar las paredes pero dejar una capa gruesa en el fondo. Colocar encima las rodajas de piña de forma simétrica.
3. Batir los huevos enteros con el azúcar y añadir las cucharadas de zumo de piña y, por último, la harina mezclada con la levadura.
4. Llenar el molde con la mezcla, taparlo y cocerlo en el horno a 180 ºC durante 30 minutos.
5. Sacarlo y pinchar en el centro con una aguja para comprobar que sale limpia.
6. Desmoldarlo en caliente y adornar con el resto de piña.

TARTA DE PISTACHOS Y MANGO

Para ocho personas: bizcocho: 100 gr de pistachos pelados, 200 gr de mantequilla, 120 gr de harina, 200 gr de azúcar, 4 huevos y 1 cucharadita de extracto de vainilla.

Crema: 3 yemas, 1 vaso de leche, 1 vaso de nata líquida, 6 cucharadas de azúcar, 2 cucharadas de agua de azahar, 1 cucharada rasa de maicena y una pizca de sal.

Cobertura: ½ mango y 1 fresón.

Glasa de albaricoque: ½ bote de mermelada de albaricoque cocido con un chorreón de zumo de limón y colado.

1. Bizcocho: escaldar los pistachos, pelarlos y triturarlos con la mitad del azúcar.
2. Batir la mantequilla con el resto del azúcar hasta obtener una crema lisa y suave, añadir las yemas, la harina y la vainilla.
3. Montar las claras con la sal a punto de nieve. Añadir la mitad de las claras montadas a la crema de yemas, mantequilla y azúcar y después los pistachos triturados, procurando que se integren bien, e incorporar el resto de claras con movimiento envolvente.
4. Llenar un molde bajo engrasado y enharinado, y cocerlo en el horno durante 45 minutos a 175 ºC.
5. Crema: batir las yemas con el agua de azahar, el azúcar y la maicena, añadir la leche-nata hirviendo y mover al fuego hasta que espese, enfriar para que tome cuerpo.
6. Desmoldar el bizcocho, cortarlo en dos capas, rellenarlo con la crema, cubrirlo con gajos de mango y fresón y pintarlo con la glasa de albaricoque.

TARTA SACHER

Para ocho personas: 150 gr de azúcar, 75 gr de mantequilla, 75 gr de chocolate *fondant,* 75 gr de almendras crudas peladas y molidas, 50 gr de harina y 4 huevos.

Relleno: mermelada de albaricoque.

Cobertura: 150 gr de chocolate *fondant* y 150 gr de nata líquida.

1. Batir la mantequilla con el azúcar hasta que esté muy espumosa, añadir el chocolate fundido y las yemas una a una, batir.
2. Incorporar la harina tamizada, las almendras y las claras a punto de nieve.
3. Engrasar y enharinar un molde de 22 x 5 cm, llenarlo hasta las ¾ y cocerlo 40 minutos a 180 ºC.
4. Cuando se enfríe cortarlo por la mitad y rellenarlo con la mermelada, reservando unas cucharadas.
5. Calentar ligeramente la mermelada para pintar la superficie y los costados de la tarta.
6. Cobertura: fundir el chocolate con la nata y cubrir la tarta entera.
7. Adornar con virutas de chocolate o al gusto.

TARTA SAN MARCOS

Para ocho personas: bizcocho: 4 huevos, 4 cucharadas de azúcar y 4 cucharadas de harina.

Relleno: ¼ kg de nata montada, 100 gr de chocolate *fondant,* 50 gr de mantequilla, 2 huevos, 4 cucharadas de azúcar, 4 cucharadas de *brandy* y 1 cucharada de Nescafé.

Cobertura: 2 yemas, 4 cucharadas de agua, 4 cucharadas de azúcar y 1 cáscara de limón.

1. Bizcocho: batir los huevos con el azúcar hasta que estén espumosos y, fuera de la batidora, añadir la harina tamizada y unirla con cuidado.
2. Llenar un molde rectangular de 40 x 30 cm, forrarlo y engrasarlo, y cocerlo a 175 ºC durante 8 minutos.
3. Relleno: batir la mantequilla con el azúcar hasta que esté muy espumosa, añadir las yemas una a una, el chocolate fundido y el Nescafé disuelto en el *brandy.*
4. Incorporar las claras a punto de nieve firme con movimiento envolvente.
5. Cortar el bizcocho en tres capas, rellenar con una capa de la crema de mantequilla y otra de nata, tapar con bizcocho y cubrir con la cobertura.
6. Cobertura: disolver el azúcar en el agua y cocerlo con la cáscara de limón 2-3 minutos a fuego vivo.
7. Deshacer las yemas en un cazo de fondo grueso y verter sobre ellas el almíbar, mover al fuego hasta que espese.
8. Bañar la tarta y extender la cobertura con la espátula.

TARTA SAINT-HONORÉ

Para ocho personas: base: 1 lámina de hojaldre congelada o refrigerada.

Pasta *choux:* 125 gr de agua, 50 gr de mantequilla, 5 gr de sal, 5 gr de azúcar, 150 gr de harina y 2-3 huevos s/t.

Crema pastelera: ½ l de leche, las semillas de 1 vaina de vainilla, 125 gr de azúcar, 45 gr de maicena y 3 yemas de huevo.

Crema *Chantilly:* 300 gr nata líquida, vainilla y 35 gr de azúcar glas.

Caramelo: 375 gr de azúcar, 120 gr de agua y 30 gr de glucosa.

1. Pasta *choux:* en una cazuela poner el agua, la mantequilla, la sal y el azúcar, cuando hierva echar la harina de golpe y formar una masa. Templar e incorporar los huevos uno a uno.
2. Base: extender el hojaldre de 1 cm de grueso, cortar un círculo de 20 cm de diámetro y colocarlo en una placa engrasada, pincharlo con un tenedor.
3. Poner la pasta *choux* en manga con boquilla lisa del número 8, y hacer un cordón en la parte externa del disco de hojaldre. Hornear a 180 ºC durante 30 minutos.
4. Con la masa *choux* restante en la manga, formar bolitas del tamaño de una nuez, sobre un silpat, separadas unas de otras porque doblan su tamaño. Cocerlas a 180 ºC durante 30 minutos.
5. Crema pastelera: calentar la leche con las semillas de la vainilla. Mezclar las yemas con el azúcar y la maicena, añadir a la leche caliente y mover al fuego hasta que espese.
6. Dejar templar la crema y ponerla en manga pastelera con boquilla del 6.
7. Rellenar los *choux,* a los que previamente habremos hecho un agujero por la parte de abajo.
8. Caramelo: poner en un cazo el azúcar, el agua y la glucosa. Cuando empiece a tener color de miel apartar del fuego.
9. Bañar la parte de arriba de los *choux* en un poco de caramelo, introduciéndolos boca abajo en el caramelo de uno en uno y sacarlos presionando un poco el caramelo y el *choux* sobre un silpat.
10. Dejar que se templen y los que vayan estando fríos ir pegándolos con el caramelo sobre la corona de la base de la tarta. Los *choux* se pegan por la parte de abajo.
11. Rellenar con el resto de crema pastelera el interior de la tarta, que habrá quedado con un borde elevado gracias los *choux.*
12. *Chantilly:* montar la nata con el azúcar glas y las semillas de vainilla. Introducir en la manga pastelera con una boquilla de *Saint-Honoré* (es una boquilla plana) y decorar la superficie de la tarta, además de hilillos de caramelo (ver apartado Caramelo).

TARTA SELVA NEGRA

Para seis u ocho personas: bizcocho de chocolate: 3 huevos, 3 cucharadas de azúcar, 3 cucharadas de harina, 1 cucharada de cacao amargo, una pizca de sal, mantequilla para untar el molde y 2 copas de *kirch* o licor de cerezas del Jerte (es un destilado) para emborrachar el bizcocho.

Relleno: ½ kg de cerezas del Jerte muy maduras y ½ kg de nata montada azucarada.

Cobertura: virutas de chocolate amargo y cerezas.

1. Bizcocho: batir los huevos enteros en la batidora de montar claras con el azúcar, hasta que estén muy espumosos.
2. Añadir fuera de la batidora la harina mezclada con la sal y el cacao amargo, con cuidado de que no se baje.
3. Llenar un molde desmontable de 22 cm de diámetro, engrasado y enharinado, y cocerlo en el horno a 180 °C durante 25-30 minutos.
4. Desmoldarlo sobre rejilla y cortarlo frío, en tres capas. Deshuesar las cerezas, reservando algunas para adornar, y cortarlas por la mitad.
5. Emborrachar las capas de bizcocho con el *kirch*, colocar la primera capa en la fuente de servir y cubrirla de nata montada.
6. Poner encima la mitad de las cerezas y colocar otra capa de bizcocho borracho.
7. Cubrirla de nata y el resto de las cerezas, tapar con la tercera capa de bizcocho y cubrir la superficie de una ligera capa de nata montada.
8. Hacer virutas de chocolate sobre la tarta y adornar con las cerezas reservadas.
9. Guardar en la nevera hasta el momento de servir, porque todo lo que lleve nata debe estar en frío.

YEMAS Y DULCES

Son pequeños preparados que se toman de un solo bocado, y que se suelen presentar en cápsulas de papel. Se sirven con el café y también se pueden ofrecer como regalo.

YEMAS

Son dulces casi exclusivamente españoles, de los que hay una gran variedad, porque casi cada autonomía tiene su especialidad. Son famosas las yemas de Santa Teresa de Ávila, las de San Leandro de Sevilla y las de Almazán en Soria. Estas dos últimas tienen la peculiaridad de estar blanditas por dentro, casi líquidas, y cubiertas de un baño de almíbar endurecido. Las de Santa Teresa van rebozadas en azúcar glas. El proceso es casi el mismo, consiste en la masa resultante de mezclar un almíbar a punto de bola con yemas, que deben ser fresquísimas. Con esta masa se forman porciones redondeadas del tamaño de una nuez, que se cubren con distintos baños.

LA TÉCNICA

- Separar las yemas de 12 huevos de las claras.
- Poner las yemas en un cazo esmaltado.
- Hacer un almíbar con ½ kg de azúcar y ¼ l de agua, a punto de hebra.
- Espumarlo en cuanto rompa el hervor.
- Verter el almíbar sobre las yemas, moviendo despacio a fuego flojo de forma que vaya espesando sin cuajarse.
- Cuando quede como una masa, verterla sobre el mármol.
- Dejarla enfriar.
- Cocer otro ½ kg de azúcar con ¼ l de agua al fuego durante 5 minutos.
- Hacer un almíbar a punto de hebra, mantenerlo al calor y reservarlo.
- Despegar la crema de yemas del mármol y formar rulos con esa masa.
- Cortar porciones iguales y redondearlas, enharinando el mármol y las manos con azúcar glas.
- Dejarlas secar.
- Bañarlas una a una en el almíbar reservado.
- Dejarlas secar al aire.

DIFERENTES ACABADOS

- Rebozadas en azúcar granulado.
- Rebozadas en azúcar glas.
- Bañadas en almíbar a punto de caramelo: sumergirlas, sacarlas con un tenedor y escurrirlas sobre un colador engrasado con aceite de almendras dulces.
- Bañadas en glaseado de albaricoque por el procedimiento anterior.
- Bañadas en *fondant* blanco, rosa o verde, por el mismo procedimiento.

DULCES

Llamaremos dulces a los pastelillos pequeños que se sirven con el café, conocidos con el nombre francés de *petit fours.*

Sus características son ser muy pequeños y servirse generalmente dentro de una cápsula, pero su naturaleza puede ser tan diversa que es imposible dar unas normas generales para su ejecución. Con unas cuantas ideas y contando con la base de bizcocho, merengue, hojaldre, mazapán, etc., y los baños y glaseados que se detallan en el capítulo **Preparados auxiliares,** se pueden hacer cantidad de pastelillos y dulces diversos.

ALMENDRADOS DE ALBARICOQUE

Son pastelillos de masa rellenos de confitura de albaricoque.

LA TÉCNICA

- Preparar una masa con 100 gr de harina, 50 gr de almendra molida, 50 gr de azúcar y 2 yemas.
- Hacer óvalos de pasta con un hueco en el centro sin taladrar el fondo.
- Pintarlos de huevo batido.
- Cocer en el horno moderado sobre placas engrasadas.
- Rellenar, cuando estén fríos, con confitura de albaricoque.

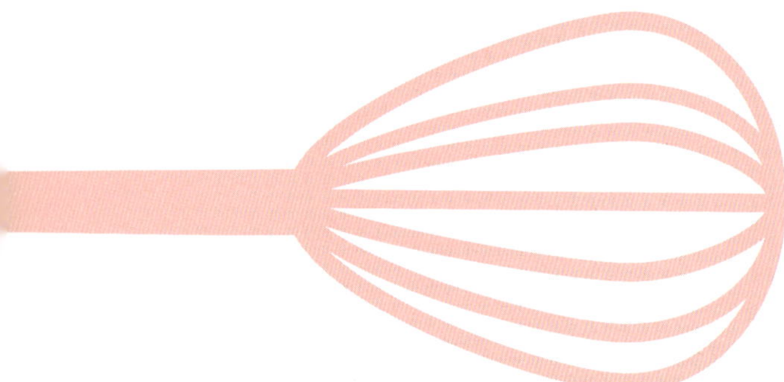

BIZCOCHOS DE ALMENDRA

Son lengüetas de bizcocho con costra de almendra y rellenas de mermelada de albaricoque.

LA TÉCNICA

- Preparar una masa de bizcocho (1 cucharada rasa de azúcar y otra con colmo de harina, por cada huevo).
- Formar lenguas muy pequeñas con la manga pastelera en placa engrasada.
- Cocerlas unos minutos.
- Mezclar almendras ralladas, azúcar glas y unas gotas de *kirsch.*
- Pintar los bizcochos cuando aún estén sin terminar de hacer.
- Dejarlos en el horno hasta que se dore la costra.
- Unirlos de dos en dos con mermelada de albaricoque.

BOCADITOS DE DAMA

Son pastelillos redondeados cubiertos y rellenos de frambuesa.

LA TÉCNICA

- El mismo bizcocho de la preparación anterior.
- Formar montoncitos muy pequeños.
- Cocerlos durante 8 minutos a 175 ºC.
- Unirlos de dos en dos con confitura de frambuesa.
- Bañarlos con *fondant* de frambuesa.

BOCADITOS VARIADOS

Variaciones sobre las dos preparaciones anteriores: con la misma preparación, cambiar el relleno y los glaseados; adornar con glasa blanca (véase capítulo **Preparados auxiliares)** formando líneas diagonales, cuadros, etc.

BORRACHITOS

Son bizcochos pequeños emborrachados con almíbar y distintos sabores.

LA TÉCNICA

- La misma preparación de bizcocho que en anteriores elaboraciones.
- Darles forma alargada o redonda.
- Emborracharlos ligeramente con almíbar a punto de hebra floja, perfumado con ron y corteza de limón.
- Pintarlos con jalea de frambuesas.
- Cubrirlos con glasa blanca.

MERENGUES

La gran solución para aprovechar las claras que sobran de hacer postres con yemas.

LA TÉCNICA

- Preparar merengue italiano (véase capítulo Merengues).
- Dejarlo reposar durante 10 minutos.
- Llenar la manga pastelera con boquilla rizada mediana.
- Hacer pequeños montoncitos sobre la placa engrasada y enharinada.
- Espolvorearlos de azúcar glas.
- Cocerlos en el horno a 100 ºC.
- Unirlos de dos en dos con un poco de nata dentro.

MERENGUES DE CAFÉ

- Igual que la receta anterior, añadiendo café soluble al merengue.

MERENGUES DE FRESA

- Igual que en la receta anterior, añadiendo unas fresillas aplastadas al merengue.
- Unirlos con confitura de fresa.

SUSPIROS

- Preparar merengue italiano (véase capítulo Merengues).
- Añadir por cada 2 claras de huevo, 250 gr de almendras molidas.
- Formar con dos cucharas montoncitos alargados sobre placa pastelera engrasada.
- Cocerlos a 180 ºC.

MACARONS

Son unos pastelillos de merengue con almendra, aplastados como galletas y pegados de dos en dos con un relleno. Están muy de moda y se conservan unos días sin humedad.

LA TÉCNICA

- Preparar un merengue italiano (véase capítulo Merengues).
- Mezclar el merengue con la misma cantidad de almendra molida que de azúcar glas y clara de huevo.
- Introducir la mezcla en una manga pastelera con boquilla lisa y hacer pequeños montoncitos sobre una bandeja con silpat.
- Dejar separación entre ellos.
- Hornear a 175 ºC, durante 15 minutos.
- Sacar del horno, juntar de dos en dos como si fueran pequeños bocadillos y rellenar de una ganache de chocolate, frutas, etc.
- Se puede dar distinto color a los *macarons* con unas gotas de colorante al hacer el merengue.
- Los rellenos pueden ser dulces o salados.

TOCINILLOS DE CIELO

Son flanes muy pequeños, de un solo bocado, que surgieron en Jerez para aprovechar las yemas que sobraban de emplear las claras en clarificar el vino de Jerez.

LA TÉCNICA

- Bañar moldes diminutos con almíbar o caramelo clarito (véase capítulo **Preparados auxiliares**).
- Preparar un tocino de cielo (véase capítulo **Cremas**).
- Llenar los moldes.
- Cocerlos al baño María durante 10 minutos.

YEMAS DE COCO

Bolitas tamaño nuez de una masa de coco recubiertas de azúcar blanquilla.

LA TÉCNICA

- Hacer un almíbar con 1 vaso de agua, ½ kg de azúcar y 1 corteza de limón, a punto de hebra (véase capítulo **Preparados auxiliares**).
- Añadir 250 gr de coco recién rallado para que esté muy fresco.
- Hervir 1 minuto.
- Verter sobre el mármol.
- Dejar enfriar.
- Formar bolitas.
- Rebozarlas en azúcar.

YEMAS

Para ½ kg, 12 personas: 12 yemas de huevo, 12 cucharadas de agua, 175 gr de azúcar, 1 palo de canela y 1 trozo de corteza de limón.

Para rebozar: azúcar corriente o azúcar glas, al gusto.

Para decorar: cápsulas pequeñas de papel.

1. Disolver el azúcar en el agua en un cazo.
2. Añadir el palo de canela y la corteza de limón lavada y acercar al fuego unos 5 minutos a fuego vivo, contando el tiempo desde que empiece a hervir.
3. Probar el punto del almíbar, mojándose la yema de los dedos índice y pulgar en agua para no quemarse y dejando caer una gota entre ellos, cerrar los dedos y si al separarlos se forma un hebra consistente, ya está el almíbar «a punto de hebra fuerte».
4. Poner las yemas en un bol, deshacerlas con la cuchara de palo y colarlas a un cazo.
5. Verter sin parar de mover el almíbar sobre ellas y acercar al fuego, siempre sin parar de mover con la cuchara de madera, hasta que se forme una pasta que se desprende de las paredes del cazo.
6. Extender la pasta en una fuente y, cuando esté fría, coger porciones con una cuchara y formar las yemas redonditas e iguales.
7. Rebozarlas en azúcar glas o en azúcar normal, al gusto y colocar cada una en una cápsula de papel.

YEMAS DE ALMAZÁN

Para 1 kg de yemas: 2 docenas de huevos, 1 kg de azúcar y ½ l de agua.

1. Separar las yemas de las claras y poner las yemas en un cazo esmaltado de fondo grueso.
2. Calentar en un cazo ½ kg de azúcar y ¼ l de agua.
3. Cuando rompa el hervor, espumar con cuidado y dejar cocer hasta que el almíbar esté a punto de hebra.
4. Verter el almíbar sobre las yemas, moviendo despacito con la espátula, para que el calor del almíbar no cuaje las yemas.
5. Mantener el cazo a fuego flojo, sin parar de mover (o al baño María si no se tiene cazo de fondo grueso).
6. Cuando espese, pero que sea todavía una masa blanda, extender la masa sobre el mármol, cubrirla de azúcar glas abundante y dejarla enfriar.
7. Poner el otro ½ kg de azúcar con el otro ¼ l de agua al fuego y hacer un almíbar a punto de hebra.
8. Batir despacio, frotando contra las paredes del cazo el almíbar, hasta que espese y blanquee.
9. Recoger la masa de yemas con la espátula y formar un rulo, cortar trozos iguales y redondearlas sobre la mesa para hacer bolas, dejarlas reposar.
10. Bañarlas en el almíbar caliente del cazo y volver a dejarlas reposar sobre el mármol hasta que se endurezcan.
11. Cuando esté seco el baño de almíbar, envolverla una a una en papel y conservarlas en la nevera.

POPS CAKES

Para diez personas: bizcocho: 2 huevos, 2 medidas de yogur de azúcar, 3 medidas de yogur de harina, 1 yogur natural, 1 envase de yogur de aceite, 1 cucharadita (de las de moka) de levadura Royal, un poco de mantequilla o aceite para untar el molde, la cáscara de ½ limón rallada, un pellizco de sal.

Relleno: 3 cucharadas de crema de queso blanco, 250 gr de chocolate blanco o negro

Para decorar: *toppins* de colores.

1. Bizcocho: batir los huevos en la batidora 15 minutos, añadir el yogur, el aceite, el azúcar, la sal y la ralladura de limón. Añadir la harina y la levadura tamizadas. Engrasar un molde alargado de *plum-cake* con mantequilla y llenarlo con la preparación.
2. Cocer el bizcocho en el horno a 180 °C durante 50 minutos. Dejarlo enfriar y desmigarlo en un bol. Añadir el queso y mezclar con las manos hasta obtener una masa de consistencia dura. Hacer bolas apretadas de unos 24 gr y endurecerlas en la nevera ½ hora.
3. Derretir un poco de chocolate, mojar la punta de cada palo e introducirla en cada bola. Meter en la nevera ¼ de hora. Derretir el resto de chocolate e introducir la bola una a una dando vueltas para bañarlas por todos lados. Decorar con *toppins* de colores.

GLOSARIO

Abrillantar: dar brillo a pasteles, frutas u otras preparaciones con mermelada, mantequilla fundida o almíbar. También se refiere a pintar con huevo una masa para que al cocer resulte brillante.

Aderezar: sazonar un manjar para mejorar su sabor: ensaladas, carnes, pescados, verduras, macedonias, etc.

Adobar: macerar carnes y pescados crudos con un aliño, para ablandarlos y mejorar el sabor, antes de asarlos o freírlos. Lo mismo se hace con frutas, por ejemplo las fresas con zumo de naranja y azúcar, pero como máximo un par de horas.

Alquequenje: fruto exótico de sabor agradable, ligeramente ácido. Se presenta dentro de un cáliz de color *beige* que envuelve una baya de color amarillo anaranjado. Se emplea en la decoración de platos, tanto dulces como salados.

Anacardo: fruto seco procedente de Sudamérica con cáscara dura y semilla en forma de riñón. Tiene un alto valor nutritivo y se puede consumir como aperitivo, en compañía de ensaladas de hoja o de frutas. Triturado se emplea para trabar salsas.

Áspic: preparación de carne, pescado, verduras o frutas troceadas que, mezcladas con gelatina, se cuajan en un molde en la nevera para desmoldarlo cuando se haya solidificado.

Baño María: consiste en cocer una preparación en un recipiente que se sumerge en otro con agua hirviendo. Este modo de cocción permite controlar la temperatura y evitar el exceso de calor.

Blanquear: introducir verduras, pescados, carne o frutas durante unos minutos en agua hirviendo para ablandar, quitar color, suavizar su sabor o facilitar su pelado.

Cobertura: baño de chocolate, yema dura o *fondant* que se aplica a tartas y pasteles.

Cocer: sumergir alimentos en agua hirviendo durante un tiempo determinado para que se ablande y resulte comestible.

Colorear: dar color a un caldo o salsa utilizando una cebolla o huesos tostados en el horno, caramelo oscuro o unas hebras de azafrán. También se emplean colorantes vegetales que en polvo o en líquido se venden con este fin, tanto para cocina como para repostería.

Cuajar: solidificar un líquido a través del calor –por ejemplo, los huevos batidos al formar una tortilla o un flan–, mediante la adición de gelatina –en el caso de áspics–, adicionando un cuajo especial –como la leche– o espesándolo con fécula y dejándolo enfriar.

Cúrcuma: es una planta herbácea de la familia de las *zingiberáceas*. El extracto de esta planta es utilizado como colorante alimentario de dos formas: a) como cúrcuma (extracto crudo), catalogado con el código alimentario de la Unión Europea como E-100ii. Muestra un color amarillo y se extrae de la raíz de la planta; b) como *curcumina* (estado purificado o refinado). Ambos estados se denominan, en general, cúrcuma. Se emplea también en repostería ya que proporciona un bonito tono amarillo y ningún sabor.

Decantar: eliminar los posos de un líquido pasándolo a otro recipiente con cuidado de no mover el poso. Los vinos añejos deben decantarse en una frasca antes de servirlos.

Dorar: freír un manjar hasta que se forme una película dorada que lo sella y evita que se salgan los jugos durante la cocción. También se emplea cuando se barniza ligeramente con clara de huevo o mantequilla un manjar antes de meterlo en el horno (véase Marcar).

Empanar: envolver un alimento en huevo y pan rallado antes de freír.

Enharinar: envolver en harina un alimento antes de freír y rehogar.

Escaldar: cocer brevemente los alimentos a fin de ablandarlos o poder mondarlos más fácilmente (véase Blanquear).

Escalfar: cuajar un alimento en agua caliente.

Flamear o **flambear:** 1. Pasar un alimento por la llama (chamuscar). 2. Rociar una preparación con un licor caliente y prenderle fuego.

Fondant: 1. Crema de pastelería hecha con agua, limón y azúcar glas que se utiliza para bañar tartas y pasteles. 2. Nombre que se da al chocolate preparado para cubertura.

Fruta de la pasión (maracuyá): fruto de la flor de la pasión que se emplea en repostería y licorería. Tiene forma de huevo de color púrpura y una pulpa jugosa con un punto de acidez.

Glasear: 1. Abrillantar un alimento por diversos medios: a) el calor del horno, b) bañarlo con una salsa o con gelatina líquida. 2. En repostería, cubrir un preparado con una mermelada incolora y transparente, o con las diversas preparaciones para glasear.

Gratinar: meter en el horno, con el gratinador encendido, un alimento cubierto de queso, pan rallado o frutas a fin de que se forme una corteza dorada.

Láminas: rodajas muy finas, normalmente de trufas, champiñones, patata, ajo, pepino, calabacín o frutas.

Levar: efecto que produce la levadura en una masa al fermentar, aumentando notablemente su volumen.

Licuar: convertir en líquido un alimento por fusión con calor o por trituración.

Ligar: 1. Agregar a una salsa, ya preparada, yemas o mantequilla, y revolverla para conseguir una salsa fina y bien mezclada. 2. Añadir una pequeña cantidad de fécula a una salsa para que se trabe ligeramente.

Macedonia: conjunto de varias clases de frutas o verduras picadas.

Macerar: dejar un manjar sumergido en un líquido con hierbas aromáticas a fin de perfumarla y ablandarla. El líquido de maceración se utiliza posteriormente en la elaboración de la salsa.

Madroño: fruto del árbol del mismo nombre. Tiene forma de fresa grande con la pulpa amarilla. Se puede tomar al natural, en mermelada o confitura. También se elabora un licor de madroño.

Majar: machacar y aplastar en el mortero determinados alimentos.

Marcar: dorar a fuego vivo un alimento para que mantenga dentro los jugos.

Movimiento envolvente: manera de añadir la harina en forma de lluvia a una preparación espumosa, para que no se baje al perder oxígeno con el movimiento circular y rápido.

Muselina: preparación de salsas o rellenos a base de crema batida.

Napar: cubrir una preparación con una salsa, crema, etc.

Orejón: melocotón o albaricoques deshuesado y secado al sol.

Papaya: fruta exótica de forma ovalada con cáscara verde oscuro y pulpa amarillo-naranja, jugosa y muy dulce. Se toma al natural, rociada con unas gotas de lima, o en batido. Es muy digestiva.

Parfait: helado hecho con crema de vainilla y nata batida.

Quinoa o **quinua** *(Chenopodium Quinoa):* originario de América del Sur, es el grano de la planta del mismo nombre. No es propiamente un cereal, ya que se agrupa dentro de la familia a la que pertenecen las acelgas, remolachas y espinacas, pero se utiliza principalmente como cereal en la elaboración de pan y pastas y como sustituto de otros cereales. En repostería se emplea para hacer una especie de arroz con leche, turrón y otros postres.

Reducir: concentrar un líquido, caldo o salsa, cociéndolo para que pierda agua por ebullición.

Sabayón: crema ligera hecha a base de yemas de huevo y vino o licor. Si lleva azúcar se utiliza en repostería.

Saint-Honoré: pastel con una base de masa u hojaldre fino, rodeado de una corona de *choux* y relleno con crema.

Salsear: echar sobre el alimento la salsa que le corresponde.

Saltear: freír a fuego vivo un alimento, agitándolo en la sartén agarrada por el mango, para que no se pegue o se tueste en exceso. En repostería, también se saltean en mantequilla las manzanas, por ejemplo, para que se doren.

Savarin: pastel de masa de levadura, con forma de corona, que se empapa en ron.

Sazonar: condimentar un alimento con sal y especias.

Sémola: pasta de sopa reducida a granos menudos. También recibe este nombre el trigo machacado que se utiliza para preparar el cuscús árabe.

Sirope: almíbar ligero hecho con agua y azúcar que se utiliza en repostería.

Soasar: asar ligeramente un manjar.

Sofreír: freír lentamente un alimento en materia grasa.

Tornear: 1. Redondear con el cuchillo las aristas de las frutas antes de cocerlas o asarlas. 2. Dar diferentes formas a las hortalizas o frutas.

Trabajar: 1. Remover durante cierto tiempo con una cuchara las salsas, masas o pastas a fin de dejarlas listas. 2. Amasar largamente la masa del pan.

Trabar: ligar o engordar una salsa mediante la adición de yema de huevo, harina, nata batida o mantequilla.

Unto: grasa de cerdo que se utiliza en la preparación de algunos platos regionales.

Vacherin: 1. Postre a base de planchas de merengue con nata o crema. 2. Queso franco-suizo de pasta blanda.

Volován: pastel de hojaldre en forma de cuenco con tapa que se rellena con mariscos, carnes, aves, cremas dulces, etc.

Zuppa: pastel italiano que se prepara con frutas confitadas y se suele servir helado.

EPÍLOGO

Del mismo modo que las recetas de nuestra infancia han alimentado nuestros cuerpos, nuestras vidas y, por lo tanto, nuestra cocina, el presente y la evolución de lo que defendemos hoy serán la despensa de la tradición de la cocina del futuro. Y no cabe duda de que esta será más rica cuanto más se remonte en el tiempo su mirada.

Dispuestos a romper moldes, o no, atreverse –y digo atreverse porque la repostería posee una gran complejidad– con la tradición repostera es requisito indispensable para quien quiera volar libre por cielos creativos sin estrellarse.

Hablar de tradición en repostería es hablar de técnica, de precisión y exactitud, de ciencia milenaria que el aprendiz –*postrero* o repostero– ha de recorrer paso a paso. En *Repostería casera,* de María Jesús Gil de Antuñano, encontraréis una sabia aliada que os retará página a página, receta a receta, en un viaje por la tradición repostera española con la más dulce de las sonrisas, con saber cuajado y esponjosa experiencia aireada abierta a nuevos soplos.

JORDI ROCA

El Celler de Can Roca

INDÍCE ALFABÉTICO DE RECETAS

MARÍA JESÚS GIL DE ANTUÑANO posee la Gran Cruz de la Orden del Mérito Agrario y la similar del Ministerio de Agricultura francés, con el título de Chevalière de l'Ordre du Mérite Agricole, es premio Nacional de Gastronomía, miembro de la Real Academia de Gastronomía y autora de 20 libros de cocina. Durante los másde 30 años que ha ejercido su profesión como periodista gastronómica, ha publicado artículos y recetas de forma habitual en importantes medios decomunicación generales y especializados como *Semana, El País Dominical, Expansión, Spain Gourmetour* o *Gastronomía y Enología.* Ha dirigido además larevista *Cocina Fácil* y la sección de gastronomía de *Telva* compaginando esta actividad con la colaboración en programas de televisión de Canal Cocina, clasescomo profesora de prestigiosas escuelas de cocina internacionales y conferencias como experta en restauración.

La información online con visión de profesionales para profesionales
Estrategia, Actualidad y Gestión
INFOHORECA
IH
InfoHoreca.com
911255700
suscripciones@infoedita.es
INFOHORECA
Login
Registro
NOTICIAS
PRODUCTOS
AGENDA
REPORTAJES
EMPRESAS DE HOSTELERÍA
FORMACIÓN
InfoHoreca.com